《资本论》政治哲学之争

ZI BEN LUN

ZHENG ZHI ZHE XUE ZHI ZHENG

李福岩 —— 著

辽宁人民出版社

图书在版编目（ＣＩＰ）数据

《资本论》政治哲学之争 / 李福岩著 . — 沈阳：
辽宁人民出版社，2023.12
　　ISBN 978-7-205-10878-6

　　Ⅰ . ①资… Ⅱ . ①李… Ⅲ . ①《资本论》—马克思著
作研究 Ⅳ . ① A811.23

　　中国国家版本馆 CIP 数据核字（2023）第 190324 号

出版发行：辽宁人民出版社
　　　　　地址：沈阳市和平区十一纬路 25 号　邮编：110003
　　　　　电话：024-23284321（邮　购）　024-23284324（发行部）
　　　　　传真：024-23284191（发行部）　024-23284304（办公室）
　　　　　http://www.lnpph.com.cn
印　　刷：辽宁新华印务有限公司
幅面尺寸：170mm×240mm
印　　张：17.75
字　　数：252千字
出版时间：2023年12月第1版
印刷时间：2023年12月第1次印刷
责任编辑：董　喃
装帧设计：留白文化
责任校对：吴艳杰
书　　号：ISBN 978-7-205-10878-6

定　　价：78.00元

前　言

　　自 1867 年《资本论》第一卷出版问世，并逐渐在世界范围内传播开来，至今已有 150 余年的历史了。这部划时代的思想理论巨著不仅掀起了一场伟大的科学革命，而且深刻影响了从 19 世纪末至今的人类社会历史发展走向。这一时代精神的精华，伴随时代实践燧石的激荡而日益放射出更加璀璨的真理光芒，在错综复杂的思想理论交锋与交流中不断吐故纳新、释放新芽。其中，国外围绕《资本论》及其手稿中的政治哲学层面问题而展开的思想论争，日益成为挖掘《资本论》思想宝库、创新阐释马克思主义时代价值的一条非常重要却又常常被忽略的问题探究线索。循着这条思想理论交锋的历史线索考察，我们可以发现国外围绕《资本论》及其手稿的政治哲学问题的探究在伴随时代社会政治变迁而不断前行的轨迹。

　　思想理论自身总是在相互交流碰撞中不断生成发展的，马克思主义及其政治哲学也是在交流交锋中不断生成发展的，《资本论》的划时代思想理论及其政治哲学思想更是在对资产阶级政治经济学进行具体系统、深刻全面批判的基础上创立发展起来的。从《资本论》第一卷到第三卷的创作出版、介绍阐释、翻译传播、宣传捍卫的过程中，马克思和恩格斯在不断丰富发展着马克思主义政治经济学及其政治哲学思想。马克思逝世后，恩格斯接替马克思肩负起"第一小提琴手"的重任，尤其对《资本论》加工校订、编辑出版、翻译传播及创新阐释与发展等都发挥了至关重要的作用。伴随《资本论》从德语到俄语、法语、英语、意大利语、日语、汉语等日益广泛的世界传播，其劳动价值论、剩余价值论等政治经济学思想理论，以及唯物史观和科学社会主义思想日益深入到有觉悟的先进知识分子、广大无产阶级、人民大众的头脑之中，有力推动了国际工人运动的蓬勃发展，并随时代发展而不断闪耀着璀璨的真理光芒，照亮了现代人类文明的前行方向。

《资本论》是马克思主义的百科全书、工人阶级解放的真经，它站在劳动人民及整个无产阶级立场与价值观上，以确凿的事实、雄辩的历史科学、大写的逻辑深刻批判了资本对劳动者奴役的罪恶，揭示了现代资本主义生产方式及其私人占有的社会制度必然被以公有制为基础的人类自由联合生产的崭新社会主义生产方式及制度所代替。正如马克思和恩格斯所预料的，《资本论》对资本主义私有制及其生产方式的致命批判，及其对资本主义社会的全面猛烈批判，强力镇静了资产阶级正不断自我喧嚣膨胀的发热头脑，极大震惊了资产阶级的思想意识，也深深地刺痛了资本主义追逐私利的敏感神经，同时也刺痛了小资产阶级社会主义者的改良幻想。因此，《资本论》必然招致资产阶级理论家及各种小资产阶级社会改良家的联合围剿。从最初对马克思政治经济学批判及《资本论》第一卷的集体沉默"冷杀"，发展到对《资本论》各卷的各种理论批判与污蔑攻击，150余年来，马克思主义者与形形色色的反马克思主义者、非马克思主义进行了持久的广泛论争。

大体来看，这场持久论争主要围绕劳动价值论的科学性、帝国主义、《资本论》的革命思想理论、政治经济学批判的规范性基础四个方面的问题而展开。

首先，围绕劳动价值论的科学性问题的论争，紧密关涉着马克思劳动解放、人类解放社会政治哲学理想的科学基石问题。资本与劳动的矛盾对立是现代社会赖以旋转的轴心，围绕劳动价值论科学性问题的论争一直在进行着，它还会以各种新的话语方式反复出现，将贯穿现代社会发展即劳动解放与人类解放全过程。

其次，围绕帝国主义问题的论争，紧密关涉着《资本论》对资本主义社会经济政治发展的历史过程、阶段与趋势的深刻揭露与批判，简言之，对当代资本主义与帝国主义经济政治问题的科学批判分析不能离开《资本论》。只有沿着从马克思到列宁对资本主义、帝国主义的批判分析所指引的大方向继续前行，才能对当代帝国主义发展的新情况新矛盾作出科学新探索新判断，进而才能正确处理与当代帝国主义的经济政治关系这一全局性问题。

再次，围绕《资本论》的革命思想理论问题的论争，紧密关涉着马克思主义政治哲学的主题与本质特征。从19世纪末至今，伴随自由竞争与垄断、战争与革命、和平与发展的时代变奏，尤其是现代资本主义社会与现代社会主义社会两大实体的此消彼长、发展变化，围绕《资本论》及其手稿中的阶级斗争与社会革命思想理论问题，国外理论界展开了持续的政治哲学论争。

最后，围绕马克思政治经济学批判的规范性基础问题的论争，紧密关涉着马克思政治经济学批判、《资本论》的政治哲学有无及有什么样的规范性基础问题。这是进一步深入探讨马克思主义政治哲学自由、平等、民主、法治、正义、劳动解放、人类解放诸思想范畴的前提性、基础性问题。

目　录

第一章　劳动价值论科学性问题的论争

马克思的劳动价值论，主要是对以斯密和李嘉图为代表的古典政治经济学价值理论批判继承基础上创立的科学理论，是剩余价值论及整个马克思主义政治经济学的科学理论基石。否定劳动价值论的科学性，意味着对剩余价值论及整个马克思主义政治经济学科学性的否定，意味着对历史唯物主义、科学社会主义的否定，还意味着对资本主义生产方式及其社会制度合理性的肯定。若从19世纪70年代西方经济学复活效用论，宣扬主观边际效用递减理论，并以之否定劳动价值论算起，围绕马克思劳动价值论科学性问题的论争至今已有150年历史了。循着这一条思想理论交锋的历史线索考察，我们可以发现科学判断与规范判断在理论理性中虽不是同一性的关系，但它们却是在实践理性及伦理道德实践与社会政治实践中紧密联系在一起的。也就是说，围绕马克思劳动价值论科学性问题的论争，紧密关涉着马克思社会政治哲学理想规范性的问题，即紧密关涉着马克思劳动解放、人类解放社会政治理想的科学基石问题。

一、恩格斯晚年对劳动价值论科学性的捍卫

《资本论》第一卷问世后的第二年，即1868年7月4日，《德国中央文学报》发表了一篇匿名文章，宣称："驳倒价值理论是反对马克思的人唯一的任务，因为如果同意这个定理，那就必然要承认马克思以铁的逻辑所做出的差不多全部结论。"①自《资本论》第一卷问世四年后的1871年起，杰文斯（又译金蓬斯）、门格尔和瓦尔拉斯（又译瓦尔拉）等资产阶

①转引自程恩富、段学慧：《〈资本论〉与社会主义建设》，社会科学文献出版社2018年版，第3页。

级经济学家试图用建立在使用价值基础上的价格理论——效用论来批判古典政治经济学的劳动价值理论,其中含有对马克思劳动价值论的批判与攻击,并由此走上反马克思主义的理论道路。[①]

其中,奥地利学派的创始人门格尔于1871年出版《经济学原理》一书,试图推翻古典政治经济学的劳动价值论,攻击马克思的经济学说"没有独创性"。门格尔的"写作目的,其一是彻底驳倒劳动价值论,代之以紧紧围绕着个体选择的价值理论;其二是想表明这种价值理论能更好地在历史调查中起到统领性原则的作用"[②]。1886年,门格尔又出版《十足劳动收入权的历史探讨》的小册子,宣扬唯心史观的法权观念,并以之来解释社会主义。此外,1874年,瓦尔拉斯在《纯粹政治经济学要义》一书中,用对经济现象数量关系的分析来代替对社会经济关系性质的分析,用函数关系代替经济关系,以此掩盖资本主义的社会矛盾。他还攻击马克思主义政治经济学及社会主义的基本原理是缺乏现实解释力的理论空想,无法说明"如何与怎样引导和维持各类服务和产品的供求均衡",认为马克思所宣扬的社会主义制度更是"一个完全行不通的制度"。这充分表明其经济理论维护资本主义、反马克思主义与科学社会主义的本质。

面对攻击,1886年11月,恩格斯抱病指导考茨基撰写《法学家的社会主义》一文,以唯物史观及马克思的劳动价值论、剩余价值论为依据,对以门格尔为代表的错误思潮展开反击。恩格斯和考茨基指出,门格尔的法学世界观是神学世界观的世俗化,是资产阶级的典型世界观,即唯心史

[①]已故著名经济学家陈岱孙认为,边际主义第一代人物杰文斯、门格尔、瓦尔拉斯反马克思主义的说法证据不足,其第二代庞巴维克等公开地反对马克思主义经济学说、反对社会主义制度,见陈岱孙:《边际原理的应用与发展》,《读书》1988年第2期。中国人民大学曾枝盛教授认为,金蓬斯、门格尔和瓦尔拉以建立在使用价值上面的价格理论代替马克思的劳动价值理论,见曾枝盛:《国外学者关于劳动价值论的百年论争回顾和思考》,《中国人民大学学报》2002年第6期。

[②][美]沃恩:《奥地利学派经济学在美国——一个传统的迁入》,朱全红等译,浙江大学出版社2008年版,第18页。

观；其"十足劳动收入权""法学社会主义"观念是从斯密的价值理论、李嘉图学派空想社会主义者汤普森等人那里抄袭来的；门格尔不但歪曲马克思的剩余价值理论，把"马克思的价值理论"歪曲成"未来社会的分配标准"，其所论的"社会主义的价值理论"更是以歪曲的方式所表达的小资产阶级法权社会理想，即在未来社会主义社会里"劳动力"依然"作为商品出卖"，只不过问题转变为是应当保持"劳动价格"的增长呢，还是应当"对劳动价格作出全新的规定"。①1894年10月，恩格斯在《资本论》第三卷序言中进一步批判指出："在英国这里在杰文斯—门格尔的使用价值论和边际效用论的基础上建立起庸俗社会主义。"②从中可见，门格尔并不真正懂得马克思的劳动价值论与社会政治理想，其"法学家的社会主义"是一种小资产阶级的社会空想。从门格尔到瓦尔拉斯都在以不同的理论话语方式否定马克思的劳动价值论及剩余价值论，进而否定科学社会主义的理论基石。

《资本论》第二、三卷出版后，意大利庸俗政治经济学代表洛里亚又以所谓《资本论》第一卷与第二、三卷的矛盾——价值理论、劳动价值论与生产价格、平均利润理论的矛盾为借口，攻击马克思的价值与价值规律理论；德国学者桑巴特、施米特等也否定马克思的价值与价值规律理论的客观性。对此，恩格斯于1895年撰写并发表《价值规律与利润率》一文予以批判回击。恩格斯首先指出了他们的错误观点："价值和价格是同一的。每一个商品有多少种价格，就有多少种价值。而价格是由需求和供给决定的。""价值在资本主义生产当事人的意识中是不存在的；它不是经验上的事实，而是思想上、逻辑上的事实""资本主义生产形式内的价值规律是一种虚构，即使是理论上必要的虚构"。③进而，恩格斯翔实、唯

---

① 《马克思恩格斯全集》第二十八卷，人民出版社2018年版，第618页。
② 《马克思恩格斯文集》第七卷，人民出版社2009年版，第14页。
③ 《马克思恩格斯全集》第四十六卷，人民出版社2003年版，第1008、1012、1013页。

物、辩证、历史地论证了价格围绕价值变动的商品生产基本规律，更加清晰地阐述利润转化为平均利润的过程，指出平均利润率是商品价值与价格之间内部联系的中间环节、关键所在，进一步补充和完善了《资本论》对价值转化为生产价格、价值规律与利润率问题的论述。同时，恩格斯对洛里亚、桑巴特与施米特等庸俗主观价值论的批判，也捍卫了马克思劳动价值论与价值规律学说的客观性与科学性。

二、庞巴维克等边际效用论对劳动价值论的攻击

19世纪末期到20世纪20年代，伴随资本主义生产方式的全球扩张，其基本矛盾进一步尖锐化、扩大化，马克思主义传播与国际共产主义运动愈益密切结合发展，以剥削和压迫雇佣劳动为基础的资本主义生产方式及其制度的合理性、合法性日益遭受危机。为应对资本主义时代发展的现实危机，继续论证资本主义生产方式及其制度的永恒合理性与合法性，以庞巴维克为代表的庸俗政治经济学承袭第一代边际主义的衣钵，先后发表三部著作，再次复活主观价值论，以所谓边际效用价值论，充当攻击马克思劳动价值论及科学社会主义的理论先锋、反面典型。

1884年，庞巴维克出版《资本与利息》一书，"致力于将门格尔的价值理论应用于资本和利息理论中"①，开始继承和完善边际主义的主观价值论，创立边际效用论。他貌似是采取价值中立、追求真理的研究者，自称要把利息理论问题的研究与社会政治问题的研究分离开来，提出企图掩盖剩余价值与剥削的所谓永恒经济法则与利息理论："现在的财货比同量同类的将来财货具有较大的价值，所以一定量的现在财货照例能买到较大数量的将来财货。现在财货对将来财货一直贴水（agio）。这种贴水就是利息。"②由

---

①[美]沃恩：《奥地利学派经济学在美国——一个传统的迁入》，朱全红等译，浙江大学出版社2008年版，第222页。

②[奥]庞巴维克：《资本与利息》，何崑曾、高德超译，商务印书馆2010年版，第265页。

此，他展开对马克思劳动价值论、剩余价值论的观点方法，以及社会主义合理性、合法性的攻击，认为马克思劳动价值论在理论逻辑上没能证明，在经验层面上也不能证明，"马克思主张劳动决定价值的学说，可是他并没有提供任何积极的论证"[①]。之所以有人深信马克思的剥削学说，有两方面原因："第一种原因是这种学说把经济问题变成了一个情感的问题。……第二种原因是反对它的人的力量太差。……不能给社会主义以根本的打击。"[②]他从主观价值论出发，把马克思已经用丰富事实和大量逻辑科学证明了的劳动价值论、剩余价值论，歪曲为主观情感用事的说法。他更是企图靠主观价值论的力量从根本上彻底打倒社会主义，让现存资本社会的价值法则、生产方式及其制度秩序永恒。由此，我们可以看出庞巴维克边际效用论的社会政治哲学用意与理论实质。

1889年，庞巴维克又出版《资本实证论》一书，继续完善其边际效用论。他根据戈森"效用递减规律"，仿照维塞尔的"最小效用"论，提出："决定物品价值的不是它的最大效用，也不是它的平均效用，而是它的最小效用，……因此，决定价值量的规律，可以用下面的公式来表达：一件物品的价值是由它的边际效用量来决定的。"[③]以时差贴水利息论、边际效用论为依据，庞巴维克要解释和解决现代社会资本与劳动、资本主义与社会主义的对抗性矛盾。他说："资本和劳动，资本主义和社会主义，资本的利息和劳力的工资，的确，都不是无害的同义语，它们表达了最明显的、可以想见的社会的和经济的对立面。"[④]进而，他要论证资本获得利息是合理合法的，因为资本不是源于"预先储存的劳动""节

---

①[奥]庞巴维克：《资本与利息》，何崑曾、高德超译，商务印书馆2010年版，第394页。

②[奥]庞巴维克：《资本与利息》，何崑曾、高德超译，商务印书馆2010年版，第403-404页。

③[奥]庞巴维克：《资本实证论》，陈端译，商务印书馆1964年版，第169-170页。

④[奥]庞巴维克：《资本实证论》，陈端译，商务印书馆1964年版，第78页。

制"，而是源于人的"储蓄"与"勤奋"——"劳动生产率"①。他宣称工人由于缺乏"储蓄""勤勉"，只能靠劳动工资过活也是必然的合理的，因为工人对未来需要"考虑得并不完善"，以及"意志上的缺陷"，导致"一个工人用星期六领到的一周工资，在星期日去饮酒，而其余六天却同他的妻子和女儿一道挨饿"②。而且无论资本主义社会还是社会主义社会，抑或是任何社会组织形态，资本获得利息的法则是永恒的，只不过它们各自的分配均衡程度不同而已；在资本主义社会，财产的分配是不均衡的，而利息大量地落到少数所有者手里，这是必然且合理的。至此，这种对资本家的赞誉与对工人的攻击，对"资本价值论"的讴歌与对劳动价值论的贬损已达极致，其对资本社会政治秩序合理性公正性的经济学论证，以及对马克思主义政治经济学与社会主义的攻击企图也昭然若揭。

至1896年，庞巴维克更是汇集《资本与利息》《资本实证论》的思想观点与方法，发表《卡尔·马克思体系的终结》一文，集中反对马克思劳动价值论。在这一小册子中，庞巴维克宣称，《资本论》第一卷的价值理论与第三卷的生产价格和平均利润率理论的矛盾是不可调和的，"马克思的错误在于他的劳动价值论不是从事实出发，而是建立在不稳固的形式辩证法的基础上的"③，"马克思主义体系终结"了。在他看来，马克思把商品价值视为凝结在商品中的无差别的人类一般劳动，把劳动视为全部价值的基础，舍去了商品的使用价值和交换价值，在逻辑上和观点上都是错误的。因为，决定商品价值的还有稀缺性、供求因素、人的消费欲望等心理因素，商品交换必然和长期地不是按照其所包含的劳动进行的。就是说，决定商品价值及交换的并不是客观的劳动量，而是使用价值以及供求

---

① [奥] 庞巴维克：《资本实证论》，陈端译，商务印书馆1964年版，第144–146页。
② [奥] 庞巴维克：《资本实证论》，陈端译，商务印书馆1964年版，第267页。
③ 转引自 [奥] 庞巴维克：《马克思体系的终结》，英译本1949年版，第101页。

双方的心理需求等主观性因素这些"共同的东西"，这些主观性因素才是必然的、永恒的。事实上，马克思在分析商品时，对商品的二因素及交换价值进行了全面分析，还探讨了价值形式的辩证历史发展过程，进而得出商品价格受供求关系影响而围绕价值这个轴心上下波动的主客观相统一的价值规律，对使用价值与交换价值做了必要的舍象，得出的是客观、科学的价值规律。而庞巴维克却只是抓住使用价值与供求，并使其服从于主观心理因素，所得出的是主观性的边际效用论。

贬低劳动价值论，否认剩余价值论，否认利润转化为平均利润，推崇资本利息论、边际效用论，庞巴维克试图推翻马克思主义"两个必然"的科学结论，来证明资本主义生产方式及其财富分配制度等在事实与逻辑上的必然性、合法性与永恒性，进而为证明资本主义制度的规范性服务。

同时，美国经济学家克拉克在1886年出版《财富的哲学：新经济学原理》一书，把古典政治经济学的劳动理论与效用理论加以调和，自称独自发现了边际效用理论，以此分析生产和分配问题，提出动态利润说与边际生产率说。他认为，利润是由于资本家采用新技术而获得的报酬，并且只存在于动态发展着的经济之中；由于工人数量的增加，才导致工人工资水平下降。克拉克否认剩余价值论与剥削存在，目的在于论证资本主义社会生产与财富分配公平合理。

集19世纪下半叶西方主流经济学大成的马歇尔于1890年出版《经济学原理》一书，把传统生产费用论、供求论同边际效用论结合在一起，提出均衡价格论，构成现代西方主流经济学的基础。马歇尔把古典的"三位一体"分配论改造成劳动—工资、土地—地租、资本—利息、组织—利润等"生产四要素""四位一体"的庸俗分配理论。

庞巴维克等主观价值论对马克思劳动价值论科学性的攻击，对国际工人运动造成一定不良影响，更是对第二国际理论家伯恩施坦的思想右转带来了直接影响。伯恩施坦也因此把劳动价值论视为"思维的公式或科学的架设"，更是把剩余价值论说成"单纯的公式，成了一个以假设为根据的公式"①，试图用边际效用价值论来修正马克思劳动价值论，并以此来分析资本对劳动的剥削程度问题。他提出再减去剩余价值中属于生产费用即按要素分配的部分，来证明现代资本主义社会的剩余价值率与剥削程度并没有《资本论》中所说的那样高、那样严重。由此分析得出的政治判断、价值判断为：现代资本主义社会两大阶级间的矛盾日渐缓和，阶级斗争与社会革命也应该趋于缓和，要走改良主义的道路。

三、希法亭与布哈林对庞巴维克边际效用论的批判

率先系统批驳庞巴维克对马克思劳动价值论攻击的，是奥地利马克思主义代表人物希法亭。1902年，希法亭撰写完成《驳庞巴维克对马克思的批判》一文，发表在1904年《马克思研究》丛刊创刊号上，试图消除庞巴维克对工人运动的错误理论影响，进而客观完整阐释马克思劳动价值论及政治经济学的立场、观点与方法。

其一，希法亭通过对价值范畴的分析，批驳了庞巴维克对马克思劳动价值论的攻击，指出马克思与庞巴维克在政治经济学上的根本不同在于是以社会还是以价格为核心，提出"马克思高扬劳动价值论不是为了探明价格，而是发现整个资本主义社会的运行规律"②。商品具有自然属性，反映人与自然的关系，属于政治经济学分析的外部，更具有社会属性，反映人与人之间的社会关系，属于政治经济学分析的内部。就是说，政治经济学重点在于分析社会政治经济关系，而社会政治经济关系是以生产劳动为轴心建立起来的，劳动才是新价值的源泉。马克思以此把握住了政治经济学分析的钥匙——劳动组织化的历史发展过程，从而使政治经济学成为社

---

①殷叙彝编：《伯恩施坦文选》，人民出版社2018年版，第176页。

②Rudolf Hilferding.Bohm-Bawerk's Criticism of Marx. Paul M.Sweezy(ed.),New York:Augustus M.Kelley,1966,p.139.

会学、历史科学的一部分，也使得价值规律的理论基础更为牢固，进而为深入批判分析劳动与财产相分离的资本主义社会提供了科学视角与工具，并得出人的解放只有在社会主义生产模式下才可能的科学结论。

其二，希法亭通过对价值转型问题的阐述，批驳了庞巴维克所谓《资本论》第一卷与第三卷在价值论上对立及价值转型问题上的谬论。希法亭根据《资本论》及其手稿的创作，阐释了按价值交换与按生产价格交换的特定历史性，指出马克思的价值概念才是说明价格现象的正确出发点，进而正确阐述了利润平均化的理论与实际过程。

其三，希法亭通过对马克思政治经济学方法论的阐释，批驳了庞巴维克思想方法论的错误。他指出，庞巴维克的效用价值论是建立在心理学基础上的主观唯心论，也是建立在抽象人性论基础上的历史唯心论，其抽象性、非历史性与非社会性思想方法是实证主义与心理主义方法的谬误之源，与马克思唯物、辩证、历史的方法有本质区别。希法亭对庞巴维克的批驳起到了对价值论的正本清源作用，维护了作为工人政治运动理论基础的马克思劳动价值论的科学性，也得到美国经济学家斯威齐的高度评价。斯威齐在《卡尔·马克思体系的终结和驳庞巴维克对马克思的批判》一书中认为，"《驳庞巴维克对马克思的批判》有两重意义：一方面，它是马克思主义营垒内对庞巴维克所作的唯一的全面的答复；另一方面，它可能是我们看到的对马克思经济学和现代正统经济学之间观点上的根本差别所作的最清楚的表述"。

批驳庞巴维克效用价值论对马克思劳动价值论的攻击，消除其对第二国际及工人运动的消极理论影响，也成为第二国际正统派考茨基、左派理论家卢森堡，以及俄国布尔什维克党人列宁和布哈林等的一项重要思想理论任务、政治任务。其中，系统批驳庞巴维克效用价值论的是布哈林。1914年，布哈林创作完成《食利者政治经济学》一书，对以庞巴维克为代表的奥地利学派边际效用价值论的观点与方法展开了系统批判。

　　其一，布哈林鲜明指出奥地利学派与马克思主义政治经济学是两种截然对立的理论工具。他尖锐批判指出奥地利学派是食利者的政治经济学，食利者生活的基本特征是消费者心理，是资产阶级害怕无产阶级革命、思想理论日趋庸俗与全面退化的产物，"奥地利学派成为国际食利资产阶级的科学工具"①。而马克思主义政治经济学则是无产阶级认识资本主义社会、进行社会革命的思想武器，"对于马克思主义政治经济学来说，甚至价值规律也是揭示整个资本主义机制运动规律的认识工具"②。

　　其二，布哈林批判庞巴维克效用价值论的错误观点，指出庞巴维克把价格分析的基础界定为使用价值，以及桑巴特的"效用是原则性的概念"，都是在重复马克思在《资本论》第一卷中所批判过的古典政治经济学的错误观念，如孔狄亚克就认为："物的价值只在于物和我们的需要的关系。"③这种与马克思客观价值论直接对立的主观价值论无法正确反映客观的社会关系，遇到现实的真问题就会破产。因为"货币和货币流通理论在一定程度上可以作为一切价值理论的试金石，因为在货币中恰好最明显地体现出极复杂的人际关系"④。这种主观价值论背离生产劳动第一性的观念，片面强调消费第一性的观点，最终会在经济发展问题上破产。

　　其三，布哈林还深入批判了庞巴维克边际效用价值论的严重方法论错误。他指出，一方面，庞巴维克从脱离特定历史与社会的抽象人，即一个荒漠旅行者、孤岛生存者、与世隔绝的人等来阐述其永恒普世的利息与价值理论，试图推翻马克思主义有机整体性的社会历史方法论，以恢复原子

①[俄]布哈林：《食利者政治经济学——奥地利学派的价值和利润理论》，郭连成译，商务印书馆2002年版，第26页。
　　②[俄]布哈林：《食利者政治经济学——奥地利学派的价值和利润理论》，郭连成译，商务印书馆2002年版，第178页。
　　③《马克思恩格斯文集》第五卷，人民出版社2009年版，第185页。
　　④[俄]布哈林：《食利者政治经济学——奥地利学派的价值和利润理论》，郭连成译，商务印书馆2002年版，第98页。

论方法，其实质是非社会、非历史主义的抽象论证。另一方面，庞巴维克对主观价值论采取了"与主观主义方法相关的循环论证"，"通过本身是从主观价值中推断出的客观价值来确立主观价值，这是庞的主要错误"①。

虽然布哈林在正面阐释马克思劳动价值论时，提出价值规律会随资本主义的崩溃而消亡的观点是错误的，但是，其对庞巴维克的批判坚持马克思劳动价值论及政治经济学的基本立场观点与方法，对边际效用价值论在俄国和苏联及国际工人运动中的消极影响起到了重要遏止与清除的积极作用。

19世纪上半叶，两次世界大战进一步从深层次上暴露了资本主义世界的政治经济矛盾及其内在危机，马克思主义、科学社会主义先后在一些落后民族国家从理论变成现实，落后国家民族解放运动与社会主义革命运动更是蓬勃发展。为应对科学社会主义的理论与现实挑战，以及资本主义自身的矛盾危机，迫切需要西方理论家对论证、改良与完善资本主义制度进行各种意识形态修补与创新，于是一些新的学说与派别也开始陆续登上理论前台。在价值理论上，庞巴维克等及其边际效用价值论逐渐走向理论后台，现代西方经济学各种新流派不断变换边际价值论的形式陆续登场，可谓"你方唱罢我登场"，对马克思劳动价值论科学性的攻击一直在喧嚣中上演。与此相对，反驳对马克思劳动价值论科学性的攻击，对马克思劳动价值论进行新论证新阐释，也一直在行进着。

四、对马克思劳动价值论的反对、支持与调和

20世纪30—70年代，围绕马克思劳动价值论的论争出现了反对、支持与调和三种不同主张。

一种是明确反对的主张，包括凯恩斯、萨缪尔森、弗里德曼等现代西

①[俄]布哈林：《食利者政治经济学——奥地利学派的价值和利润理论》，郭连成译，商务印书馆2002年版，第89页。

方主流经济学家，他们继承古典政治经济学与边际效用价值论的一些思想理论元素，提出宏观经济论、自由市场论等新主张，继续拒斥马克思的劳动价值论，为西方资本主义生产方式及其社会制度摇旗呐喊。为恢复和应对西方资本主义世界的"有效需求不足"、经济危机、政治危机及世界危机，英国经济学家凯恩斯于1936年出版《就业、利息与货币通论》一书，以边际消费倾向与资本边际效率、流动性偏好陷阱理论为基础创立宏观经济学，放弃自由放任的自由主义经济政策，主张国家直接干预经济，以实现对国家和社会的有效治理。

凯恩斯主义在美国的代表人物、新古典综合学派的创始人萨缪尔森，分别于1947、1948年出版《经济分析基础》《经济学》，以数学为工具进行理论与方法表述的统一。在价值论上，其一，他支持边际价值论，提出要素价值论。他认为生产要素报酬就是生产要素的收益，要素报酬等于要素的边际产品价值，要素的边际产品也就是要素的边际生产率。其二，他认为马克思的劳动价值论过时了。他重复斯密劳动价值论的观点，认为劳动创造价值只适用于人类社会发展的"野蛮时期或者原始时期"，即除了劳动之外的其他生产要素都不具备稀缺性的时期；当人类社会发展进入斯密所说的资本积累和土地私有的社会，即除了劳动之外的其他生产要素的供给都变得稀缺了，劳动价值论就不再适用了。其三，他还通过批判塞顿转型问题的文章《工资和利息：马克思经济模式的一个现代剖析》，批判马克思的价值理论，认为价值概念是多余的。因为从实际存在的一定物质技术条件下的投入产出系数出发，就可以确定商品的相对价格。他又通过批判列昂惕夫与斯拉法研究马克思劳动价值论中转型问题的文章，即试图通过所谓实物量关系的数学分析的"橡皮擦"把价值转写成价格，来否定马克思的劳动价值论。

主张自由放任资本主义的芝加哥经济学派的领军人物、货币学派的代表人物弗里德曼，在政治哲学上强调自由市场经济的优点，认为经济自由、市场自由最终导致政治自由，反对政府干预自由市场经济。他在《资本主义与自由》一书中认为，在价值判断上马克思的劳动价值论、剩余价值论与剥削理论是与资本主义的道德标准相背离的，是不可接受的；在事实判断上，马克思的劳动价值论、剩余价值论与剥削理论没有对劳动创造价值的意义给出充分的说明，事实上也无法说明，未全面考虑形成总产品的各种共同资源要素，而且"在所有合作的资源的总产品和增添的产品——用经济学的术语说，边际产品——之间加以混淆"①。

一种是明确支持的主张，以研究马克思主义的经济学家如英国的多布、米克、德赛，美国的斯威齐、巴兰、布尔加雷斯，比利时学者曼德尔等为代表。在多布批判效用论、论证劳动价值论成立的正式条件的基础上，米克以《劳动价值学说研究》一书证明劳动价值论没有过时，是真正的科学，其转型理论不仅是逻辑运用，更是一个历史过程。米克指出，马克思没有把效用作为商品的共同属性，因为"商品的效用是不能直接测度的量"，效用也"不可能当作独立决定的因素"，"购买商品的人对其效用所做的特殊估价，实际上是不能决定它的长期均衡价格的，这一点，用买主对其效用所作的估计的变化一般并不影响价格的事实就足以证明了"②。

布尔加雷斯认为："若是马克思在大多数问题上错误的话，他的影响力将很快烟消云散了。……但在许多问题上，他显然是对的，尤其是关联到他的时代时是如此。"③曼德尔认为："经济科学发现了价值这一组成因素，便掌握了解决一系列实际问题的钥匙。没有劳动价值论便没有剩余价值论，也没有办法把利润、利息、地租归到唯一的根源上来，也没有办

---

①[美]弗里德曼：《资本主义与自由》，张瑞玉译，商务印书馆2011年版，第180页。

②[英]米克：《劳动价值学说的研究》，陈彪如译，商务印书馆1979年版，第180–181页。

③[美]加尔布雷斯：《丰裕社会》，徐世平译，上海人民出版社1965年版，第62页。

法理解150年来工农业生产神秘的波动。……这里已经充分证明了坚持劳动价值论，坚持构成一个整体的完整的经济学说的'益处'。"①

还有一种是客观上各有偏向、主观上调和的主张，其中有熊彼特、斯拉法与罗宾逊夫人。美国思想家熊彼特以创新发展经济学而闻名，他受到奥地利学派与马克思主义的双重理论影响。他认为在生产中没有剩余价值的产生，企业家的利润是超过成本的剩余，这个剩余利润来自企业家的创新发展。这就否定了马克思的劳动价值论与剩余价值论，但他又盛赞马克思理论的强大生命力。他以庞巴维克的边际效用论为基础，但又不完全同意其利息贴水论，认为利息来自企业家创新发展的利润，是一种社会现象。总之，熊彼特不赞成马克思的劳动价值论，也不完全支持庞巴维克的效用价值论，认为效用价值论优于劳动价值论，又认为随着经济的不断变动、创新发展与私人经济转向公有经济领域，"资本主义不能存在下去""社会主义当然能行得通"②，但他并不同意马克思所断定的资本主义崩溃的方式。

英裔意大利经济学家斯拉法在复兴古典政治经济学过程中出版了《用商品生产商品》一书，虽没有明确讨论马克思的价值论，但他提出"标准商品""标准体系"理论——"斯拉法体系"，证明了商品价值转化为生产价格的图式，因此在客观上成为马克思劳动价值论科学性的分析证明工具。这也使得长久以来由斯威齐、鲍尔特凯维兹、温特尼茨、米克和塞顿等提出的价值转化为生产价格的各种解说证成。

英国新剑桥学派的代表人物罗宾逊夫人，在1933年出版闻名于世的《不完全竞争经济学》一书，1942年出版《论马克思主义经济学》一书。

---

①[比]曼德尔：《论马克思主义经济学》下卷，廉佩直译，商务印书馆1979年版，第353-354页。

②[美]熊彼特：《资本主义、社会主义与民主》，吴良健译，商务印书馆1999年版，第119、257页。

这位凯恩斯学派的代表人物在对马克思主义经济理论进行深入研究后，得出了不同于凯恩斯污蔑《资本论》的思想主张。她视马克思为独具匠心的"杰出的古典经济学家"，"马克思的学说应该得到研究和尊重"，并提出"向马克思学习"的口号。她认为斯拉法体系提出了关于生产价格的一个系统完整、逻辑严密的图式，使"转型问题"获得了"技术"上的解决。这也使得勇于坚持真理的经济学家罗宾逊夫人在客观上支持了马克思的劳动价值论。当然，罗宾逊夫人的分配与剥削理论以要素分配论为基础，不同于马克思以劳动价值论与剩余价值论为基础的分配与剥削理论。[1]

日本数理经济学家森岛通夫用数理方法研究马克思与古典经济学理论，试图调和马克思主义经济学与非马克思主义经济学。他通过数理模型分析证明"生产价格总额=价值总额""利润总额=剩余价值总额"，在说明马克思劳动价值论与价值转型理论成立的同时，还试图矛盾地说明庞巴维克等的效用价值论对马克思劳动价值论的攻击有效。他知道马克思主义的"劳动价值论为工人反资产阶级的斗争提供了一个鼓舞人心的思想体系的理论基础"，效用论及其一般均衡理论也无力为资本主义作出有实际效果的辩护。因此，作为改良调和方案——劳动价值论与均衡生产价格的调和方案，他提出："将马克思经济学同作为它的根基的劳动价值论相剥离，并将它嫁接到冯–诺伊曼的株体上，从而开出马克思—冯–诺伊曼之花。"[2]

五、劳动价值论科学性问题的论争远未结束

20世纪80年代以来，伴随第三次科技革命、信息产业及生产自动化的

---

① 赵茂林：《马克思和罗宾逊的剥削理论范式比较研究》，《湖北经济学院学报》2008年第5期。

② [日]森岛通夫：《马克思经济学——价值与增长的双重理论》，张衍译，中国社会科学出版社2017年版，第185页。

发展，以托夫勒、奈斯比特、罗默尔为代表的一些西方学者又提出知识价值论、信息价值论来替代或否定马克思的劳动价值论。

美国未来学家、社会思想家托夫勒以《未来的冲击》《第三次浪潮》《力量转移》三部著作阐述了知识经济、数字经济与信息社会的时代到来，预言由财富、暴力与知识三块基石组成的现代社会权力框架，以《再造新文明》预言以"知识储备"为财富工具的社会将占领战略的制高点，"知产阶级"将成为社会的主流人群，这就是未来的新文明社会。在托夫勒看来，传统的土地、劳动、资本"劳动三要素"都有局限性，"马克思讲过'劳动价值说'，我们现在大可以搞一套'信息价值说'"①。美国未来学家奈斯比特在《大趋势》一书中提出工业社会的战略资源是资本，信息社会的战略资源是信息。进而，他提出"知识价值论"，即"在信息经济社会里，价值的增长不是通过劳动，而是通过知识实现的。劳动价值论诞生于工业经济初期，必须被新的知识价值论所取代"②。

托夫勒与奈斯比特提出的知识、信息价值论对时代与社会的发展预测具有一定合理性和积极价值，但他们对知识与信息价值论的理解只有在马克思劳动价值论的框架下才是客观全面的。由于对知识、信息价值论的片面理解，进而狭隘理解生产劳动概念，把劳动者狭隘地理解为体力劳动者，没有看到简单劳动与复杂劳动的辩证关系，也没能看到知识、信息、技术等影响生产力的因素只有与劳动者结合才能创造价值的辩证关系，托夫勒、奈斯比特等才由此走向马克思劳动价值论的对立面。

罗默与卢卡斯等一方面重复萨缪尔森反马克思劳动价值观论的观点，另一方面又吸收熊彼特的创新发展价值论，于1986年提出内生经济增长理

---

① [美]托夫勒：《预测与前提——托夫勒未来对话录》，粟旺等译，国际文化出版公司1984年版，第22页。

② [美]奈斯比特：《大趋势——改变我们生活的十个新方向》，梅艳译，中国社会科学出版社1984年版，第15—16页。

论模型。他们认为，经济增长来源于其内生的四要素：资本、非技术劳动、以受教育年限来衡量的人力资本、用专利来衡量的新思想，并以此来说明利润与经济增长。1982年，罗默出版《剥削和阶级的一般理论》一书，运用新古典经济学的所谓效用均等原则与数学模型建立一个一般剥削理论，反对马克思政治经济学的剥削定义，以取代马克思的劳动价值论。1990年，罗默又提出知识溢出模型来完善其内生经济增长理论，把知识生产与知识溢出作为理论基础，把公共知识和企业拥有专门知识看作内生变量。

苏东剧变后，西方自由主义知识界更是掀起了反马克思列宁主义、反社会主义的理论与政治狂欢，在幻象中走向以福山等为代表的所谓当代资本主义终结历史论。然而，伴随中国特色社会主义和平崛起，新时代中国特色社会主义人类文明新形态的蓬勃发展，以及2008年以来西方社会自身的严重金融危机、经济危机，《资本论》与马克思主义政治经济学再度在西方资本主义世界沸腾起来。当代美国学者克利弗从理解马克思劳动价值论出发，来阐释20世纪70年代以来国际政治斗争与阶级斗争的新变化①，有效回击了西方主流经济学所无法有效解释的当代资本主义对外战争等问题。当代法国经济学家皮凯蒂以《21世纪资本论》再次批判以美国为代表的西方资本主义经济发展的巨大不平等、不公正，证明马克思劳动价值论与剩余价值理论的科学性。

伴随信息通信技术、电子与信息产业及数字经济的加速发展，关于数字经济与马克思劳动价值论的关系问题逐渐走上现代理论论争的最前沿。在此电子信息大数据时代，以维尔诺、哈特、奈格里、维赛龙等为代表的一些西方学者再次诘难马克思的劳动价值论在今天已经没有任何意义，过时了。对此，英国学者福克斯运用《资本论》及其手稿的价值学说，通过

---

①Harry Clenver.Reading Capital Politically, Leeds and San Francisco：Anti/Thesis and AK Press, 2000.

对谷歌、"脸书"、"推特"、"油管"等社交媒体上的数字劳动的具体翔实分析，证明马克思的劳动价值论、剩余价值论是依然适用于现时代的科学理论。福克斯批判了当代数字劳动的异化与剥削性质，揭示了以"脸书"为代表的社交媒体所有者的"财富和公司的利润都是基于剥削用户的劳动，而这是无偿的，也是总体全球信息和通信技术（ICT）工人的一部分"①。

2020年至今，新冠疫情全球大暴发，以美国为代表的西方资本主义国家在抗疫过程中的糟糕表现，再次暴露西方资本主义社会政治的全面深层次矛盾与危机，其新自由主义市场经济、资本价值论、产业空心化、虚拟经济、数字经济与消费主义的严重危机也再次暴露。这也再次证明，马克思劳动创造价值的科学理论在现时代没过时，而且即使在未来劳动作为人的解放手段、各尽所能的共产主义社会，也依然有其存在的价值。这正如恩格斯所预见："在决定生产问题时对效用和劳动支出的衡量，正是政治经济学的价值概念在共产主义社会中所能余留的全部东西。"②

150余年来，围绕劳动价值论科学性问题的论争从未停歇，且还会以新的话语形式继续，隐含在其中、与其形影不离的社会政治哲学论争也从未停歇，也还会以新的话语形式继续。因为事实与价值、科学与规范是密不可分的，更因为现代性社会政治始终赖以旋转的轴心是不断扩大的资本与劳动的矛盾对立与解决，由"两个必然"与"两个决不会"所科学预言的劳动解放、社会解放、人类解放的新全球化与世界历史进程仍要走很长的路。时刻准备着，以沉着冷静的理论判断、敏锐明智的理论感知、笃定自信的理论创新，去精准识别、迅捷批判各种理论幻影，去科学勾画历史前行的理论新篇，这是面向未来的新时代理论回声。

---

①[英]福克斯：《数字劳动与卡尔·马克思》，周延云译，人民出版社2020年版，第371页。

②《马克思恩格斯文集》第九卷，人民出版社2009年版，第327页。

第二章　帝国主义问题的论争

马克思主要以现代英国为典型，批判研究处于自由竞争阶段的资本主义及其政治经济学。自19世纪60年代以来，伴随着日益加剧、周期性爆发的经济危机，资本主义的生产组织形式也在逐渐不断调整变化，进一步从自由竞争向垄断发展。马克思和恩格斯都在密切观察资本主义经济发展的新情况、新动向。马克思根据英美垄断资本主义、股份公司形式发展出现的新情况，提出股份资本是导向共产主义的最完善的形式，并准备在《资本论》第二、三卷中加以阐述。从19世纪70年代末期开始，恩格斯密切跟踪观察与研究经济危机与英美垄断发展的新情况，得出新判断：一方面，由于周期性、不断加剧的经济危机导致资本主义社会基本矛盾及其表现进一步加剧；另一方面，为缓解经济危机，资本主义在生产组织形式上不断调整，促进了托拉斯及国家垄断等各种新垄断组织形式的出现与发展。由此，恩格斯指出实现变革资本主义生产方式而达至自由王国理想社会形式的必经之路，即"无产阶级将取得国家政权，并且首先把生产资料变为国家财产"[1]。由此，才能实行有计划的自觉调节的生产、交换、分配与消费，也才能彻底解放一切社会关系。19世纪90年代，恩格斯把垄断资本主义发展的最新情况写进了《资本论》第一卷德文第四版中，而且还于1895年撰写《交易所》一文，把自己对垄断资本主义发展的最新科学判断增补到《资本论》第三卷中，得出新的经济—政治结论："竞争已经为垄断所代替，并且已经最令人鼓舞地为将来由整个社会即全民族来实行剥夺做好了准备。"[2]

---

[1]《马克思恩格斯文集》第三卷，人民出版社2009年版，第561页。
[2]《马克思恩格斯全集》第四十六卷，人民出版社2003年版，第497页。

至20世纪初期，资本主义经济发展已完成从自由竞争到垄断的转变，英、法、德、意、俄、美、日等现代资本帝国纷纷走上瓜分世界的对外殖民侵略道路，时代发展已进入帝国主义阶段。各帝国主义国家对内加强垄断剥削压榨，对外称霸、不断殖民掠夺，走向全面反动，国内外矛盾与危机日益加剧，处于重新瓜分世界的帝国主义战争与落后国家民族解放运动时期，以及社会主义革命运动的前夜。在资本主义从自由竞争到垄断帝国主义的发展过程中，为大垄断资本家在世界范围内攫取更大利益的需要，也为缓和与转嫁国内日益加剧的经济、政治与社会危机，一些政客如英国的殖民大臣约瑟夫·张伯伦和狂热帝国主义者、殖民垄断巨头塞西尔·罗得斯等开始为帝国主义的殖民扩张摇旗呐喊、出谋划策，他们甚至将爱国主义与帝国主义结合起来美化帝国主义。也有一些学者开始从经济理论上非系统论证并美化帝国主义是经济集中与垄断发展的必然，如德国学者雅科布·里塞尔的《德国大银行及其随着德国整个经济发展而来的集中》，舒尔采-格弗尼茨的《不列颠帝国主义》，罗伯特·利夫曼的《卡特尔与托拉斯以及国民经济组织今后的发展》，等等。与之相对，拉法格指出资本主义发展进入一个特殊阶段，并在1895年《财产的起源和进化》一文中提出了金融在资本主义经济发展中的重要作用，"金融成了强有力的社会力量""金融吞下一切，占有一切"[①]。普列汉诺夫研究了1890年以来10年间英、美资本主义垄断发展的情况，提出垄断是工业发展的自然的不可避免的结果。

在此社会政治历史发展背景与理论前提下，通过对资本主义发展的新观察及对《资本论》的新研究，产生了以霍布森、希法亭、卢森堡、布哈林、列宁等为代表的现代经典帝国主义论。自第二次世界大战以来，西方思想界又针对资本主义的新变化以及社会主义的发展，再次反思现代经典

---

① 中共中央马克思恩格斯列宁斯大林著作编译局国际共运史研究室编：《拉法格文选》下卷，人民出版社1985年版，第132、136页。

帝国主义理论，提出后帝国主义论、新帝国主义论等新学说。

一、霍布森的帝国主义与国际政府论

第一个系统研究帝国主义，并试图客观揭示现代帝国主义起源、特征、危害的是英国经济学家、思想家霍布森。他在《帝国主义》一书中正确地揭示了帝国主义形成的经济根源，认为"帝国主义只不过是私人势力，主要是资本家利用政府机器获取海外利益的工具"[①]。帝国主义作为少数资本利益集团盗用国家名义强力向低等民族国家地区投资的一种政策，源于国内资本利润空间变小、生产力过剩，"即是强大的有组织的工业和金融势力，意图凭借公众的钱财和力量，来为它们的剩余商品和资本攫取并巩固私人市场"[②]。帝国主义的特征是打着贸易自由的旗号而对外实行保护关税的贸易保护主义、发行公债、军国主义与战争。作为一种国家政策的帝国主义，在经济上增强了资本的全球化与私人利益；在政治上由于其反民主政治的根本原则而成为自由平等的死敌，是低等落后民族、现代民族国家的最大危险与威胁；在道德上则是一种出于自私自利的卑鄙选择与品德退化的国家生活，其最终"难以逃避自然规律的惩罚""亡于消化不良"。为解决帝国主义这种"最粗野、最不经济的国家竞争形式"所带来的严重不良后果，霍布森提出国际帝国论，即"让国际政府来制止战争和建立自由贸易吧，各国间真正有活力的竞争将会开始"[③]。

从中可见，霍布森从经济上独立揭示现代帝国主义产生的根源是合理的，且得出了一些有益的见解，对现代帝国主义经济和政治特征的揭示也富有洞见性，对现代帝国主义的危害及后果的批判也富有启发性。但由于其小资产阶级立场与狭隘历史视野的局限，他没能看到帝国主义是资本主

---

①[英]霍布森：《帝国主义》，卢刚译，商务印书馆2017年版，第90页。
②[英]霍布森：《帝国主义》，卢刚译，商务印书馆2017年版，第99—100页。
③[英]霍布森：《帝国主义》，卢刚译，商务印书馆2017年版，第165页。

义发展的一个阶段，也没能提出解决帝国主义时代问题的革命性科学方案。他抱有改良幻想，试图通过建立国际帝国主义的"国际政府"来制止战争，实现自由贸易以及世界永久和平。

二、希法亭的金融资本与帝国主义论

开始从《资本论》的垄断与资本积累理论出发，自觉运用马克思主义基本原理对帝国主义时代发展进行新理论探索的是第二国际理论家希法亭和考茨基。希法亭从19世纪末20世纪初资本主义经济发展的最新情况出发，采取马克思主义政治经济学的方法论，于1910年出版关于帝国主义理论的新著作《金融资本》。虽然希法亭金融资本论有流通决定论的偏颇等问题，作为德国帝国的议会议员，在20世纪20年代后期还有"某种把马克思主义同机会主义调和起来的倾向"，但是其对垄断资本主义发展的最新阶段作出了"一个极有价值的理论分析"[①]，进一步丰富和发展了《资本论》，为科学揭示帝国主义时代问题奠定了思想基础。

首先，希法亭提出资本主义发展进入金融资本统治最新阶段的宝贵思想。通过对商品流通过程的考察，他发现"圣父"产业资本与"圣灵"商业资本、银行资本日益融合生长出"圣子"货币，三位一体于"金融资本"，即金融资本寡头的统治是资本发展到最高阶段，亦即资本主义发展的最新阶段。"正像资本本身在其发展的最高阶段上变为金融资本一样，资本巨头、金融资本家也合于一身，越来越以支配银行资本的形式支配整个国民资本。"[②]

其次，希法亭揭露了帝国主义国家的阶级本质。随着资本主义垄断的发展，资本与国家权力日益走向联合并得到相互强化，资本通过攫取国家权力来强化其对内剥削压迫，由资本强化的国家机器则变成了对外殖民掠

---

①《列宁专题文集·论资本主义》，人民出版社2009年版，第106页。
②[德]希法亭：《金融资本》，福民等译，商务印书馆1994年版，第253页。

夺与武装干涉的工具。"帝国主义思想体系便产生了，它是对旧的自由主义理想的否定。它嘲笑后者的天真。"①就是说，自由主义宣扬的自由、平等、博爱、民主、法治、人权等抽象天真社会政治理想，在帝国主义的优等民族论、少数资本巨头和世界殖民统治的严酷现实下，日益变成了对外侵略、殖民掠夺可有可无的遮羞布。

最后，希法亭得出解决帝国主义时代问题的正确结论。他从马克思批判分析资本主义基本矛盾的立场与方法出发，提出金融资本寡头的统治进一步加剧了垄断资本主义国家的阶级矛盾与国际矛盾，预示着伟大社会变革时代的到来。为此，无产阶级要坚持政治斗争，积极准备革命条件，等待革命时机，以实现革命的胜利。他对帝国主义灭亡和无产阶级胜利充满信心，认为在金融资本达到资本寡头在经济和政治上统治的最高阶段，即完成了资本巨头的独裁统治，必然造成"使一国民族资本支配者的独裁统治同其他国家的资本主义利益越来越不相容，使国内的资本统治同受金融资本剥削的并起来斗争的人民群众的利益越来越不相容。在这些敌对的利益的暴力冲突中，金融巨头的独裁统治将最终转化为无产阶级的专政"②。

三、考茨基的"超帝国主义论"

与希法亭不同，第二国际正统派的考茨基则是从生产领域考察资本主义从自由竞争到垄断以及帝国主义的发展，试图得出对帝国主义本质及其时代问题解决的科学解放方案——"超帝国主义论"。从1914年《帝国主义》一书到1915年《民族国家、帝国主义国家和国家联盟》一书和《两本论述重新学习的书》一文，再到1917年《唯物主义历史观》一书，完整展现了考茨基的"超帝国主义论"从提出到完整阐述再到重申的认识过程。

---

①[德]希法亭：《金融资本》，福民等译，商务印书馆1994年版，第390页。
②[德]希法亭：《金融资本》，福民等译，商务印书馆1994年版，第433页。

这也充分展现了其对待帝国主义问题的思考，貌似"左"倾教条主义的思想倾向，实则是小资产阶级右倾的立场观点与方法。

首先，帝国主义是高度发达的工业资本主义民族国家吞并落后的农业民族国家的一种对外政策。按照《资本论》对资本主义生产方式批判分析的方式，考茨基考察了现代资本主义生产方式中工业与农业生产两大部类，看到农业生产在整个生产中的基础性地位，还看到工业资本积累与扩大再生产的各方面优势，以及农业地区的不断扩大对资本主义工业资本积累与自由发展的重要价值。由此出发，他把现代帝国主义视为工业资本主义民族吞并农业民族的一种对外政策。他说："帝国主义是高度发展的工业资本主义的产物。帝国主义就是每个工业资本主义民族力图征服和吞并愈来愈多的农业区域，而不管那里居住的是什么民族。"① 在他看来，早期少数资本主义国家的工业生产与自由贸易相互促进发展，达到了自由贸易的资本主义顶峰。但少数发达工业国不断膨胀的资本积累与快速发展，需要越来越多的农业国来支撑，即需要瓜分占领更多的农业国家地区以获取超额利润，这就引起了农业国家的反抗及工业国家的矛盾与战争。"帝国主义的政策正是实力政策，别无其他。"② 现代大工业生产是资本积累的先进生产手段，但并不是现代民族国家走向帝国主义的充分条件；现代大工业生产只是发达资本主义国家走向帝国主义对外殖民掠夺的必备条件与现象级说明，考茨基把帝国主义视为一种对外政策只是在一定程度上揭示了帝国主义的起源与本质。

其次，他对解决帝国主义时代问题采取了妥协退让的改良方案，还在幻想垄断帝国主义的世界化——"超帝国主义"来实现社会主义与永久的和平。一方面，考茨基提出消灭帝国主义奴役落后农业国家人民的历史任务，只有依靠被压迫奴役地区的居民或者发达工业国家的无产阶级，只有

① 王学东编：《考茨基文选》，人民出版社2008年版，第296页。
② 王学东编：《考茨基文选》，人民出版社2008年版，第310-311页。

通过社会主义才能完成。另一方面，发达工业国家之间的矛盾日益尖锐，不断开展军备竞赛，帝国主义之间战争给资本主义经济带来的异常严重的威胁，这迫使资本家们联合起来。"因此，现在从帝国主义大国的世界大战中也能够产生其中最强大的国家的联合，这一联合将结束军备竞赛。可见从纯粹经济的观点看来，资本主义不是不可能再经历一个新的阶段，也就是把卡特尔政策应用到对外政策上的超帝国主义的阶段。""最后用帝国主义者的神圣同盟来代替帝国主义了。"①"帝国主义国际也许能带来世界和平，有时甚至能保障和平，但是在这种情况下组成国际辛迪加的金融资本对世界的剥削将变得更加有计划和更加大的规模。"②"金融资本通过世界大战的教训，也许会看出这种扩大剥削范围的方法过于冒险。这种追求增殖利润的活动，会使全部资本遭受太大的风险，而相反，过渡到超帝国主义，过渡到所有国家的金融资本家的国际卡特尔化，倒会更为有利。"③

从这些论述中可以看出，他错误地以为帝国主义神圣同盟、大工业国的联合，会形成一个世界范围内的国际垄断组织托拉斯，将会以和平合作、裁减军备、资本共同剥削统治世界，来代替帝国主义的保护关税、资本输出、殖民扩张与掠夺战争，由此世界就消灭了战争，实现了永久和平，从而通过实现社会主义、克服帝国主义与战争。对此，苏联马克思主义理论家伊利延科夫批判指出，考茨基认为20世纪的资本主义是沿着把所有的资本巨头联合成一个唯一的超托拉斯的道路发展的。"按照考茨基的看法，在这个帝国主义的超托拉斯里，割据称雄的资本家之间的斗争和竞争应当熄灭。由此，世界帝国主义体系就变成一个统一的社会化的经济，

---

① 王学东编：《考茨基文选》，人民出版社2008年版，第321页。
② 王学东编：《考茨基文选》，人民出版社2008年版，第322页。
③ [德]考茨基：《唯物主义历史观》第四分册，《哲学研究》编辑部编，上海人民出版社1984年版，第166页。

这种经济要使其转变为社会主义，仅仅只需要形式上加以'国有化'。因此不需要什么革命，什么无产阶级专政，只需要法律形式上的核准，剥夺最后一个私有者的私有财产，把它交给整个社会。"①在此，考茨基与霍布森小资产阶级改良幻想是一致的，与现代西方新帝国主义、新自由主义设想的由资本统治世界的"世界政府"主张是一致的。考茨基的"超帝国主义论"不但没能从经济上深刻揭示帝国主义的本质特征，还在理论上落后霍布森的"国际帝国主义论"。

考茨基的"超帝国主义论"害怕帝国主义战争，不能做到反对、制止帝国主义战争；其反对帝国主义战争、幻想和平的主观理论仰望最好的结果，只能使世界上绝大多数民族国家及其广大人民置于少数金字塔顶端的帝国主义国家的殖民压迫之下。若从其理论中批判吸收有益的东西，只能是反向的，即广大落后民族国家要大力发展现代更发达的大工业生产，善于驾驭金融资本，彻底战胜资本主义生产方式，敢于、善于反对帝国主义战争，才能制止战争，赢得世界和平。因为，帝国主义是现代战争之源，资本对剩余价值贪得无厌的追求是现代一切罪恶之源。

四、卢森堡的资本积累与帝国主义论

依据马克思主义政治经济学，卢森堡和布哈林对帝国主义进行了更加深入的理论探索，进一步深化了对资本主义发展新阶段的经济与政治认识。卢森堡从对剩余价值的实现与资本积累理论入手，来阐述其反帝国主义的革命理论。

首先，她赞同《资本论》第一卷关于剩余价值来源于雇佣工人的劳动创造，以及剩余价值的资本化即资本积累的科学观点，但是，在关于剩余价值及资本积累怎样实现的问题上，她得出了自己的不同看法。通过对

---

①[苏]伊利延科夫：《马克思〈资本论〉中抽象和具体的辩证法》，郭铁民等译，福建人民出版社1986年版，第106页。

《资本论》第一卷资本积累、扩大再生产理论的深入研究，她认为马克思没有对剩余价值与资本积累的实现问题及扩大再生产图式作出翔实明确的阐述，因此，她要在此问题上继续推进研究，以克服人们对资本积累的抽象化理解。她说："资本积累所依赖的社会需要，细看起来似乎就是资本积累本身。资本积累得越多，它就积累得越多；一切都变成这个耀眼的反复——一个令人目眩的圈圈。"① "马克思自己只是对总资本的积累提出了问题，但他没作进一步的回答。他首先选择那个纯资本主义社会作为他分析的一个基础；但是，他不但没有把这个分析引导出结论，而且就在这个关键问题上停住了。"②

在《资本积累论》《反批判》《政治经济学入门》等著作中，她提出"剩余价值既不能由工人，也不能由资本家来实现，而是由那种属于非资本主义生产方式的社会阶层或社会结构来实现的"③，甚至"积累在一个绝对资本主义环境里是不可能的"。这个非资本主义生产方式的社会阶层或社会结构，即非资本主义生产方式的环境，包括历史地孕育早期资本主义的封建环境，发展过程中的资本主义国家领域内"农民和手工业的环境"，基本上是纳入世界市场与发达资本主义市场、国际贸易体系的非资本主义民族国家和地区。"从而，资本没有非资本主义形态的帮助，不可能进行积累。但同时它也不能容忍非资本主义形态与它自己并存下去。只有使非资本主义形态不断地和加速地解体，才能使资本积累成为可能。"④

---

①[德]卢森堡、[苏]布哈林：《帝国主义与资本积累》，柴金如等译，黑龙江人民出版社1982年版，第59页。

②[德]卢森堡、[苏]布哈林：《帝国主义与资本积累》，柴金如等译，黑龙江人民出版社1982年版，第70-71页。

③[德]卢森堡：《资本积累论》，彭尘舜、吴纪先译，生活·读书·新知三联书店1959年版，第276-277页。

④[德]卢森堡：《资本积累论》，彭尘舜、吴纪先译，生活·读书·新知三联书店1959年版，第333页。

从中可见，结合资本主义的最新发展，卢森堡对资本积累与扩大再生产问题的思考，进一步推进了马克思关于资本主义生产方式的世界历史性特点、对外贸易与世界市场的思想，在一定程度上填补、拓展了马克思计划探讨但又未来得及探讨的"对外贸易""世界市场"理论。在《资本论》及其手稿中，马克思对扩大再生产、资本积累理论的推演，是对已经考虑到的"对外贸易""世界市场"进行了必要舍象后，将资本积累放在纯粹理论状态中进行的研究，得出了符合资本主义生产方式的科学逻辑。这一理论模型既符合资本主义生产方式内在小循环周转的现实，又符合并蕴含着资本主义生产方式在世界贸易中大循环周转的现实，即资本积累也有一部分是在非资本主义环境中进行并实现的。

在此，我们可以看到卢森堡对《资本论》的独特新贡献，即她以更加明确的论述发展了马克思资本积累与扩大再生产理论，拓展了人们对资本积累与扩大再生产理论的认识与理解。对此，卢森堡的批评者布哈林中肯地评价说："卢森堡在理论上的最大功绩，是她提出了资本主义和非资本主义环境之间的关系问题。"[1]列斐伏尔则全面肯定评价卢森堡的资本积累理论，认为其"在马克思主义的基础上'打开了'马克思主义"[2]。

不过，在此问题上，卢森堡忽视了马克思在《资本论》及其手稿中，已经对前资本主义与早期资本主义的资本原始积累，以及资本主义对非资本主义的"现代殖民"、掠夺剥削问题进行了探讨。尤其是卢森堡对《资本论》及其手稿的非全面性理解，使她忽视了在内部小循环的资本主义生产方式界限内，即在资本主义生产体系、民族国家界限内，资本积累与扩大再生产在理论与现实上也都是成立的。正如列宁所理解，马克思实现论

---

①[德]卢森堡、[苏]布哈林：《帝国主义与资本积累》，柴金如等译，黑龙江人民出版社1982年版，第284页。

②[法]列斐伏尔：《论国家——从黑格尔到斯大林和毛泽东》，李青宜等译，重庆出版社1988年版，第189页。

的主要结论是资本主义生产的扩大，"因而也就是国内市场的扩大"，依靠"生产资料的增长超过消费品的增长"来实现；"资本主义国家必须有国外市场，决不取决于社会产品（特别是额外价值）的实现规律"，而是超出国家界限的资本主义商品流通、资本主义生产方式世界历史性拓展的必然。[①]由此，卢森堡招致了来自各方面的理论非议，尤其是遭到来自马克思主义理论阵营内部的批判。正如她自己在《争论的问题》一文中所说："这件事显得有点滑稽，而且是罕见的——对一个抽象的科学问题进行纯属理论性的研究，居然受到一个政党日报的所有人员的责难。"[②]

　　布尔什维克党内杰出理论家布哈林批评卢森堡将剩余价值的实现问题与剥削问题分割开来，试图说明剥削而无法说明，进而"剥削被温和的实现所替代"，导致其资本积累理论存在缺陷。布哈林甚至过度引申批判卢森堡的资本积累理论，认为"这引起了一系列最严重的错误，进而否认在资本主义生产方式内存在着矛盾，最后，直接为资本主义制度辩护"[③]。苏联著名马克思主义经济学家卢森贝延续布哈林的批判，认为卢森堡对马克思资本积累图式与扩大再生产的理解是错误的、非辩证的，走向了对资本主义灭亡的外因论理解。他说："卢森堡承认资本主义的种种内在矛盾，但是按照她的理论，推动资本主义前进的并不是这些内在矛盾，注定资本主义必然灭亡的也不是这些内在矛盾，而是给资本主义提供营养的那种外部环境的耗竭。由此得出结论，即资本主义会自行消亡：当剩余价值能以在其间实现的'第三种人'一旦被清除，资本主义便宣告寿终正寝。"[④]

---

①《列宁专题文集·论资本主义》，人民出版社2009年版，第23、34页。

②[德]卢森堡、[苏]布哈林：《帝国主义与资本积累》，柴金如等译，黑龙江人民出版社1982年版，第55页。

③[德]卢森堡、[苏]布哈林：《帝国主义与资本积累》，柴金如等译，黑龙江人民出版社1982年版，第174页。

④[苏]卢森贝：《〈资本论〉注释》第二卷，赵木斋、翟松年译，生活·读书·新知三联书店1963年版，第242页。

这些批判是沿着卢森堡资本积累理论的逻辑所能推导出的政治结论，与卢森堡的理论初衷背道而驰，也是她理论逻辑错误所导致的。原因在于，卢森堡误把资本主义等同于垄断帝国主义，误把剩余价值实现等同于获取高额垄断利润，误把资本主义视为一种世界体系。由此推论，当全世界都资本主义化时，资本主义就以它自身为存在条件了，也就会推导出资本主义自动崩溃的错误政治结论。

现实的历史发展证明，非资本主义的生产环境确实在一定程度上延缓了资本主义的内在矛盾与危机，尤其是当资本主义发展到帝国主义阶段后，对外殖民掠夺成了帝国主义国家相对稳定发展的重要因素；在资本日益全球化的现时代、新帝国主义时代，新帝国主义国家日益依靠金融、信息科技与军事等三方面霸权来获得超额垄断利润，维护资本帝国的社会稳定。当代新帝国主义对超额垄断利润贪得无厌地追求，一旦在新全球化非资本主义的生产环境下得不到超额垄断利润的充分实现，其内在矛盾与危机必然充分暴露与爆发。这就意味着帝国主义内在的殖民侵略本性也要再次暴露与再次爆发，也就意味着世界战争的灾难与系统性风险会进一步加剧，还有世界社会政治革命新形势新变局的到来，进而导致新帝国主义必然在不断加剧的内在危机中一步步走向解体、衰落与灭亡。

总之，新帝国主义不是在内在反复加剧的危机中走向灭亡，就是在为摆脱内在危机而触发的世界战争与革命中走向终结。历史发展的必然启示我们，面对西方资本世界、新帝国主义的经济危机，不能抱薪救火、舍身饲虎，而应当更加坚定而稳步地迈向公平合理、和平发展的新全球化历史进程。这个新全球化进程，就是以构建人类命运共同体的新理念引领世界平等互利、合作共赢发展，以伟大历史性变革实现人类世界和平发展的热望。

其次，卢森堡对帝国主义得出自己的新认识。卢森堡是从对资本积累的独特理解视角出发，来分析帝国主义的历史必然性的。在她看来，帝国主义是伴随资本积累自然生长的结果，从前资本主义到资本主义生产方式的历史形成，到资本主义生产方式侵略、消除并同化非资本主义生产方式的地理与历史发展过程，再到资本主义生产方式在世界范围内占统治地位的发达阶段，是资本积累与帝国主义发展的自然历史过程。她把自己的这一理解视为《资本论》第二卷的逻辑必然，乃至在1916年7月28日于狱中致信迪茨说，为回应党报对其资本积累理论的抨击，她要写的一本独立书稿作品，"题为《资本积累与帝国主义——反批判》"，"采用通俗的解说表述观点，数学公式则弃而不用。要论述马克思《资本论》第二卷关于帝国主义问题的来龙去脉，据我所知，这种通俗的解说方式尚属首次"①。

　　进而，卢森堡依据资本积累理论，得出资本主义的顶点、最后阶段——帝国主义必然灭亡的结论。既然非资本主义环境是帝国主义形成、发展与存在的条件，一旦这一条件不存在了，即随着非资本主义的社会环境被消灭、同化了，资本积累就陷入停滞，帝国主义也就无法存在、必然走向灭亡。她说："帝国主义虽然是延长资本主义寿命的历史方法，它也是带领资本主义走向迅速结束的一个可靠手段。这并不是说，资本主义实际上必然达到这个顶点，只是进入帝国主义的倾向本身即已表现各种形态，这些形态将使资本主义最后阶段成为一个灾难时期。"②从中还可见，卢森堡虽然没有明确指出帝国主义是资本主义发展的新阶段，或许这并不是她所想论述的重点，但是她已经把帝国主义视为资本主义的"顶点""最后阶段"。之所以说帝国主义这个最后阶段是灾难，是因为加入资本帝国主义掠夺的民族国家越来越多，而可供资本帝国主义在全球扩张掠夺的非资本主义民族国家与地区正在历史地越来越少，竞争越来越激

---

①[德]卢森堡：《狱中书简》，傅惟慈等译，花城出版社2007年版，第53页。

②[德]卢森堡：《资本积累论》，彭尘舜、吴纪先译，生活·读书·新知三联书店1959年版，第359页。

烈，进而导致世界危机、战争与革命等一连串经济与政治灾难。

因而，世界历史的发展就面临着是走向野蛮灭亡还是走向社会主义两种前途命运，这需要有觉悟的无产阶级来决定。卢森堡坚信无产阶级不会妥协，必然会积极作出社会革命的正确选择，也相信通过这一灾难过程，"资本在两方面准备了自己的毁灭。当它接近到人类只是由资本家和无产者所组成的这一点时，进一步的积累将变得不可能了。与此同时，这个绝对的不可分割的资本规律激化了全世界的阶级斗争并使国际经济和政治方面的无政府状态严重到这样的程度，以致它远在经济发展的最后结果到来之前，就必然导致国际无产阶级反对资本统治存在的暴动"[1]。

1925年，在卢森堡牺牲后出版、由"普及性论文"组成的政治经济学著作中，她依然坚持从资本积累的角度深入批判资本主义生产方式，得出资本主义必然灭亡的结论。站在马克思《资本论》的立场、观点与方法上，一方面，卢森堡批判揭示了资本主义生产方式的罪恶及其暴露过程。她认为，资本从起点到终点的内在目的与意义是追求剩余价值、利润，而非人类幸福；伴随资本主义生产在世界范围内的拓展，"由于世界市场的创立，不仅资本的权力和统治扩大到全世界，而且资本主义生产方式本身也不断遍及于全世界"[2]，其经济关系的"荒谬绝伦"会逐渐全部暴露出来。另一方面，卢森堡批判指出资本主义必然灭亡。她认为，由于世界市场的界限，资本主义在世界化的快速发展过程中会陷入根本性的矛盾困境之中，即由雇佣工人创造的全部东西越来越多地无法实现，资本主义企业无法扩大再生产，资本主义灭亡的必然趋势也就清晰地呈现出来。"资本主义正是在这样的发展进程中，陷入根本矛盾的困境……如果资本主义发

---

①[德]卢森堡、[苏]布哈林：《帝国主义与资本积累》，柴金如等译，黑龙江人民出版社1982年版，第68页。

②[德]卢森堡：《国民经济学入门》，彭尘舜译，生活·读书·新知三联书店1962年版，第258页。

展得这样迅速，以致地球上人类所生产的一切东西都只是以资本主义生产方式生产出来的，换言之，只是在大企业中由私人资本主义企业家用雇佣工人的劳动生产出来的，那么，到了这个时候，资本主义存在的不可能性就鲜明地暴露出来了。"①

综上可见，卢森堡对帝国主义所作出的分析既有独到之处，也存在不足。一方面，卢森堡能够坚持《资本论》的基本立场、观点与方法，从资本积累与帝国主义的独特视角出发，得出帝国主义是从资本主义自然生长出来的最后阶段、必然灭亡的正确结论，为科学认识帝国主义时代问题奠定了理论前提与基础。因此布哈林说："卢森堡在理论上的另一个惊人的功绩是，她提出了帝国主义的历史必然性的问题。"②"在理论上，帝国主义的'必然性'和资本主义崩溃的基本论点证明是正确的。在实践上，其基本论点也同样适用：即要推翻帝国主义，就必须推翻资本主义制度。"③在卢森堡对帝国主义的认识中，虽未明确区分自由竞争资本主义与帝国主义两个阶段，但其关于帝国主义是资本主义发展的"顶点""最后阶段"的观点，也蕴含着关于资本主义发展阶段的区分。在此问题上，过分要求与批判卢森堡是不适当的。如后来的卢森贝依据列宁的观点，在斯大林教条化马克思主义及理论过度政治化的思想倾向主导下，批评卢森堡没有把帝国主义与资本主义的发展阶段作出明显区分："把一般资本主义国家侵略落后的非资本主义国家的意图看成为帝国主义。……对露莎·卢森堡说来，帝国主义乃是资本主义生而与俱的寸步不离的伴侣。所以，对露莎·卢森堡说来，帝国主义并不是资本主义的什么特殊阶

---

①[德]卢森堡：《国民经济学入门》，彭尘舜译，生活·读书·新知三联书店1962年版，第260页。

②[德]卢森堡、[苏]布哈林：《帝国主义与资本积累》，柴金如等译，黑龙江人民出版社1982年版，第285页。

③[德]卢森堡、[苏]布哈林：《帝国主义与资本积累》，柴金如等译，黑龙江人民出版社1982年版，第287页。

段。"①而今观之，与其说这是批评，不如说是对卢森堡帝国主义认识论特色的另一种理解，国外一些学者还把卢森堡系统阐发资本积累的理论视为"第三市场理论"而加以研究。

另一方面，卢森堡对帝国主义的认识确实存在不当之处。由于她过度关注资本积累的非资本主义生产体系的时空环境，而忽视了其资本主义生产体系的内在时空环境，进而，造成其在理论认识上没能看到：帝国主义与非资本主义民族国家之间侵略与反侵略、殖民掠夺与反殖民掠夺的激烈矛盾斗争是资本主义、帝国主义走向必然危机与灭亡的外在因素；也没能看到：帝国主义国家之间为争夺殖民地与国际市场等也存在着激烈的矛盾斗争、战争，这是资本主义社会及其体系内在基本矛盾危机的必然结果。在她看来，帝国主义由于有在非资本主义生产体系获得利润的支撑，因此"在资本主义因利润率下降而崩溃之前，仍然要经过一些日子，大概要等到太阳熄灭"②。在此理论判断之下，她在对待帝国主义时代的无产阶级革命问题上，即在解决无产阶级与资产阶级这一最后历史对抗性矛盾阶段问题上，采取了更加偏激偏"左"的革命立场，不允许无产阶级与资产阶级有任何妥协，理由是任何妥协都将使资本主义国家之间的帝国主义矛盾得到缓和。而且，她还在民族问题、殖民地问题上犯了反对民族自决自治的形而上学错误，没能看到殖民地半殖民地的民族解放战争与反帝国主义战争的辩证联系，也没有辩证历史地理解"各民族完全平等，各民族享有自决权，各民族工人打成一片，——这是马克思主义教给工人的民族纲领，全世界经验和俄国经验教给工人的民族纲领"③。在此问题上，诚如布哈林所批评的，卢森堡不理解民族独立解放的意义，更不理解经济殖民

①[苏]卢森贝：《〈资本论〉注释》第二卷，赵木斋、翟松年译，生活·读书·新知三联书店1963年版，第242页。

②[德]卢森堡、[苏]布哈林：《帝国主义与资本积累》，柴金如等译，黑龙江人民出版社1982年版，第86页。

③《列宁选集》第二卷，人民出版社1995年版，第401页。

地的概念，忽视农民问题，与马克思列宁主义的正确思想路线有分歧。

此外，卢森堡在对《资本论》、马克思主义政治经济学的认识上也存在着个别错误观点。她提出，政治经济学将随着商品经济的消灭而消灭，"作为科学的国民经济学的终结，就是意味着一个具有世界历史意义的事件：实现有计划有组织的世界经济。国民经济学的最后一章，就是世界无产阶级的社会革命"①。这也就意味着，卢森堡对《资本论》、马克思主义政治经济学的理解是狭隘的，没能看到马克思的《资本论》、政治经济学批判所揭示的一些基本经济规律，如商品经济基本规律、资本积累与扩大再生产理论、生产力与生产关系及经济基础与上层建筑矛盾运动规律等，不仅适用于资本主义社会生产，而且也适用于无产阶级革命胜利后的社会主义社会生产。

总观卢森堡的资本积累与帝国主义理论，尽管存在着一些片面、偏激之处，但其基本立场、观点与方法是马克思主义的，其革命左派的思想政治主张是反对社会民主党内右倾妥协投降主义的激进理论反映。正如肯尼思·塔巴克在《帝国主义与资本积累》一书的序言中所说：卢森堡提出的问题到1912年具有对她而言严酷的意义，"只有把这些经济研究放到政治的范畴中才能找到答案——卢森堡为反对修正主义而斗争，她试图警告德国党注意帝国主义的危险及其在该党内日益增长的影响这样一些范畴。她对社会民主党道义上和政治上的堕落所抱的忧虑，到1914年8月得到了充分的说明，当时该党的议会党团有史以来第一次投票赞成战争贷款"②。在第一次世界大战爆发前后，卢森堡在德国社会民主党内激烈反对帝国主义战争贷款，认为帝国主义战争贷款是反人民的，批判投票赞成战争贷款

---

①[德]卢森堡：《资本积累论》，彭尘舜、吴纪先译，生活·读书·新知三联书店1959年版，第335页。

②[德]卢森堡、[苏]布哈林：《帝国主义与资本积累》，柴金如等译，黑龙江人民出版社1982年版，第23页。

是向帝国主义、资产阶级的投降。她积极支持苏维埃社会主义，并为十月社会主义革命的胜利而欢呼呐喊，盛赞布尔什维克与列宁"树立了不朽的历史功勋，第一次把社会主义的最终目的宣布为实际政治的当前纲领。……他们的十月起义不仅确实挽救了俄国革命，而且也挽救了国际社会主义的荣誉"①。

虽然卢森堡后来还曾遭到斯大林主义的不公正批判，但是，通过还原"红色罗莎"资本积累与帝国主义思想理论的本真及语境，我们在今天依然能看到卢森堡思想的光芒与伟大形象，正如列宁在卢森堡光荣牺牲后所正确评价的，她"过去是，现在仍然是我们的鹰"。

五、布哈林的世界经济与帝国主义论

伴随资本主义生产方式及其垄断在全球范围内的拓展，老牌和新兴的帝国主义国家之间为争夺世界市场、殖民地与势力范围，展开了重新瓜分世界的第一次世界大战，帝国主义的本质特征进一步暴露，其内在与外在矛盾危机也进一步暴露与爆发。在此时代社会政治历史发展背景下，被列宁称为"学识卓越的马克思主义经济学家"的布哈林，吸收了希法亭与卢森堡等帝国主义论的合理成分，从理论上驳斥了各种美化帝国主义的荒谬论调，重点批判了第二国际内部以修正主义者伯恩施坦与机会主义者考茨基为代表的小资产阶级对帝国主义妥协投降的幻想，进一步阐发了其对帝国主义的新批判认识。

首先，帝国主义是资本积累的内在逻辑国际化的历史必然。布哈林坚持《资本论》批判资本主义生产方式的立场、观点与方法，从资本积累理论出发，来分析世界经济与帝国主义的产生。在同卢森堡就资本积累与帝国主义的论争中，他同卢森堡一样认为现代帝国主义是内生性的，把帝国

①中共中央马克思恩格斯列宁斯大林著作编译局国际共运史研究所编：《卢森堡文选》（下），人民出版社1990年版，第483页。

主义视为资本主义生产方式在世界范围内逻辑和历史地延展的必然结果。在他看来，伴随资本扩大再生产与资本积累，资本开始逐步走出民族国家的界限，在世界经济的斗争舞台上通过商品资本，尤其是生产资本与借贷资本输出，愈益加速资本的集聚与集中，并形成大的垄断资本集团。"资本家垄断组织的形成过程，是资本积累与集中过程的逻辑的和历史的延续。"[①]由此，世界性的生产与交换体系，即世界经济体系开始为垄断资本主义生产方式所主宰，成为重工业发达、居于中心的"少数几个组织强固的经济体"，即名为少数"文明的强国"、实为少数帝国主义国家，对处于外围、不发达的多数农业或半农业国进行殖民压迫与掠夺的经济体系。在帝国主义时代，资本主义生产方式、资本积累的内在矛盾必然历史地拓展到世界各民族国家，使世界各民族国家间的矛盾斗争日益演变成这些国家垄断资产阶级集团间的矛盾斗争。

　　由此可见，布哈林从资本家垄断组织与世界经济的新视角出发，来分析帝国主义的形成原因与拓展逻辑，把帝国主义视为资本主义生产方式与资本积累的内在历史必然，科学指出了帝国主义的经济成因。进而，他正确地指出了帝国主义必然会把资本主义生产方式固有的对抗性矛盾扩大到世界范围内，使世界各民族国家间的经济、政治等矛盾演变成各国垄断资本家集团间的斗争，使世界上不发达的民族国家沦为帝国主义殖民压迫的对象。由此，也会引发帝国主义之间为争夺殖民地而发生激烈的矛盾斗争。这些看法有助于我们正确认识帝国主义战争的性质，以及帝国主义时代各民族国家间的矛盾斗争。

　　其次，帝国主义本质上是高度发达的金融资本主义征服世界的政策。吸收希法亭从金融资本视角对帝国主义本质及新发展阶段的认识成果，布哈林从世界经济的新视角进一步剖析帝国主义的本质及特征。他把帝国主

---

　　①[苏]布哈林：《世界经济和帝国主义》，蒯兆德译，中国社会科学出版社1983年版，第43页。

义视为资本主义发展过程中的"一个特定历史范畴"，即在资本主义从自由"竞争发展到最高阶段"的时候，一个由金融资本、"国家资本主义托拉斯"开始征服世界的时代。因此，帝国主义最本质的特征是"金融资本主义，即生产组织已经相当成熟的高度发达的资本主义的政策"①。

在金融资本占统治地位的帝国主义时代，金融资本与国家政权更加紧密地融合生长为一体，形成"国家资本主义托拉斯"这一最高的囊括一切的组织形式。现代帝国主义国家机器成了管理金融资本事务的委员会，为金融资本征服世界而保驾护航。在世界贸易这个经济与政治斗争的舞台上，每一个金融资本、"国家资本主义托拉斯"都开始膨胀出一个以前任何时代都未曾有的野心与狂想：征服、同化其他一切金融资本，把自己变成一个世界性托拉斯的主宰，组建一个世界性国家，征服并统治全世界。因此，金融资本的统治不仅意味着帝国主义，还意味着军国主义，帝国主义侵略战争必然会在世界舞台上不断上演。军火工业的快速发展，疯狂的军备竞赛，并不是帝国主义战争的原因，它只是帝国主义争夺世界霸权、极度紧张的经济政治冲突的外在表现与手段而已。布哈林说："资本主义社会正在辗转于世界战争风暴的漩涡中。"②"金融资本为争夺销售市场、原料市场和投资场所而实行的侵略政策就叫作帝国主义。帝国主义是由金融资本发展而来的。就像老虎不能吃草一样，金融资本过去和现在除了实行侵略、掠夺、暴力、战争的政策以外，不能实行另一种政策。每一个金融资本主义托拉斯国家实际上都想统治全世界，建立一个由战胜民族的一小撮资本家独霸的全球帝国。……金融资本的统治必然会使全人类陷入血腥战争的深渊而使银行家和辛迪加老板得到好处，……是战胜国的金

---

①[苏]布哈林：《世界经济和帝国主义》，蒯兆德译，中国社会科学出版社1983年版，第105页。

②[苏]布哈林：《世界经济和帝国主义》，蒯兆德译，中国社会科学出版社1983年版，第127页。

融资本征服世界的战争。"①

因此，布哈林批判了修正主义、小资产阶级对帝国主义的种种幻想。德国社会民主党右派、第二国际修正主义者伯恩施坦无视资本主义的内在基本矛盾，无视帝国主义时代资本主义的各种矛盾在世界范围内的扩大化，错误以为资本主义进入帝国主义发展阶段后矛盾得到了缓和，还"尽力指出资本主义适应环境变化而出现的一切因素"，幻想从资本主义和平进入社会主义。德国社会民主党的正统派、第二国际小资产阶级的代表考茨基也在幻想和平的资本主义，幻想"超帝国主义"会带来世界和平。布哈林一针见血地批判指出，伯恩施坦"这种牧歌式的图景显然是改良主义的空想，考茨基提出的'超帝国主义'同样也是一个空想"②。还有一种小资产阶级的幻想，以为帝国主义会成为自由贸易的拥护者、和平扩张者。对此，布哈林明晰地批判指出，帝国主义、"国家资本主义托拉斯"的内在本质、存在的大部分理由决定了它不会成为自由贸易的拥护者，而只能是贸易保护主义者。金融资本家集团为了攫取更高的垄断利润，"在他们的眼前，永远闪耀着征服全世界、获取空前未有的剥削地盘的图景。法国和德国的帝国主义者把这个图景叫做'世界经济的组织化'"③。

"如果设想托拉斯这个垄断资本的化身会成为自由贸易政策的执行者或和平扩张的执行者，那是极其有害的空想主义的幻想。"④而且，在资本主义从自由竞争向金融资本垄断帝国主义蜕变的过程中，即垄断资本家集团在国际经济与政治斗争过程中，为"保护本国资本家的资产阶级国家政

①[苏]布哈林、普列奥布拉任斯基：《共产主义ABC》，中共中央马克思恩格斯列宁斯大林著作编译局国际共运史研究室译，生活·读书·新知三联书店1982年版，第102页。

②[苏]布哈林：《世界经济和帝国主义》，蒯兆德译，中国社会科学出版社1983年版，第106页。

③[苏]布哈林：《世界经济和帝国主义》，蒯兆德译，中国社会科学出版社1983年版，第111页。

④[苏]布哈林：《世界经济和帝国主义》，蒯兆德译，中国社会科学出版社1983年版，第113页。

权，早就想出了关税这种斗争手段"①。

布哈林还通过对帝国主义时代战争的经济科学分析，准确预言了美帝国主义的未来走向。从19世纪末到20世纪初，在从自由竞争到垄断资本主义的发展过程中，老牌帝国主义国家英国逐渐被新兴帝国主义国家美国所取代。通过第一次世界大战大发战争横财，美国初步奠定起头号帝国主义的地位。通过对以金融垄断资本主义为主导的世界经济结构的分析，布哈林准确找到帝国主义时代战争、殖民掠夺不断的经济原因，科学分析并预言"一切资本主义扩张迟早会导致流血的高潮"。由此，布哈林对美帝国主义的未来走向作出了准确判断，一方面，利用、参与帝国主义战争，美国获得"史无前例的、独占的特殊地位"；另一方面，因为金融垄断资本帝国的侵略本性与国策，所以与像美国这样强大的帝国主义国家签订的任何协定都是不可靠的权宜之计，他说："假如一个象美国这样强大的国家资本主义托拉斯向所有其他托拉斯的联盟发动战争，那末，任何'协定'将在顷刻之间被撕毁。"②当代美帝国主义在世界范围内所上演的一切丑恶行径，充分证明了布哈林的预言与科学判断的真理性。

再次，帝国主义在不断扩大规模的矛盾危机中必然走向灭亡。在布哈林看来，资本主义从自由竞争走向金融资本垄断的帝国主义阶段，一方面，只是在一定程度上缓解了国内无产阶级与资产阶级的矛盾，并没有从根本上解决其内在固有的矛盾与危机。由于帝国主义国家、"国家资本主义托拉斯"采取压榨殖民地与未开化民族的政策，使得其资产阶级获得巨大的收入来源，可以在一定程度上提高帝国主义国家的工人工资，也带给欧美帝国主义国家一定程度的所谓"安全""繁荣"与发展。帝国主义国

---

①[苏]布哈林、普列奥布拉任斯基：《共产主义ABC》，中共中央马克思恩格斯列宁斯大林著作编译局国际共运史研究室译，生活·读书·新知三联书店1982年版，第95页。

②[苏]布哈林：《世界经济和帝国主义》，蒯兆德译，中国社会科学出版社1983年版，第112页。

家殖民政策并不像考茨基所说的那样会给其工人带来损害，工人甚至不会对本国帝国主义的殖民政策加以抵制。布哈林说："资本主义力图用帝国主义征服的办法，使生产力的发展适应于剥削的国家界限。"①但是，另一方面，在资本主义的全部发展过程、在帝国主义的历史发展阶段上，资本主义的各种矛盾会越来越扩大、越来越加深，资本主义经济会越来越不适应世界经济的发展。结果是，金融资本帝国主义必将灭亡，必将为社会主义有计划的经济所代替。"从资本主义的角度看，集中过程必然同一个与之对抗的社会政治的趋向发生冲突，因此，它绝不能达到逻辑上的终点就崩溃了，而只有在一个新的、纯粹的非资本主义形态之中才能完成。"②"这些矛盾将在社会有机体的另一种生产结构中，通过社会主义有计划地组织经济活动，得到真正的解决。"③

布哈林对帝国主义国家工人阶级的革命性充满信心。因为深受资本主义国家制度剥削与压迫的工人是没有祖国的，他们会与深受殖民压迫民族国家的工人联合起来，推翻资本主义制度及其生产方式。从最弱的帝国主义国家在帝国主义战争及其内在危机中灭亡，到帝国主义强国的灭亡，最终到整个资本主义制度及其生产方式的逐渐灭亡，无产阶级实现人类解放，这是历史发展的必然进程，这符合马克思辩证法所讲的"生命的辩证规律"④。

与卢森堡一样，布哈林也把《资本论》、马克思主义政治经济学适用范围局限在对资本主义商品社会的批判上，不认为其对社会主义经济建设有指导意义。他说"资本主义商品社会的末日也就是政治经济学的告终"⑤，把

---

①[苏]布哈林：《世界经济和帝国主义》，蒯兆德译，中国社会科学出版社1983年版，第137页。
②[苏]布哈林：《世界经济和帝国主义》，蒯兆德译，中国社会科学出版社1983年版，第113页。
③[苏]布哈林：《世界经济和帝国主义》，蒯兆德译，中国社会科学出版社1983年版，第114页。
④[苏]布哈林：《世界经济和帝国主义》，蒯兆德译，中国社会科学出版社1983年版，第136页。
⑤[苏]布哈林：《过渡时期经济学》，余大章、郑异凡译，生活·读书·新知三联书店1981年版，第1—2页。

政治经济学视为"专门研究资本主义经济的一般规律"，把经济学视为"研究社会的"的一门科学。[①]对此，列宁批评说："不对。甚至在纯粹的共产主义社会里，不也有I（V+M和IIC）的关系吗？还有积累呢？"[②]

最后，布哈林从世界经济视角所得出的对帝国主义的新批判认识，具有重要的时代价值。

其一，坚持发展了马克思主义政治经济学。布哈林坚持历史唯物主义的方法论，从《资本论》的立场观点出发，把帝国主义的产生视为资本主义生产方式与基本矛盾展开的必然结果，把垄断金融资本的形成视为资本积累的必然结果，把金融资本帝国视为管理资产阶级事务的委员会，并从消灭资本主义制度及其生产方式的角度得出帝国主义必然灭亡的科学结论。这是对马克思主义政治经济学的坚持。布哈林深入思考资本主义发展的新情况，从世界经济的总体性视角研究资本主义的新变化，得出对帝国主义产生、本质、时代特征与发展趋势的新判断。这是对马克思主义政治经济学的发展。我国学者尚伟充分肯定了布哈林的帝国主义论的新贡献，即"对资本主义发展到帝国主义阶段的时代特征——资本的高度集中和垄断作了明确的判断，对帝国主义的本质属性作了深刻的分析及阐述"[③]。

其二，进一步启发了列宁的帝国主义论。列宁高度评价布哈林《世界经济与帝国主义》一书的重大理论价值与现实价值。作为学识卓越的理论家与马克思主义经济学家，"布哈林是布尔什维克党内最早着手于帝国主义研究的经济学家"[④]。布哈林《世界经济和帝国主义》一书创作完成于1915年12月，早于列宁创作完成于1916年1—6月间的《帝国主义是资本主义的最高阶段》一书半年。资本主义发展的新现象——帝国主义问题是列

---

①[苏]布哈林：《历史唯物主义理论》，李光谟等译，人民出版社1983年版，第5页。
②[苏]列宁：《对布哈林〈过渡时期的经济〉一书的评价》，中共中央马克思恩格斯列宁斯大林著作编译局译，人民出版社1958年版，第3页。
③尚伟：《布哈林帝国主义论解析及其现实意义》，《马克思主义研究》2007年第10期。
④郑异凡：《布哈林论》，中央编译出版社2006年版，第14页。

宁从1895年开始就一直重点关注和研究的一个问题，至1915年中列宁开始集中研究帝国主义问题，后受孤帆出版社与波克罗夫斯基委托约请，从1916年1月开始撰写《帝国主义是资本主义的最高阶段》一书。当列宁于1915年12月应布哈林之约审阅其书稿并撰写序言时，他对布哈林关于帝国主义的新论述作出高度评价，认为其著作抓住了时代至关重要的理论与现实问题。列宁说："在研究现代资本主义形式变化的这一经济科学的领域中，帝国主义问题不但是最重要的问题之一，简直可以说是最重要的问题。"①在列宁看来，只有深刻认识帝国主义问题，才能深刻分析与评价正在进行的第一次世界大战、帝国主义战争，这是理解战争的必备条件。同时，布哈林对帝国主义问题的研究成果也进一步促进了列宁对帝国主义进行系统完整的研究。1927年苏联理论界权威出版物——《苏联大百科全书》甚至曾高度评价说："正是布哈林的著作促进列宁从事马克思主义关于国家理论的有重大价值的深入研究。"

列宁高度肯定评价布哈林对帝国主义发展阶段、本质特征等所得出的科学结论。列宁说："他把帝国主义看成一个整体，看成极其发达的资本主义的一定的发展阶段。""世界的典型的'统治者'已经是金融资本，……脱离直接生产，特别容易集中，而且早已集中，于是几百个亿万富豪和百万富豪便直接掌握了整个世界的命运。"②列宁还高度肯定这种对帝国主义本质的新认识，也为批判第二国际及布尔什维克党内流行的错误思潮提供了科学依据，对深入批判以考茨基和伯恩施坦为代表的小资产阶级对帝国主义的和平幻想具有重要意义。同时，布哈林对帝国主义的这些新认识虽然与列宁不完全一致，但是其与列宁正在研究形成中的许多重

---

①[苏]布哈林：《世界经济和帝国主义》，蒯兆德译，中国社会科学出版社1983年版，"序言"第Ⅰ页。

②[苏]布哈林：《世界经济和帝国主义》，蒯兆德译，中国社会科学出版社1983年版，"序言"第Ⅱ-Ⅲ页。

要认识相契合，被列宁系统完整的帝国主义论所吸收。如布哈林认为，当时的世界体系就是由处于中心地位的资本主义强国与处于外围的半农业或农业国组成。这同列宁帝国主义论中提出的"帝国主义是垄断资本主义进行殖民压迫和金融扼制的世界体系的理论"①中心意思是一致的。我国学者刘怀玉认为，布哈林的帝国主义论为列宁提供了思想资源，也是从希法亭到列宁的中间环节。②

其三，有助于我们深刻把握当代帝国主义。布哈林对帝国主义的新批判认识有力批驳了当时在第二国际流行的对帝国主义的错误认识与幻想，至今依然具有时代价值。它为进一步认识当代帝国主义提供了理论资源与方法，为正确处理中国与当代帝国主义国家之间的关系提供了理论参照。它启示我们，要坚决摆脱、放弃对当代帝国主义所抱有的各种迷信与幻想，要牢固树立战胜帝国主义的决心与信心，要牢牢把握当代帝国主义的本质特征及其内外政策，从而找到战胜帝国主义的科学实践策略。

马克思通过对资本逻辑的批判分析，科学揭示了处于自由竞争阶段的资本主义忽而实行贸易自由政策，忽而又实行贸易保护主义的关税政策的理论根由，即一切服从于资本家集团的利益。布哈林进一步阐释了帝国主义实行贸易保护主义的理论根由，指出这是垄断资本利益优先的内在逻辑必然。现时代，无论帝国主义国家实行所谓的贸易自由政策，还是推行贸易保护主义政策，都是服从于垄断资本利益的终极需要而变换的一种策略，归根结底是为了保护垄断资本的利益在全球得以最大化。从而，布哈林深刻揭示了帝国主义为什么要建立霸权秩序——世界性帝国，因为它要殖民全世界，这也正是当代美帝国主义及其集团的野心与梦想。当代帝国主义强国对外所签订的种种契约协议与华美诺言，统统是为着垄断资本家

---

①陈其人：《帝国主义理论研究》，上海人民出版社1984年版，第39页。

②刘怀玉：《论布哈林在帝国主义理论发展史上的重要地位》，《徐州工程学院学报》（社会科学版）2013年第2期。

集团利益的最大化而随时以各种借口加以签订或撕毁，统统是不可信的。除了走以军事霸权继续侵略掠夺世界上弱小民族国家的老路，大力发展军事工业这一策略之外，当代帝国主义又继续深化金融霸权、信息科技霸权对全世界的殖民掠夺，而且作为不劳而获、日益贪婪的食利者，当代帝国主义借助虚拟泡沫经济、数字经济等加速、加大、加强了对全世界实体劳动创造的财富的掠夺，使虚拟资本这个贪婪掠食者的饕餮盛宴达到了极致。

垄断资本家利益集团的内在逻辑就是强必霸，这也是当代帝国主义国家曾经走过并一直信奉的现代化道路发展逻辑，而且它还以此来审视日益走向崛起与强大的中国特色社会主义现代化发展道路。按照帝国主义国家自身的发展逻辑，它坚信中国特色社会主义强必霸，因此它无视新中国对世界和平与发展所作出的重大贡献，首先在舆论上一直把中国和平崛起视为对世界尤其是对资本帝国的威胁，到处宣扬新的中华帝国要在世界范围内称霸。无论中国如何宣誓、论证、实践永不称霸，当代帝国主义都不以为然。因此在实践中，帝国主义集团必然要对中国特色社会主义实行战略围堵，不断变换其冷战、热战策略。这警示我们，当代中国的和平崛起，建成新时代中国特色社会主义现代化强国，实现中华民族伟大复兴的中国梦，必然不会是一帆风顺的，必然要时刻准备进行伟大斗争。

六、列宁的科学帝国主义论

1895—1916年的近20年时间里，列宁总览世界发展大势，从俄国革命的实际出发，依据《资本论》、马克思主义政治经济学的世界观与方法论，批判吸收关于资本主义、帝国主义研究的理论成果，对资本主义时代的焦点——帝国主义问题作出了系统完整的科学经典回答。列宁的帝国主义论鲜明指出资本主义发展进入帝国主义这个最新最高阶段，深刻分析了帝国主义的本质特征，揭示了帝国主义产生、发展和灭亡的必然规律，尤其是深刻揭示了帝国主义时代资本主义经济和政治发展不平衡的规律，科学指出帝国主义是无产阶级革命的前夜，为俄国无产阶级革命提供了科学的理论指南与实践策略。列宁的帝国主义论继承与发展了《资本论》，把对帝国主义问题的理论探索推向了时代的最高峰，并因此成为当代帝国主义问题研究向前推进必攀之高峰。

首先，坚持理论研究以破解时代发展之问为前提与归宿。马克思指出："问题就是公开的、无畏的、左右一切个人的时代声音。问题就是时代的口号，是它表现自己精神状态的最实际的呼声。"[①]19世纪末20世纪初，整个世界尤其是俄国资本主义经济政治发展出现新情况新问题，帝国主义成为时代发展的焦点问题，迫切需要对之进行马克思主义的新批判研究，从而为俄国无产阶级革命乃至国际共产主义运动提供科学的理论指导。为了从深层次上回答与科学破解帝国主义这一时代焦点问题，列宁坚持以《资本论》批判研究资本主义的立场观点方法为指导，才创作出版《帝国主义是资本主义的最高阶段》一文。列宁希望从"理解帝国主义的经济实质这个基本经济问题"入手，帮助各国无产阶级政党和广大人民正确"认识现在的战争和现在的政治"[②]，进而达到利用帝国主义战争所引发的经济政治危机与无产阶级革命，推翻资产阶级的统治。

历史发展进入20世纪，帝国主义国家间战争冲突的新风险与无产阶级革命的客观新形势并存，第二国际领导人与理论家们的认识与应对策略不一。一方面，英、美、法、德、俄、奥、日、意八个主要资本主义国家已进入帝国主义发展阶段，生产日益集中，垄断组织形式日益发展，金融资本已占据统治地位，对外殖民侵略不断，帝国主义各国对世界的初次瓜分已经完毕，世界正面临着重新被瓜分的新战争风险。对此日益明显的帝国主义时代状况与战争风险，以及即将爆发的帝国主义性质的战争，第二国际领导人与理论家在认识上大体一致，但对帝国主义本质特征、发展趋势

①《马克思恩格斯全集》第四十卷，人民出版社1982年版，第289-290页。
②《列宁专题文集·论资本主义》，人民出版社2009年版，第99页。

的看法却存在较大分歧与对立。随着第一次世界大战的爆发，帝国主义的腐朽性、垂死性已显露，帝国主义战争掠夺、瓜分世界、反无产阶级的性质已经充分暴露。列宁认为，在此背景与形势下，对帝国主义及其战争的认识，已经不再是纯理论认识的问题，而是一个现实的社会政治问题。另一方面，随着马克思主义在世界各国尤其是俄国的广泛传播，无产阶级在"失败更甚于胜利"的斗争中日益成长，国际工人运动在力量积蓄中日益壮大，尤其是经历1905年革命风暴洗礼后，俄国无产阶级的组织队伍、历史使命与革命斗争意识日益增长。对此无产阶级革命运动的客观新形势，第二国际领导人与理论家的认识及应对策略逐渐出现严重分歧，集中表现在无产阶级政党应采取何种策略对待帝国主义战争这一政治原则性的问题。从1905年第二国际第七次代表大会，经1910年第二国际第八次代表大会，到1912年巴赛尔国际社会党非常代表大会，各国社会党人一直在讨论的重要议题就是帝国主义与殖民地问题，以及如何应对的政治策略问题也曾达成共识，还有较为一致的反帝国主义战争与革命策略，即全力利用战争引起的经济政治危机，唤醒各阶层人民政治觉悟，进行无产阶级革命，推翻资产阶级统治。但是，随着第一次世界大战的爆发，各国社会党人在对待帝国主义战争的策略上却出现了严重分歧，德国社会民主党领袖考茨基、伯恩施坦，法国社会党人盖德和桑巴，奥地利社会民主党人阿德勒，以及俄国社会民主党人普列汉诺夫等打着"保卫祖国"的旗号，逐渐站到了支持帝国主义战争的行列，遭到第二国际左派德国社会民主党人李卜克内西、梅林、卢森堡与蔡特金和俄国布尔什维克党人列宁等的激烈批判，由此宣告了第二国际的破产。

值此世界历史发展的紧要关头，列宁首先潜心研究世界主要帝国主义国家的基本经济问题，尤其关注落后的沙皇俄国资本主义经济政治发展实际，对帝国主义的时代发展状况、帝国主义战争的性质与后果作出了准确判断与科学回答。通过对帝国主义的政治经济学批判分析，列宁把握住了资本主义已从自由竞争进展到金融垄断统治的新发展阶段——帝国主义新发展阶段的时代脉动。此时，美、德、日等帝国主义国家已开始超越英、法等老牌帝国主义国家，俄国是垄断资本主义、农奴制与沙皇专制混合的、落后的帝国主义国家。在列宁看来，由于各帝国主义国家经济政治发展不平衡，因此，20世纪初资本主义的历史使命与任务是瓜分剩下的一点儿地盘，就必然会发生重新瓜分世界的帝国主义战争，进而必然导致资本主义的灭亡。"如果说18世纪和19世纪的民族战争曾标志着资本主义的开始，那么帝国主义战争则表明资本主义的终结。"①

进而，列宁及时科学地回答了各国社会民主党人、布尔什维克党人应采取何种策略反对帝国主义战争这一关键问题。在此问题上，第二国际中以考茨基为代表的一部分德国社会党人打着马克思主义的旗号，错误估计无产阶级革命的客观形势，贩卖小资产阶级对帝国主义战争的幼稚幻想，向大资产阶级拥护帝国主义战争的立场靠拢，对国际工人运动产生了有害的理论与实践影响。列宁旗帜鲜明地批判他们所提出的所谓"超级帝国主义论""欧洲联邦""保卫祖国"等概念与口号，尖锐指出他们不但背叛、篡改了马克思主义的革命灵魂，而且成了帝国主义掠夺、瓜分世界的理论与实践帮凶。列宁坚持从世界、俄国无产阶级运动发展的实际出发，接续马克思和恩格斯晚年一直关注的俄国社会发展问题，肯定地回答了落后的俄国大有可能取得社会主义革命的首先胜利，进而成为共产主义的新起点。列宁指出，帝国主义战争的爆发及其所加速产生的资本主义矛盾危机，意味着革命的客观新形势已到来，俄国革命的条件已具备。因此，各国社会党人、布尔什维克要进一步唤醒无产阶级革命意识与决心，积极建立革命组织，帮助无产阶级转向革命行动，加速资产阶级崩溃。

1915年7—8月，列宁在《社会主义与战争》一文中指出，要辩证历史

---

① 《列宁专题文集·论资本主义》，人民出版社2009年版，第89页。

地研究战争，支持推动历史发展的"合理的、进步的和必要的"战争，反对非正义的帝国主义战争，"我们懂得战争和国内阶级斗争有必然的联系，懂得不消灭阶级，不建立社会主义，就不可能消灭战争"[①]。"马克思主义者的口号""革命的社会民主党的口号"是"变帝国主义战争为国内战争"[②]。同年8月，在《论欧洲联邦口号》一文中，列宁指出，"经济和政治发展的不平衡是资本主义的绝对规律。由此就应得出结论：社会主义可能首先在少数甚至在单独一个资本主义国家内获得胜利"[③]。可见，列宁坚持以解决帝国主义时代发展中的鲜活理论与实践问题为中心，从俄国无产阶级革命运动的实际出发，坚持《资本论》、马克思政治经济学批判的理论前提，在与各种非马克思主义、反马克思主义思潮的斗争中，回答了国际共产主义运动尤其是俄国革命的前途与命运问题，以"一国革命论""一国胜利论"创新发展了马克思和恩格斯的"同时革命论""同时胜利论"。

其次，运用并拓展唯物辩证方法展开研究与叙述的新典范。列宁非常注重对马克思主义唯物辩证法的研究，他曾说自己在马克思与恩格斯的大量通信中读到"辩证法"三个字。列宁对帝国主义的研究，是对辩证唯物主义与历史唯物主义方法论的坚持、运用与发展，处处闪耀着马克思主义辩证思维方法论的光辉。大体上说，列宁在对帝国主义时代问题展开研究的过程中，坚持把理论研究与革命实践相结合，通过大量事实材料综合分析帝国主义经济政治发展的新矛盾危机，运用历史与逻辑相统一方法深刻揭示金融垄断资本帝国主义产生、发展与灭亡的必然性。

一是，坚持把理论问题研究与革命实践相结合的方法。理论与实践相结合，不仅是马克思主义的重要理论品格与原则，也是马克思主义理论的

---

① 《列宁选集》第二卷，人民出版社1995年版，第510页。
② 《列宁选集》第二卷，人民出版社1995年版，第524页。
③ 《列宁选集》第二卷，人民出版社1995年版，第554页。

鲜明方法论。首先作为革命家、其次作为理论家的马克思与恩格斯，始终坚持认识世界与改变世界相统一，始终坚持政治经济学批判与无产阶级革命斗争实践相统一，书写出《资本论》，为党赢得了科学上的胜利。同马克思、恩格斯一样，首先作为革命家与政治家、其次作为理论家与思想家的列宁，一直遵循着理论与实践相结合的原则方法，把对帝国主义问题的理论研究与俄国无产阶级革命运动的实践紧密结合起来。列宁深悟理论与实践的辩证统一关系，一方面强调"没有革命的理论，就不会有革命的运动"①；另一方面强调"实践高于（理论的）认识，因为它不仅具有普遍性的品格，而且还具有直接现实性的品格"②。

列宁把对帝国主义问题的理论创作研究与国际工人运动尤其是与俄国无产阶级革命运动紧密联系在一起，凝结成为伟大的政治实践智慧。他在时代历史发展的实践中探索真理，以求得对帝国主义经济政治的科学认识，来唤醒并武装无产阶级的头脑，进而找到一条无产阶级革命的正确政治路线。这种深沉而急切的现实社会政治关怀，不仅体现在列宁帝国主义论的字里行间，还体现在列宁1895—1916年反帝国主义的长期理论思索与革命实践中。从俄国到西欧各国，从俄国社会党人会议到第二国际社会党人会议，列宁奔走于反帝国主义及其战争的宣传鼓动、理论斗争、决议形成、策略制定、实践创造等革命政治工作中。"以战争反对战争""变帝国主义战争为国内战争"等响彻时代的政治思想与口号，在俄国十月革命的伟大胜利实践中经受住了检验，变成了现实。正如列宁的夫人所说，"研究帝国主义的经济，分析这个'变速箱'的各个组成部分，把握走向灭亡的帝国主义——资本主义的最后阶段——的全世界情景，这一切使伊利奇有可能以新的方式提出许多政治问题，更加深入地研究一般的特别是

---

① 《列宁专题文集·论无产阶级政党》，人民出版社2009年版，第70页。
② 《列宁专题文集·论辩证唯物主义和历史唯物主义》，人民出版社2009年版，第139页。

俄国的争取社会主义的斗争应该用什么形式来进行的问题"①。

二是，通过大量事实材料综合分析帝国主义经济政治发展的新矛盾危机。马克思在《资本论》及其手稿中运用大量事实材料与理论材料，有力批判、辩证分析了自由竞争资本主义的社会基本矛盾危机，成为开创运用与丰富发展唯物辩证分析方法的典范。恩格斯在加工整理、编辑出版《资本论》第二卷、第三卷过程中，不断观察资本主义垄断与经济危机发展的新情况，运用大量新的事实材料进一步分析论证了资本主义从自由竞争到垄断的新发展新危机，进一步丰富发展了《资本论》的思想观点与方法。德文版《资本论》第一、二、三卷的首个外国译本都是俄译本，列宁熟读与深谙《资本论》的思想方法与科学革命之道。列宁上中学时就开始阅读《资本论》，1893年曾在彼得堡工人小组中讲解《资本论》，1907年参加了由斯切潘诺夫主编出版的《资本论》第一卷俄文版的部分校订工作。《资本论》的俄文与德文本是列宁经常阅读研究的著作，有各种记号、批语，写下了不少篇幅的阐述与阅读笔记。在列宁的著作中，引证《资本论》的地方有300余处，其中《俄国资本主义的发展》一文引用《资本论》51处，《什么是"人民之友"》一文解说过《资本论》。为思考解决帝国主义时代问题，直接写作帝国主义论，列宁把马克思和恩格斯的著作列为参考书目，摘录了马克思恩格斯著作中的重要论述，更是以《资本论》的方法论为指导，以大量事实材料对帝国主义问题展开综合批判分析，创新发展了马克思主义政治经济学的唯物辩证方法。

为客观全面系统分析论证帝国主义本质特征及其发展阶段与趋势，列宁强调首先就要占有全部事实材料，对各帝国主义国家经济的客观情况充分把握，而不是仅仅掌握个别材料。由此，才能对帝国主义问题作出客观全面的科学说明，才不会导致主观片面的不可靠结论。正如列宁在《帝国

---

①[苏]克鲁普斯卡娅：《列宁回忆录》，哲夫译，人民出版社1960年版，第288页。

主义是资本主义的最高阶段》一文的英文版和德文版序言中所说："根据无可争辩的资产阶级统计的综合材料和各国资产阶级学者的自白，来说明20世纪初期，即第一次世界帝国主义大战前夜，全世界资本主义经济在其国际相互关系上的总的情况。""对所有交战大国统治阶级的客观情况的分析。为了说明这种客观情况，应当利用的，不是一些例子和个别的材料（社会生活现象极其复杂，随时都可以找到任何数量的例子或个别的材料来证实任何一个论点），而必须是关于所有交战大国和全世界的经济生活基础的材料的总和。"①在帝国主义论一文中，列宁还以资产阶级经济学家兰斯堡为例，批判了他仅仅依据德国金融两种输出的不完备统计资料，得出片面、不可靠的结论。

列宁的帝国主义论是奠定在长期观察研究基础上的，更是直接奠定在大量事实材料分析基础上的。出于革命政治实践的理论需要，列宁从1895年开始关注研究资本主义发展的新现象，在1895—1913年的一系列演讲、著作中逐渐揭示了帝国主义时代的个别特征，特别注意论述资本主义问题最新书籍的出版。"1914年秋，列宁就已经对有关帝国主义的文献作了广泛的研究。"②正是列宁关于帝国主义问题的长期研究与真知灼见，才得到彼得堡孤帆出版社编辑波克罗夫斯基关于撰写丛书导言性质的部分——帝国主义小册子的约请。从1915年中开始，列宁在伯尔尼集中力量从经济上深入研究帝国主义问题。1916年1月，列宁在伯尔尼，2月移居苏黎世，利用了苏黎世州立图书馆的藏书，还从其他城市借阅一些书籍。列宁研究性阅读了148本书籍，其中德文书106本、法文书23本、英文书17本、俄文译本两本；还有刊登在49种不同外文期刊上的文章233篇，其中德文206篇、法文13篇、英文13篇，并做了共20本1000页，约50个印张的摘录、提

①《列宁专题文集·论资本主义》，人民出版社2009年版，第100、101页。
②[苏]凯尔任采夫：《列宁传》，企程、朔望译，生活·读书·新知三联书店1975年版，第153页。

要、笔记，等等。尽管如此，列宁还是感到法文、英文，尤其是俄文参考书不足。据克鲁普斯卡娅回忆，列宁在苏黎世的最初几个月，为写帝国主义论一书作了许多摘录，"他特别感到兴趣的是殖民地问题；他搜集了非常丰富的资料，我记得他也叫我从英文翻译一些关于非洲殖民地的资料"[①]。列宁关于帝国主义问题的研究资料，于1939年用《关于帝国主义的笔记》的书名在苏联首次出版。

从1916年6月19日完稿的《帝国主义论》中，我们到处可以看到列宁用客观数据、充分的事实材料讲道理，可谓论从实出。如，为说明1876年和1914年世界的瓜分情况、1890年和1913年帝国主义国家瓜分世界铁路的情况，列宁引用了"综合材料"；"生产集中和垄断的形成""银行和银行的新作用"两章是用铁的材料证实的，等等，在每一章的论述中，列宁都是在运用客观事实材料说理。列宁研究、检验和科学地分析了这些浩瀚的实际资料，检验、质证其他帝国主义论者各种说法的真伪，批判吸收霍布森、希法亭、布哈林、卢森堡等帝国主义论的思想观点，以鲜明的立场对考茨基主义、社会沙文主义、机会主义展开犀利的批判，得出科学的判断与结论。

除了充分占有帝国主义问题研究的相关材料，还要对这些材料进行从现象到本质、从抽象到具体的系统全面综合分析。为此，列宁强调，一方面不能"被原始材料压倒"[②]，得出对帝国主义抽象模糊的片面认识与结论，只见树木不见森林；另一方面更不能割裂经济与政治的关系来论说帝国主义，而要以经济说明政治，如果抛开经济社会形态，只能是抽象一般地泛泛空谈帝国主义，反面典型便是"考茨基主义"。综合是把构成整体的各因素有机组合起来的一种研究方法，综合分析法实质是通过调研的矛盾分析法，形成对事物从抽象到具体的认识。正是在对资本主义经济事实

---

①[苏]克鲁普斯卡娅：《列宁回忆录》，哲夫译，人民出版社1960年版，第286页。
②《列宁专题文集·论资本主义》，人民出版社2009年版，第212页。

材料全面客观的把握与综合分析中，列宁才从现象到本质、从抽象到具体地论说了垄断资本帝国主义的根本矛盾与致命危机，及其与无产阶级社会革命之间的必然联系。

三是，运用逻辑与历史相统一方法深刻揭示金融垄断资本帝国主义产生、发展与灭亡的必然性，所谓论从史出。逻辑与历史相统一，是马克思主义哲学的基本、重要的辩证思维方法。马克思在《资本论》及其手稿中对古典自由主义政治经济学诸范畴商品、货币、资本、剩余价值等的批判研究，对处于自由竞争阶段的资本主义经济社会形态及其生产方式的形成、展开及其必然终结等，进行了从实践历史到理论逻辑相统一的具体深入批判分析。马克思以具体全新的经济科学概念及其理论逻辑，清晰准确地把握住了资本主义生产方式及其社会制度真实历史运动的过程性、非永恒性，进而揭穿了古典政治经济学及其庸俗化者关于资本—利润、工人—工资、土地—地租三位一体永恒的现代性神话。对于马克思《资本论》政治经济学批判的方法，正如恩格斯所指出："大体说来，经济范畴出现的顺序同它们在逻辑发展中的顺序也是一样的。……历史从哪里开始，思想进程也应当从哪里开始，而思想进程的进一步发展不过是历史过程在抽象的、理论上前后一贯的形式上的反映。"[①]"历史地出现的政治经济学，事实上不外是对资本主义生产时期的经济的科学理解。"[②]就是说，按照逻辑与历史相统一的方法，马克思用思想把握住了资本主义变化发展的时代脉动，以唯物辩证的分析透视出资本主义生产方式内在运行的机理与病理，以客观辩证的逻辑真实再现了资本主义世界经济的历史。

对此，列宁精辟地指出马克思留下了宝贵的思想方法——《资本论》的逻辑，实现了逻辑学、辩证法与认识论的有机统一，"在资本主义的世界经济中，即使有70个马克思也不能够把握住所有这些错综复杂的变化的

---

①《马克思恩格斯选集》第二卷，人民出版社2012年版，第13-14页。
②《马克思恩格斯选集》第三卷，人民出版社2012年版，第610页。

总和；至多是发现这些变化的规律，在主要的基本的方面指出这些变化及其历史发展的客观逻辑"①。遵循马克思所留下的这一富有价值的思想方法，紧紧抓住资本主义生产方式与经济结构演变的主动脉，进一步辩证分析19世纪60—70年代以来至20世纪初的历史变化发展，列宁再次准确地把握住了帝国主义时代历史发展的客观逻辑。他指出，资本主义自由竞争发展到顶点的时期是19世纪60年代和70年代，20世纪是从旧资本主义到新资本主义、从一般资本统治到金融资本统治的转折点。进而"以自由竞争为基础的旧资本主义已被这场战争彻底摧毁，它已经让位于国家垄断资本主义"②。列宁整个帝国主义论的十个重要组成部分，是对资本主义从自由竞争到垄断帝国主义客观历史发展过程的准确逻辑再现，是对资本主义内在不断加剧的矛盾与危机的唯物辩证透视，更是对帝国主义时代无产阶级革命策略与实践的科学指南。正如斯大林所说："列宁主义是帝国主义和无产阶级革命时代的马克思主义。确切些说，列宁主义是无产阶级革命的理论和策略，特别是无产阶级专政的理论和策略。"③

最后，对国家垄断资本主义发展的新情况作出了科学新判断，丰富发展了《资本论》。列宁的帝国主义论继承马克思、恩格斯政治经济学批判的思想路线，接续马克思和恩格斯回答了他们没有看见、不能回答的国家垄断资本主义——帝国主义时代与无产阶级革命的新问题，实现了对《资本论》的创新发展。在此意义上，意大利马克思主义理论家葛兰西发表了高度评价十月革命的文章《反〈资本论〉的革命》，认为十月革命是"反对卡尔·马克思的《资本论》的革命"④。列宁以《帝国主义是资本主义发展的最高阶段》为代表的帝国主义论，在思想内容与方法上坚持和发展

---

①《列宁专题文集·论辩证唯物主义和历史唯物主义》，人民出版社2009年版，第110—111页。

②《列宁全集》第三十四卷，人民出版社1985年版，第330页。

③《斯大林选集》上卷，人民出版社1979年版，第185页。

④李鹏程编：《葛兰西文选》，人民出版社2008年版，第8页。

了《资本论》，为俄国无产阶级革命的胜利提供了科学理论指导，也为全面深入认识与把握当代资本主义、帝国主义奠定了理论基石。

列宁的帝国主义论有着全新的思想内容，它深刻分析了资本主义从自由竞争阶段向垄断新阶段的发展；揭示了生产集中和垄断、金融寡头控制、资本输出、形成国际垄断同盟及瓜分与重新瓜分世界等帝国主义的五个基本特征；批判阐发了帝国主义的腐朽性、寄生性与垂死性及其必然灭亡的历史趋势；尤其发现了帝国主义发展不平衡规律及帝国主义战争的历史必然性，作出了社会主义可能在一国首先取得胜利的科学论断，并通过革命实践使之转化为现实。列宁的帝国主义论进一步丰富了《资本论》的方法论，把逻辑学、辩证法与认识论统一起来，把理论研究与革命实践活动、解释世界与改变世界统一起来，洞见出帝国主义时代资本主义社会基本矛盾危机未变而且加剧了，两大阶级矛盾危机未变而且尖锐了。由此，列宁提出帝国主义按资本与实力瓜分与重新瓜分世界的逻辑，必然导致整个世界的矛盾斗争日益尖锐化，也必然最终导致垄断资本帝国在试图统治世界的战争这一恶的无限性中走向终结。

列宁帝国主义论的真知灼见与科学方法论，一方面有力批判回应了当时以考茨基主义为代表的种种关于帝国主义的错误思潮，使美化帝国主义的各种小资产阶级幻想破了产。说到底，考茨基主义、社会沙文主义、机会主义等帝国主义论的思想贫乏、方法机械、政治反动，都是"从无通过无到无"的"缺乏思想和实证知识的"抽象形而上学研究方法，都是用"刻板公式"机械证明一些"词汇语录"①，也都是在重复空喊一些貌似可以震撼世界、言过其实的漂亮口号，最终理论倒向帝国主义一边。另一方面，列宁的帝国主义论成为社会革命实践的理论先导，直接引领俄国十月革命的胜利，成为帝国主义时代各国无产阶级革命的思想方法论，至今

---

① 《马克思恩格斯选集》第二卷，人民出版社2012年版，第10页。

仍是批判分析当代资本主义、帝国主义的科学思想工具，也仍是当代帝国主义论者必须或不得不以某种方式加以回应的经典。

七、对帝国主义及法西斯主义的批判反思

第一次世界大战后，战胜国与战败国、帝国主义国家之间固有的矛盾并没有解决反而更加尖锐了，帝国主义国家之间出现了新的经济、政治与军事发展的不平衡。1929—1933年的世界经济危机进一步加剧了帝国主义国家的内外矛盾与危机，日益崛起的德、日、意三个法西斯帝国主义国家要求重新瓜分世界。由于各种资本主义世界范围的矛盾冲突的升级与叠加，1939—1945年爆发了规模空前、灾难深重的第二次世界大战、世界反法西斯战争。二战引发了英国哲学家罗素，匈牙利马克思主义理论家卢卡奇，德国哲学家海德格尔、雅思贝尔斯、弗洛姆、霍克海默、阿多诺、马尔库塞，法国哲学家萨特，美国政治理论家阿伦特等各自理论方式的反思。他们有的从西方自由主义立场思考战争与和平问题，延续英国古典帝国主义论者霍布森的世界政府理论；有的从启蒙理性视角出发揭批法西斯主义的非理性主义根源；有的从存在主义哲学立场出发阐释法西斯主义的思想理论根源、战争罪责及人类和平问题；有的把弗洛伊德心理分析与马克思社会批判理论结合起来批判分析德国纳粹法西斯主义的心理基础、理论根源、经济社会历史原因，希望找到克服现代资本主义社会问题、实现人的解放与世界和平发展之道。

一是，英国自由主义哲学家罗素对解决帝国主义时代问题的理论思考。延续霍布森、考茨基等依靠"国际政府""世界政府"解决帝国主义时代问题主张，罗素在《论历史》一书中反思现代社会政治历史发展进程，对帝国主义、战争与世界和平问题提出了自由主义式的和解乌托邦。秉承洛克政府论与康德永久和平的设想，提出战争作为政府权力的推动者、"社会凝聚力的主要来源"，是"促进自己私人的利益而以公民为代

价的"。为防止由各国"经济民族主义"带来的战争，以及政府"最恶劣的滥用权力"，他提出现代各国应采用民主代议制政治这一最佳政府形式的解决方案，进而组成"国际政府"。他设想，"唯有一个国际政府才能防止战争，而且人类文明大概是很难再活过一次大战的，假如发生了大战的话"①。这个国际政府对所有战争武器有垄断权，首先实现世界军事统一，是由美国所领导的英法意德联盟、"各英语国家里的政府"，选择吸收其他国家参加，共同抵抗侵略，"这样一种武装力量就像市政警察的力量一样，……那么全世界就将远远比人类历史上任何以前的时代都要更加美好"②。罗素对人类自由和平与美好生活的乌托邦构想，在现实中走向了克罗孟梭、丘吉尔、杜勒斯的"铁幕演说"及杜鲁门主义，变成了以美国为主导的从北约、"五眼联盟"及欧盟对社会主义国家的冷战，变成了美帝国主义及其盟国与代理人对广大发展中国家的持续不断新霸权侵略战争，更是使世界处于极其危险的战争边缘。

二是，对第二次世界大战、德国法西斯主义非理性哲学根源的批判分析。目睹法西斯主义给苏联、欧洲文明及整个人类文明造成的深重灾难，深受德国古典理性哲学熏陶的卢卡奇，从1945年开始深入反思法西斯主义的思想理论根源，于1952年写作完成《理性的毁灭》一书，深刻批判揭露德国法西斯主义的非理性主义、生命哲学根源，他说："德国在哲学领域里走到希特勒那里去的道路，就成了我们的研究材料。"③在对近现代德国从资本主义到帝国主义演变历史考察的基础上，他提出，德国法西斯主义是非理性主义哲学、社会达尔文主义、种族主义与德国社会政治现实混合的产物，是对现代德国古典哲学理性的背叛与幻灭，即20世纪德国非理

---

①[英]罗素：《论历史》，何兆武、肖巍、张文杰译，生活·读书·新知三联书店1991年版，第127—128页。

②[英]罗素：《论历史》，何兆武、肖巍、张文杰译，生活·读书·新知三联书店1991年版，第209页。

③[匈]卢卡奇：《理性的毁灭》，王玖兴等译，山东人民出版社1997年版，第2页。

性主义哲学运动负有不可推卸的思想理论责任。在他看来，现代德国从叔本华到尼采的非理性主义哲学是法西斯主义、帝国主义的哲学基础，狄尔泰将其进一步转化为帝国主义的生命哲学。在此非理性主义哲学、帝国主义生命哲学基础上，又形成了达尔文主义、种族主义的帝国主义社会学。在现代德国社会政治运动中，帝国主义生命哲学与社会学混合成"国家社会主义的世界观"，一种法西斯主义、德国垄断资本帝国主义哲学"在煽动性宣传上的综合"①，就在二战前的德国弥漫开来。秉承近代启蒙理性思想传统，坚持以马克思列宁主义对资本主义、帝国主义的唯物历史批判为指导，对德国法西斯主义的非理性主义意识形态根源的深刻揭示与批判，使卢卡奇对法西斯主义的哲学批判反思具有独到之处与积极价值。他希望世界各国人民捍卫人类理性与世界和平运动，在理性的旗帜下团结起来，时刻警惕世界头号帝国主义国家美国发动原子战争的巨大风险，时刻警惕非理性与帝国主义战争对世界和平、人类社会发展的戕害。他坚信历史唯物主义的真理性，坚信只有推翻资本主义的统治，才能彻底消灭战争，实现世界和平。

三是，存在主义哲学家雅斯贝尔斯与萨特对战争责任的反思。二战后，德国存在主义哲学家雅斯贝尔斯作为二战期间遭受纳粹法西斯迫害的一个德国人、一个德国公民、一个具有人类团结情怀的世界公民，探讨了德国法西斯主义的罪责问题以及人类理性共同体的建构问题。在《德国罪过问题》《大学的理念》两部著作中，他从人性、人的理性之维出发，深刻批判纳粹法西斯践踏人性、分裂人类共同体、屠杀人类的罪恶，指出德国人负有法律、政治、道德和形而上学本体上的四种不同罪责。纳粹德国法西斯的暴行与罪恶深刻暴露了人性的罪恶与黑暗，践踏和蹂躏了人类联合为一体的形而上学本质，这是德国人的耻辱，而且是人的耻辱、人类的

①[匈]卢卡奇：《理性的毁灭》，王玖兴等译，山东人民出版社1997年版，第649页。

耻辱。在《原子弹和人类的未来》一书中，他提出要真正消除使人类灭绝的核子战争，每个人就需要具备且能运用理性的力量，坚持人类的共同存在性，坚持人类不同文化的相互宽容、交流与共识，才能改变国际政治的恶性增长模式，也才能使人类真正联合为一体，实现其形而上学的使命。

法国存在主义哲学家萨特理性思考二战与德国法西斯主义的罪责问题。萨特以胡塞尔现象学理论为基础，与雅斯贝尔斯一样都讨论了德国法西斯主义的罪恶问题，但理论方式不同。在《存在与虚无》《存在主义是一种人道主义》等著作中，萨特提出"存在先于本质"，人作为自在自为的理性形而上学存在物，有选择的自由，"命定是自由的"，因此，就要"把整个世界的重量扛在肩上：他对作为存在方式的世界和他本身是有责任的"①。就是说，人要对他所选择之行为承担对自己、他人及社会的责任，不能以任何借口为自己开脱责任、"在自欺中逃避焦虑"。因为，绝对的自由就意味着绝对的责任。正如后来萨特在进一步的阐释中所说："如果存在是先于本质的话，人就要对自己是怎样的人负责。所以存在主义的第一个后果是使人人明白自己的本来面目，并把自己存在的责任完全由自己担负起来。"②借用现代法国作家若尔·罗曼在《善意的人们》一文中的话语来说，就是"在战争中，没有无辜的牺牲者"。正如在纳粹集中营的屠杀中侥幸逃生的波兰犹太裔诗人斯坦尼斯洛在《凌乱的思考》中所说，"雪崩时没有一片雪花觉得自己有责任"，深刻揭批了纳粹分子对恶行、罪责的抵赖与开脱。萨特说，"我同样对战争负有深重的责任"，意即战场上的每一个士兵不能以长官命令来开脱自己应负的责任，德国法西斯的军官与士兵们不能推卸他们的战争罪责。

---

①[法]萨特：《存在与虚无》，陈宣良等译，生活·读书·新知三联书店1987年版，第708页。

②[法]萨特：《存在主义是一种人道主义》，周煦良、汤永宽译，上海译文出版社2005年版，第6页。

四是，与雅斯贝尔斯、萨特不同，德国另外一位存在主义哲学大师海德格尔却因与德国纳粹法西斯主义的复杂关系及其不当反应而饱受诟病。海德格尔的学生维克托·法里亚斯对所有接触到的资料进行了细致的研究，从海德格尔一生的各个时期揭示了这一历史之谜。①毋庸置疑，海德格尔是享誉世界的伟大哲学家，其存在主义哲学的形而上学之思深刻而独到，诗意的栖居也给人们留下了无限美好的想象空间。同样毋庸置疑的是，海德格尔在1933年5月1日加入了德国国家社会主义党，在任弗莱堡大学校长期间曾支持高等教育的纳粹化改革。在其《新帝国大学》的演讲中，海德格尔还兴致勃勃地谈到要争取学生支持对高教纳粹化的改革。当时，他站在德国纳粹党人的政治立场上，提出"德国位于为生存而斗争的中心，夹在布尔什维克主义虚无论和资本主义唯物论之间"，现在德国人是唯一能够屹立于西方文明之林并使传统复兴的民族。为把现代人类文明从逻辑与科技理性所造成的迷失、衰落、虚无主义中拯救出来，德意志民族作为唯一能够使传统复兴的历史性民族，"必须前进，这样西方历史就会跨越它们未来事件的中心并进入生存力量的原始国度"。从《存在与时间》到任弗莱堡大学校长期间的演讲，海德格尔的哲学主张与纳粹主义的政治主张曾走到一起，或者说，其哲学思想在客观上为德国纳粹法西斯的对外侵略提供了理论依据。当听过好友海德格尔的演讲后，身为"犹太人家属"的雅斯贝尔斯最初还保持着对海德格尔的信任，于1933年7月写下了《如何振兴大学：几点想法》，但是，他后来说"我当时对海德格尔估计错了，他已经深深地陷进了（纳粹政治）。我并没有跟他说选错了路"。沃林认为，海德格尔不满现代资本主义社会中知识与生活的剥离状态，认为现代文明已经走向衰败，需要"同平庸而腐败的中产阶级世界一刀两断，才能开辟出一条合法的新路"②；"海德格尔和国家社会主义的

---

① [德]法里亚斯：《海德格尔与纳粹主义》，郑永慧等译，时事出版社2000年版。
② [美]沃林：《海德格尔的弟子》，张国清等译，江苏教育出版社2005年版，第91页。

牵连——是根深蒂固的生存论承诺之命令的产物——所以决不是一个偶然事件,决不仅仅是生活历程上的一段插曲。相反,它根植于他思想最内在的倾向中"①。波格勒认为,"当海德格尔在政治语境中寻求做出他的决定时,他自己是在对存在的真理的决定作出定位"②。

五是,美国政治理论家阿伦特对法西斯主义的反思。作为出生在德国的犹太人,阿伦特在二战期间逃亡到美国,深受德国法西斯主义战争之苦,并在美国自由主义与苏联社会主义对抗的情势下,创作《艾希曼在耶路撒冷》《反抗平庸之恶》《极权主义》《责任与判断》等著作,完成对帝国主义、法西斯主义的批判。她通过批判与控诉德国纳粹法西斯对犹太人的迫害,来揭示法西斯主义对人类与正义犯下的罪恶;通过讨论人的政治判断问题,揭示人如何变成只会重复陈词滥调的"空洞"之人,进而又因为缺乏独立判断的习惯而充当杀人机器的盲目执行者。以此出发,她批判充当执行纳粹恶行的刽子手,即犯下"平庸之恶"的人要承担盲目判断之罪责,不能以自己不过是巨大国家齿轮中的一环,其所作所为都是国家法律允许的而开脱罪责。她又通过批判极权主义的群众运动、组织、宣传与恐怖运动,揭示极权主义暴政与罪恶的形成机制,警醒公民不要成为新的极权暴政迫害的牺牲品。阿伦特对纳粹法西斯主义的批判反思带有近代西方启蒙政治哲学的色彩,她说:"根本不存在集体罪责或集体清白;罪责和清白只有在应用于个人时才有意义。"③同时,阿伦特站在西方自由主义政治哲学立场观点上,揭批帝国主义、法西斯主义罪恶的理论根源的同时,竟毫无逻辑地把斯大林与希特勒等同为极权主义而加以批判,进而错误地批判苏联社会主义与马克思历史唯物主义。

六是,弗洛伊德主义的美籍德国犹太人弗洛姆对法西斯主义产生的心

---

①[美]沃林:《存在的政治》,周宪、王志宏译,商务印书馆2000年版,第87页。

②Otto Pöggeler.Der Denkweg Martin Heideggers, Stuttgart: Neske.3. Auflage, 1990, S.324.

③[美]阿伦特:《责任与判断》,陈联营译,上海人民出版社2011年版,第24页。

理根源的分析。弗洛伊德《一种幻想的未来 文明及其不满》一书揭示了人的本能与文明的矛盾冲突及解决。他认为人具有无意识地追求快乐的性行动本能，包括厌恶工作、破坏性的活动、同类残食等反社会反文化倾向，"实质上每个人都是文明的敌人"。懒惰与愚钝的大众只有在公认的"领袖"的引导下才能放弃本能，"每一种文明都依赖于工作的强制性和本能的放弃"①。这种社会文明进步同受压抑的人的本能不满之间的矛盾冲突是现实社会困苦灾难的根源，在本能的内驱下，借助自然力量，人类可以毫无困难地自相残杀，直至剩下最后一个人。走出现代人类社会这种焦虑不安与困境的出路似乎不在人本身，只能寄希望于第二种"天神力量，即永恒的爱欲"②。由此社会心理学出发，弗洛姆提出自由不是人的天性，人的天性是依赖性，因此，人天性要依赖、要逃避自由。人自我保存的心理基础造成人迫切需要安全感，需要在家庭及社会组织中获得这种安全感，尤其在"病态社会"、资本主义社会急剧动荡的时代，人更会在社会组织、集团与强人中去寻找这种安全感，导致人变成了迷信依附集体权威的盲从者，从而失去了自由。这就是纳粹法西斯主义的心理学基础。现代人类社会如同马克思所批判的异化的社会，其"危险是战争状态与机器人状态"，正在走向疯狂与毁灭。为消除社会异化与人类的毁灭，就必须建立"健全的社会""人道的公有社会制度"，选择友爱团结、和平和谐发展的生命之路。③

七是，霍克海默、阿多诺与马尔库塞对反犹主义与总体主义国家观的批判。在继承马克思现代性社会批判理论的基础上，法兰克福学派的早期

---

①[奥]弗洛伊德：《一种幻想的未来 文明及其不满》，严志军、张沫译，上海人民出版社2007年版，第23-28页。

②[奥]弗洛伊德：《一种幻想的未来 文明及其不满》，严志军、张沫译，上海人民出版社2007年版，第213页。

③[美]弗罗姆：《健全的社会》，蒋重跃等译，国际文化出版公司2003年版，第308-309页。

代表人物霍克海默、阿多诺与马尔库塞阐发了其对现代社会与工业文明的新批判。其中，在高扬理性旗帜与重思启蒙的新视域下，霍克海默与阿多诺对反犹主义、德国纳粹法西斯主义政治哲学展开了激烈批判。在他们看来，当近代启蒙理性行进在现代科技、市场经济、权力集团与精神文化途中的时候，就渐渐迷失了方向，使启蒙精神倒退成了神话。因而，只有返回到启蒙自身中去寻找思想自由，以及实现人的个性自由解放的力量，才能时刻警惕并彻底走出法西斯主义、恐怖政治与极权宰制。德国纳粹法西斯主义、反犹主义就是已经启蒙的文明在现实中又退到了的野蛮状态，"反犹主义的'非理性主义'来源于宰制理性自身的本质及与理性观念相应的现实世界"①。"反犹主义最初依赖于德国自由主义，但最后又宣告了德国自由主义的终结。"②启蒙辩证法在德国法西斯主义那里转变成了虚妄，即转变成了政治现实的一种疯狂形式、一种白色恐怖、一种虚假的集体主义，对现代犹太人实施混合的双重折磨：封建的肉体折磨加资本主义的精神折磨。

马尔库塞延续对现代资本主义的批判，把德国法西斯主义的思想理论根源归结为"总体主义国家观"，即由人的英雄化、生命哲学、非理性主义的自然主义、整体主义、存在主义等因素混合成的反自由主义观念。他说，纳粹法西斯的"总体—独裁主义国家把反对自由主义的斗争转换成'世界观'的斗争"，"是与垄断资本主义发展经济的要求本身相符合的"③，更是对自由竞争资本主义精神反叛的怪胎。它摈弃理性主义的"我思"，编织宣传虚假的共同体谎言、完美的本真状态，大肆屠杀清除

①[德]霍克海默、阿道尔诺：《启蒙辩证法——哲学断片》，渠敬东、曹卫东译，上海人民出版社2006年版，"前言"第5页。

②[德]霍克海默、阿道尔诺：《启蒙辩证法——哲学断片》，渠敬东、曹卫东译，上海人民出版社2006年版，第185页。

③[美]马尔库塞：《现代文明与人的困境——马尔库塞文集》，李小兵等译，上海三联书店1989年版，第269-270页。

所谓"劣等民族"犹太人，对世界进行新的殖民瓜分、侵略掠夺。"新的历史和社会学说坚持用种族、民众、血与土这些自然主义生物学的术语。它强调那些自然—有机的材料想象为同时在本质上是'历史—精神的'事实。这些事实中产生出历史的'命运共同体'。"①海德格尔"存在主义崩溃于它的政治理论实现之时。它渴望的总体—独裁主义国家使它的真理成为谎言"②。

八、帝国主义新论与新帝国主义论

20世纪90年代以来，伴随苏联解体、东欧剧变与冷战结束，世界社会主义阵营解体，国际共产主义运动处于低潮，美国在科技、经济与军事上逐渐成为世界上唯一的超级大国。福山的"历史终结论""普世价值论"在美国和西方资本主义世界大行其道，美国的帝国主义野心也逐渐膨胀与暴露。从里根、老布什、克林顿、小布什、奥巴马、特朗普到拜登的历任美国总统，从维持美国在全球的核心安全利益出发，制定颁布一系列《美国国家安全战略报告》，进一步谋求美国在全球的霸权地位。以里根为首的美国政府强调美国要继续"发挥全球领导作用"。以小布什为首的美国政府正式提出"先发制人"战略，实质是以军事力量为依托、适当运用软硬两手，灵活运用单边主义与多边主义的新帝国主义战略。特朗普打着"为美国人民和世界谋求更加美好的未来""自由与和平"的旗号，宣称美国军队仍然是世界上最强大的，美国拥有无与伦比的政治、经济、军事和技术优势，"将奋力追求这幅美好的愿景——在一个由强大的、自主的、独立的国家所组成的世界"，推行"美国优先"的外交政策，依托美

---

①[美]马尔库塞：《现代文明与人的困境——马尔库塞文集》，李小兵等译，上海三联书店1989年版，第289页。

②[美]马尔库塞：《现代文明与人的困境——马尔库塞文集》，李小兵等译，上海三联书店1989年版，第311页。

元霸权、军事霸权、科技霸权，大搞单边主义、经济战与贸易制裁、武装干涉他国内政的新帝国主义霸凌政策，而且不断发出战争威慑与叫嚣——"在必要时进行战斗并取得胜利"，不断搅动与策划全球的武装冲突与局部战争。新任美国总统拜登在继续上演着新帝国主义的战略与政策。

面对20世纪末到21世纪初世界历史与国际经济政治发展的新形势，尤其是以美国为代表、为中心的当代资本主义及帝国主义发展出现的新情况新问题，国外理论家们对当代帝国主义问题作出了新的回应，出现了帝国主义新论与新帝国主义论。一方面，从巴兰、斯威齐、阿明、沃勒斯坦、柄谷行人到哈维与伍德等国外马克思主义学者延续马克思政治经济学批判、列宁帝国主义论的思想传统，对当代资本主义与帝国主义展开了新的批判研究，可称之为帝国主义新论。另一方面，阿格列塔、阿瑞吉、哈特与奈格里、利莱奥·帕尼奇和萨姆·金丁、施特凡·伯林格、弗兰克·德佩等西方学者认为，以列宁为代表的经典帝国主义论已过时，其观点与方法对当代资本主义与帝国主义已不具备解释力，提出了新的帝国主义论，可称之为新帝国主义论。

1.帝国主义新论

（1）巴兰与斯威齐的帝国主义新论

20世纪美国著名激进派经济学家、马克思主义学派经济学家巴兰与斯威齐可谓帝国主义新论的两位杰出先行者。他们在20世纪五六十年代出版的《增长的政治经济》《垄断资本：论美国的经济和社会秩序》等著作中提出原创性的"经济剩余"概念——"一定时期中总产量和消费量之差""一个社会所生产的产品与生产它的成本之间的差额"，以此解释当代世界不发达经济、垄断资本主义经济与社会主义经济三大经济体，形成"经济剩余"理论。由此概念与理论出发，他们首先批判研究当代发达与不发达的资本主义经济运行关系，开辟了对不发达资本主义经济运行研究的新领域。

其次，通过对美国经济运行中经济剩余的生产与吸收的分析，在一定程度上揭示垄断资本主义经济发展出现停滞趋势的内在必然性，进而揭示了垄断资本主义生产方式的内在矛盾。

再次，通过比较分析垄断资本主义国家与社会主义国家对经济剩余的不同使用，批判垄断资本主义制度的不合理性，还把法西斯主义视为帝国主义的一种特殊形式，证明社会主义制度、计划经济的合理性与优势。他们认为，垄断资本主义国家一方面通过浪费性支出——销售努力的增加、金融领域的扩大，尤其是大量军费开支挥霍大量经济剩余，冷战与帝国主义成为阻止经济萧条的荒谬手段；另一方面垄断资本主义国家的许多人却生活在贫困中。因此，待世界革命的浪潮到来，这种不合理的暂时强大的社会制度就会被合理性的革命行动所推翻，走向消亡。不发达的国家要摆脱贫困，必须首先有政治的独立，变革原有的社会经济机构，摆脱垄断资本主义体系的控制与剥削，改变对经济剩余的不合理使用，根本出路是走上社会主义道路。

最后，社会主义国家要处理好工业与农业、积累与消费、劳动密集型生产和资本密集型生产、国内与国外等一系列经济关系，不断增加经济剩余以主要用于国内生产、消费及人民物质文化生活需要。他们还提出，社会主义国家要把搞好经济作为自己的历史重任，施行经济与社会改革，这是社会主义对世界的贡献，对发达国家的革命和不发达国家的发展都有着巨大的推动作用。

此外，他们还通过1949年创办的《每月评论》杂志及1951年创办的每月评论出版社，在美国历经70余年风雨沧桑，不断传播社会主义的学术思想理论，在世界范围内汇聚起马克思主义学派的知识分子批判资本主义、帝国主义的思想资源与精神力量。爱因斯坦、斯诺、萨特、罗宾逊、乔姆斯基、阿明、沃勒斯坦、福斯特等著名公共知识分子都曾聚集在《每月评论》的旗帜下，以不同理论方式展开对资本主义、帝国主义的批判。

尽管他们所发明的经济剩余概念不同于剩余价值概念，对马克思的政治经济学批判也有所背离，认为剩余价值概念适用于自由竞争资本主义社会，经济剩余概念更适用于垄断资本主义社会，但是，他们相信马克思政治经济学批判的精神对当代垄断资本主义仍具有很强的解释力与批判力，并试图用《资本论》的思想方法创新批判阐释当代垄断资本主义。他们宣称，"马克思的《资本论》继续居于最高统治地位"①，高度评价列宁关于垄断帝国主义的精彩论述。

（2）阿明与沃勒斯坦的帝国主义新论

阿明与沃勒斯坦的"依附论""世界体系论"对西方中心论，以及当代资本主义、帝国主义统治全球的新批判。以英国为典型，马克思和恩格斯的世界历史理论揭示了早期资本主义生产方式对世界的征伐与殖民统治。通过对20世纪初期主要帝国主义国家垄断发展状况的分析，列宁揭示帝国主义掠夺殖民地、重新瓜分世界的战争性质与后果，得出无产阶级革命与建立社会主义国家政权的科学结论。二战后，世界范围内的落后民族国家掀起推翻帝国主义殖民统治、无产阶级革命与民族独立的浪潮，诞生了新中国等一批民族独立自主的社会主义国家，以及一大批亚非拉独立自主的民族国家。然而，许多民族独立国家、发展中国家并未在经济上实现真正独立自主，被迫依附于发达资本主义国家。在此社会历史背景下，20世纪五六十年代出现了新的"西方中心论"——世界现代化的美国样板论、范本论，遭到"依附论""世界体系论"的重要代表阿明与沃勒斯坦等的理论批判。阿明与沃勒斯坦等所提出的"依附论""世界体系论"，是对马克思主义世界历史理论与列宁主义帝国主义论的继承与发展。

出生于埃及开罗的法国新马克思主义理论家阿明运用马克思主义政治经济学批判的原理与方法，提出"依附论""世界体系论"，展开对当代

---

① [美]巴兰、斯威齐：《垄断资本——论美国的经济和社会秩序》，南开大学政治经济学系译，商务印书馆1977年版，第10页。

世界垄断资本主义与帝国主义的新批判。正如他所说："对于当代资本主义背景下的一切问题而言，只有把它们置于马克思的资本主义分析论域中，我们对其的理解才能够取得进展。"①首先，阿明坚持以历史唯物主义的阶级观点及其分析方法为理论基础，对资本主义经济基础、上层建筑与国际关系展开批判分析，进而以世界历史、全球化的眼光批判考察当代世界资本主义体系的形成，并把其理论批判分析框架归纳为最基本的"阶级结构""国家"及影响最大的"国际或称全球"等三个层面②。

其次，阿明坚持资本主义、帝国主义灭亡的历史必然性，对当代垄断资本主义与帝国主义发展作出新判断。他认为，与19世纪末到二战前列宁所描述的垄断资本主义、帝国主义发展阶段不同，尤其是20世纪70年代以来，当代资本主义进入更加全面深入的垄断发展新阶段，即"普遍化的垄断资本"阶段，形成垄断资本主义体系对全球经济政治统治的新形式，其内在的社会基本矛盾与危机也在日益加剧。帝国主义的衰落表现在经济增长上出现了停滞趋势，暴露其内在的结构危机、制度危机，外部正在崛起的新兴发展中国家对垄断资本主义制度也形成了挑战。因此，垄断资本主义的世界体系、帝国主义必然走向瓦解与崩溃。同时，帝国主义的衰落也是一个非常危险的时期，它不会自动等待衰亡，它越来越表现为以野蛮的力量保持其地位，保持作为中心的帝国主义的绝对权力，这便是当代帝国主义战争的根源。与列宁不同，阿明认为帝国主义不是资本主义与垄断相联系的新阶段，因为资本主义从一开始就征服世界，历来就是帝国主义，从一开始就制造了中心与边缘的对立。当代帝国主义与国家政权已经更加紧密地勾结在一起，"国家已经被驯化以便专门为帝国主义者的利益服

---

①[法]萨米尔·阿明：《新帝国主义的结构》，陈俊昆、韩志伟译，《国外理论动态》2020年第1期。

②丁晔：《只有社会主义道路才能摆脱依附与危机——访埃及著名经济学家萨米尔·阿明》，《马克思主义研究》2016年第3期。

务。可以从唐纳德·特朗普利用美国政府的方式和英国、法国和德国所谓国家的共识看到这一点。因此，说市场的力量取代了国家是一种蠢话。拥有军事权力和警察机构的国家对于全球化的进程是首要的事情"①。同时，阿明又赞同列宁对垄断资本主义的分析与判断，认为垄断资本主义是帝国主义的新阶段，在从自由竞争到垄断资本主义加速资本积累的全球化过程中，世界被纳入资本主义体系之中，并被划分成主导的中心与被主导的边缘。

与传统对冷战的理解不同，阿明认为冷战开始于俄国十月社会主义革命胜利之后的1917年。这不仅仅是由于资本主义对社会主义的意识形态憎恨，即社会主义主张以社会政治革命消灭阶级、消灭私有制，更主要的原因在于社会主义国家要独立自主，要摆脱由垄断资本控制的全球资本主义体系。因此，对垄断资本主义体系、帝国主义来说，中国、俄国及广大发展中的民族国家要走资本主义或社会主义性质的现代化发展道路是无关紧要的，抑或是和平与战争发展道路也是无关紧要的，最关键的在于不能走独立自主的富强之路、崛起之路。因为，这意味着动了帝国主义独霸世界的奶酪，必然导致帝国主义国家的围堵遏制、冷战热战。当代帝国主义已经联合起来了，已由复数形式的各个帝国主义国家转变成"集体帝国主义"——美国、欧洲和日本"三合会"式的垄断资本主义集团对全球的统治，美国与欧洲民主在虚伪形式中日益走向衰落，出现法西斯主义的新形式新途径。②因此，帝国主义制度、新自由主义全球化的制度是不可持续的，"它瞄向法西斯主义，将其作为对它日益增加的软弱性的回答。正是

---

①印度记者吉普森·约翰和吉塞斯P.M.在埃及知名学者萨米尔·阿明去世前不久为《三大洲》社会研究所进行最后一次采访的访谈录，《萨米尔·阿明：资本主义制度将法西斯主义作为对它日益虚弱的回答》，载于香港《环球视野》画报，魏文编译，2018年12月4日，原载于2018年11月20日西班牙《起义报》。

②丁晔：《只有社会主义道路才能摆脱依附与危机——访埃及著名经济学家萨米尔·阿明》，《马克思主义研究》2016年第3期。

因为这一切法西斯主义在西方重新出现。西方向我们的国家出口法西斯主义。恐怖主义用伊斯兰的名义，这是地方的法西斯主义的一种形式。今天我们在印度看到印度右派的反应。这也是法西斯主义的一个类型。……在印度现在的制度是一种半法西斯主义或者说温和的法西斯主义"[①]。在此国际背景下，当代帝国主义国家之间的矛盾冲突退居次要地位，针对包括与中国在内新兴崛起的世界其他国家的矛盾斗争走上前台，这就是当代新帝国主义的新战略。

最后，阿明批判西方中心论、当代帝国主义的经济政治强权，旨在维护广大发展中民族国家的利益，并为其指明社会主义的现代化发展之路。在《不平等的发展》《帝国主义的危机》《帝国主义和不平等的发展》等著作中，阿明分析当代世界不平等的国际分工与国际贸易，认为少数发达国家依靠资本、生产技术与营销网络等的垄断地位而获取绝大部分利润、占据全球化的中心，而广大发展中国家只是全球化生产的劳动力。这种不平等的全球化发展日益加强垄断资本主义在全球的金融、军事、技术与文化的统治地位，导致广大发展中国家经济发展出现"出口畸形""第三部类（生产奢侈品部类）畸形""积累过程的外向性（剩余价值外流）畸形"的"三重畸形"发展。要根除这种畸形发展，广大发展中国家就必须与发达资本主义国家"脱钩"，阻断资本逻辑在全球的无情扩张，改变各民族国家发展屈从于垄断资本主义的全球化战略，选择适合各自民族国家特点的现代化发展道路，以及"具有合理性标准的"世界规则体系。因此，广大发展中国家要抛弃自由主义的乌托邦，与垄断资本主义世界全球化体系"脱钩"，摆脱依附，打碎当代世界垄断资本主义的不平等体系，

---

①印度记者吉普森·约翰和吉塞斯P.M.在埃及知名学者萨米尔·阿明去世前不久为（三大洲）社会研究所进行最后一次采访的访谈录，《萨米尔·阿明：资本主义制度将法西斯主义作为对它日益虚弱的回答》，载于香港《环球视野》画报，魏文编译，2018年12月4日，原载于2018年11月20日西班牙《起义报》。

即帝国主义经济全球化的结构与秩序。像社会主义中国那样，广大发展中民族国家要真正走上独立自主的富强发展道路，为世界作出更大贡献。2018年8月去世前夕，阿明还在呼吁全世界受帝国主义压迫民族国家的人们团起来，"有潜在的激进的、支持社会主义的、反对资本主义和帝国主义的力量"团结起来，组成新国际，"我们必须重建一个新的有力的国际，一个男女劳动者和其他人的国际"①。

美国"新马克思主义"学者伊曼纽尔·沃勒斯坦在马克思主义经典作家思想观点的基础上，也提出了"世界体系"理论，深刻揭示全球化时代资本主义的经济危机。其《现代世界体系》阐述了现代资本主义世界体系的形成、运作及基本趋势，从经济、政治与文化三个维度深层次分析了"中心—半边缘—边缘"结构的现代资本主义世界体系发展变迁和运作机制。与布哈林帝国主义论所阐述的"中心—边缘"统治模式具有一致性，沃勒斯坦也认为，"资本主义世界经济体是以世界范围的劳动分工为基础而建立的，在这种分工中，世界经济体的不同区域（即中心区域、半边缘区域和边缘区域）被派定承担特定的经济角色，发展出不同的阶级结构，因而使不同的劳动控制方式从世界经济体系的运转中获利也就不平等"②。尽管沃勒斯坦对当代资本主义体系与帝国主义的分析与批判不够彻底，对人类社会未来的展望带有一些历史悲观主义色彩，但其理论分析与批判也让人们由此展望到反现代资本主义世界体系、当代帝国主义的社会主义力量与前景。在2003年坎昆世界贸易组织大会上，巴西与南非、印度和中国联手组成20国集团与美国和西欧谈判。对此，沃勒斯坦认为，这

①印度记者吉普森·约翰和吉塞斯P.M.在埃及知名学者萨米尔·阿明去世前不久为（三大洲）社会研究所进行最后一次采访的访谈录，《萨米尔·阿明：资本主义制度将法西斯主义作为对它日益虚弱的回答》，载于香港《环球视野》画报，魏文编译，2018年12月4日，原载于2018年11月20日西班牙《起义报》。

②[美]沃勒斯坦：《现代世界体系》第一卷，罗荣渠等译，高等教育出版社1998年版，第194页。

次会议事实上终结了世界贸易组织实现其新自由主义目标的能力。①

（3）柄谷行人的帝国主义新论

受到近现代西方政治哲学与历史哲学、结构与后结构主义的马克思主义、现代世界体系等多重理论影响，尤其是受到马克思政治经济学批判方法与世界历史理论的重要影响，当代日本左翼批判理论的代表柄谷行人在《跨越性批判》《历史与反复》《世界史的构造》等著作中，对当代资本帝国主义作出独特批判分析，对当代世界历史发展作出独特理解。

首先，柄谷行人构建了现代性社会批判的理论基石——"交换形态论""资本—民族—国家三位一体说"。他受到马克思主义社会发展形态理论启发，从"交换样式"视角考察人类社会历史，把人类社会形态理解为"交换形态"。原始社会被理解为送礼与回礼的"交换样式A"，奴隶社会与封建社会被理解为强制缴纳贡赋的"交换样式B"，资本主义社会被理解为商品市场买卖的"交换样式C"，共产主义社会被理解为带有宗教性赠送的"交换样式D"。"交换样式C"的近现代资本主义社会都是由"资本—民族—国家"三位一体的内在经济政治构造而成的，由于这种内在结构的类似，导致世界资本主义发展历史出现反复性。

其次，自工业革命以来的世界历史，是帝国主义反复争霸世界的战争史。这段历史是以60年为周期反复上演、帝国争霸与一国独霸不断变换的世界历史。如1750—1810年是荷兰退位、英法争霸的帝国主义阶段，1810—1870年是英国独霸的自由主义阶段，1870—1930年是美德争霸、英国挣扎的帝国主义阶段，1930—1990年是美国独霸的自由主义阶段。1990年冷战结束之后至今，则是美国经济霸权式微、四面楚歌、世界诸强林立的帝国主义发展新阶段，而非美国主导的资本主义阵营赢得全面胜利、历史走向"终结"的时代。与阿明相似，柄谷行人也把帝国主义的历史追溯

---

① [美]沃勒斯坦：《美国霸权的演变轨迹和未来发展趋势》，《国外理论研究动态》2007年第1期。

到自由竞争阶段，把垄断视为帝国主义发展的新阶段，还提出不能把新自由主义理解为自由主义的一种形式，当代新自由主义所推崇的责任自负与竞争原则，"毋宁说是一种弱肉强食、适者生存的帝国主义文化"①。而且，帝国主义争霸世界的战争会在世界历史的舞台上不断反复上演，会使当代人类始终处于"战前"状态与资本主义内在结构反复的危机之中。

最后，联合起来为"战后"走向永久和平的"世界共和国"而做准备。在柄谷行人看来，伴随信息技术革命所带来的技术红利的终结，以及中国变身世界加工车间的人口红利不可避免的终结，资本利润率将不断下降，地域利益集团的竞争不断加剧，"我们铁定是要走向战争的"，"最终似乎不可避免将会通过一次决定性的世界大战来消灭过剩资本、排定列强座次"。这场无人获胜的世界大战将进一步暴露国家机器和资本主义的真面目，蕴藏着"世界同时革命"的可能性，从而结束这个唯利是图的资本主义经济体系、暴力欺诈的国家机器和"强权即正义"的世界结构，催生出一个真正"永久和平"的"世界共和国"。因此，请务必不要被国家和资本煽动起来的那种愚蠢亢奋所吞噬，重新恢复马克思政治经济学批判的方法论，应为"战后"做准备，即人类联合起来对抗资本、国家和民族三位一体的结构，有效地形成针对当代资本帝国的对抗运动。他说："正因为资本制—民族—国家是三位一体的，所以才十分坚固。如果只否定其中的任何一项，结果都会被收回到那个连环中去的。因为，它们并非单纯的幻想，而是根植于不同的'交换'原理。当我们考察资本主义经济的时候，必须同时考虑分别建立在不同原理上的民族和国家。换言之，对抗资本必须同时与民族和国家相对抗。"②柄谷行人对人类未来发展前景的判断是走向永久和平的"世界共和国"，即"作为世界体系的各民族联盟"、一种"可能的共产主义"。由于他确信"共同体（nation，应译为

---

① [日]柄谷行人：《历史与反复》，王成译，中央编译出版社2011年版，中文版前言。
② [日]柄谷行人：《跨越性批判》，赵京华译，中央编译出版社2011年版，第185页。

民族——作者）、国家和资本将顽固地持续存在"①，因而不同于马克思主义所构想的消灭私有制、阶级与国家的共产主义社会。在实践中，柄谷行人也在2000年时开始倡导"新联合主义运动"，旨在从根本上消解当前资本主义世界体系对人的压迫性，是为建设"革命后的世界"所做的尝试。

（4）哈维的帝国主义新论

深受《资本论》及卢森堡资本积累与帝国主义理论的影响，美国马克思主义地理学家大卫·哈维的《新帝国主义》创立了历史—地理唯物主义新研究范式，是全球化时代对帝国主义进行新批判研究的一部力作。他提出了对帝国主义起作用的两种驱动力理论：经济利益的驱动力（资本积累）和扩张领土的驱动力（控制地域空间以提高资本的获利能力），即"资本积累的全球历史地理学"②。这种观点是对马克思和恩格斯《共产党宣言》《资本论》中的世界历史、资本积累、资本原始积累等思想理论的独特理解与新阐释。哈维认为，帝国主义本质上是一种与资本积累内在紧密联系的空间扩张过程，当代资本帝国批判要转向对资本主义生产方式的空间批判，因为资本主义是通过时间延迟和地理扩张的特殊方式而缓解资本主义危机，这就是时间—空间修复的理论。新自由主义世界秩序，或者说新帝国主义正在从全世界各地实现其榨取利润、资本积累。③这种观点是对卢森堡关于资本积累的非资本主义环境相关论述的传承与新阐释。在《资本论》中，马克思认为资本主义不会自行消亡，其经济危机是资本主义的重构时刻，正如《资本论》第三卷所指出的，"危机永远

---

①[日]柄谷行人：《世界史的构造》，赵京华译，中央编译出版社2012年版，第287页。

②[英]哈维：《马克思的空间转移理论——〈共产党宣言〉的地理学》，郇建立编译，《马克思主义与现实》2005年第4期。

③[英]哈维：《新帝国主义》，初立忠、沈晓雷译，社会科学文献出版社2009年版，第72页。

只是现有矛盾的暂时的暴力的解决，永远只是使已经破坏的平衡得到瞬间恢复的暴力的爆发"。资本主义终结的原因应该是阶级运动，因为资本主义不会自然消亡，而是必须被推动、被推翻、被消灭。哈维还提出新自由主义走向新法西斯主义的趋势，他说："我在2005年出版的《新自由主义简史》一书中早就指出，新自由主义如果不与国家集权主义（state authoritarianism）媾和，就无法存活。它现在与新法西斯主义结合了，因为我们从所有全球抗议运动中看到，新自由主义将填满富人的口袋，牺牲人民的利益（这在20世纪80年代和90年代初并不明显）。""特朗普是普遍异化而造就的一位后现代主义的总统。"①

（5）埃伦·伍德的帝国主义新论

加拿大从事政治哲学理论、马克思主义理论研究的著名左翼学者埃伦·伍德对当代帝国主义发展的新特点作出了新阐释。她在2003年《资本的帝国》一书及《新帝国主义与民族国家》一文中，从三个维度分析了帝国主义发展的新特点。

首先，从经济与政治相互作用关系的维度，历史地界定了"资本帝国主义""新帝国主义"。她把帝国历史地划分为传统殖民帝国与现代资本帝国——"新帝国主义"，传统殖民帝国经济权力与政治权力浑然一体，通过"超经济"的政治军事手段占领控制殖民地、附属国，获得政治经济利益；"新帝国主义""资本帝国主义"是现代经济权力与政治权力相分离的资本主义社会产物。资本帝国主义的特点在于其发展并不依靠军事占领、政治控制而获得利益，即不是建立在超经济的、直接强制性基础之上的，而是建立在市场经济权力之上，使资本主义的经济领域成为一个"自主的领域"，运用经济权力——财产权和市场竞争力量来积累资本与利润。同时，她也认为，"资本通过摆脱对经济之外权力的依赖来赢利，这

---

① [英]哈维：《新自由主义方案依然活着但其合法性已然丧失——英国马克思主义学者大卫·哈维专访》，禚明亮译，《吉首大学学报》（社会科学版）2019年第3期。

同时意味着它必须依赖于外在于己的政治和军事力量来提供这种秩序。就是说，它必须依赖国家权力"①。可见，伍德把资本主义本身看成了帝国主义，其"新帝国主义"概念界定有些模糊，既指与奴隶的封建的帝国不同的"资本帝国主义"，也是与二战之前的帝国主义不同的"新帝国主义"。而且，她对当代帝国主义、"新帝国主义"国家与资本的关系认识有些不清楚，只是看到资本主义、帝国主义依靠经济权力进行资本积累的一面，没有认识到当代帝国主义国家政权不过是管理垄断资本主义事务的委员会，因此招致阿明等的批评。

其次，从全球化时代帝国主义与民族国家关系的维度分析了"资本帝国主义""新帝国主义"的特点。伍德把自由主义视为新帝国主义扩展控制全球化的新形式，把当代全球化视为资本的全球化、帝国主义的全球化，布雷顿森林体系、国际货币基金组织、世界银行、WTO等国际组织都是资本帝国统治剥削全球的经济组织形式。新自由主义所高举的自由贸易旗帜，只不过是追逐利润的资本帝国依据贸易环境而变换的"操控"手段而已，其目的在于使绝大多数民族国家成为附庸、待剪毛的羊。资本帝国的全球化成了资本快速流动增值与金融掠夺的工具，成了转移资本主义国内危机的重要手段。因此，应该批判反对带来全球化弊端与问题的资本主义制度，不应该批判反对全球化本身。资本帝国全球化不是"一体化的世界经济"，也不是"一种正在消亡的民族国家体系"，相反，它比以往任何时候都更需要民族国家体系的存在，以便为资本积累提供先决条件。因为，"经济越是全球化，经济循环就越需要国家和国家之间的协调来组织"②。"国家之于资本，特别是之于全球化形式的资本更为至关重要。全球化的政治形式不是一个全球的政权而是一个'多国'的全球系统，而'新帝国主义'正是在资本不断扩张其经济势力，但维持这种势力的超经

---

①[加]伍德：《新帝国主义与民族国家》，王宏伟译，《国外理论动态》2004年第1期。
②[加]伍德：《新帝国主义与民族国家》，王宏伟译，《国外理论动态》2004年第1期。

济力量却日益受到限制这样一种复杂而矛盾的关系中得以形成的。"①因为全球问题及其治理并不是由一个全球国家、世界政府来治理的，而是由多元的各个民族国家体制来治理的。

最后，从帝国主义与战争关系的维度分析了"资本帝国主义""新帝国主义"战争的目的与可能性。由于以美国为中心的资本帝国主要是通过操控世界市场以控制世界经济、"操控全球化"，而不是军事占领与控制，再加之各资本主义大国彼此在市场与资源等方面互相需要，因此，资本帝国争霸世界的战争可能性很小。对于美帝国主义发动的小规模战争，如打伊拉克战争的目的不是为了石油，主要是为了控制与"震慑整个世界"所显示的"示范效应"②，尤其是对俄罗斯、中国等大国，以及对在其体系内的欧盟与日本的震慑。这种控制与反控制的对立趋势会持续很长一段时间，也潜藏着战争的风险。可见，伍德不同意列宁对帝国主义战争不可避免的看法，她对帝国主义本质的认识不够深刻，对帝国主义战争性质与风险的估计不足，过于乐观。

（6）福斯卡斯与格卡伊的帝国主义新论

当代英国学者福斯卡斯与格卡伊合著《新美帝国主义：布什的反恐战争和以血换石油》一书，比较客观而深刻地揭示了美国正试图充当控制全世界的"新帝国主义"。他们认为，"新美帝国主义"不是瓜分世界，而是试图通过"轮轴—辐条体系"统治全球的经济与政治，"殖民地变成了军事基地，帝国的利益可以通过这些军事基地得到扩大与保护"③。这突出表现在三个方面：第一，美国通过主导国际货币体系和石油——美元

---

①[加]伍德：《资本的帝国》，王恒杰、宋兴无译，上海译文出版社2006年版，第4页。

②[加]伍德：《新帝国主义与民族国家》，王宏伟译，《国外理论动态》2004年第1期。

③[英]福斯卡斯、格卡伊：《新美帝国主义：布什的反恐战争和以血换石油》，薛颖译，世界知识出版社2006年版，第180页。

定价机制确立了美元霸权，即"金钱、石油和力量"[1]；第二，通过与盟国"轮轴—辐条体系""控制别国政府"[2]，确立了美国在所谓"自由世界"中心的地位；第三，通过"新帝国主义意识形态"[3]，夸大世界面临的所谓威胁来为其对外政策"正义化"和"军事化"寻找依据，美国其实是披着"助人为乐"外衣的禽兽。他们指出，"美国经济实力的下降和在世界经济体系里相对衰落的控制地位，使美国的外交政策向军国主义游移"[4]。

2.新帝国主义论

不同于从马克思列宁主义对资本主义、帝国主义的经济政治批判研究，当代西方出现了新帝国主义论，如法国学者阿格列塔，美国学者阿瑞吉、哈特，意大利学者奈格里，英国学者库珀，加拿大学者帕尼奇、金丁等。他们认为列宁主义的帝国主义论过时了。因为，当代资本主义生产过剩、消费不足的经济危机及其基本矛盾不存在了，殖民地问题已经被附庸国、落后弱小不发达民族国家问题取代，当代帝国主义国家间矛盾已经被发达国家间暂时的联盟协约所取代。

（1）阿格列塔与阿瑞吉的新帝国主义论

1976年，法国调节学派著名学者阿格列塔在《资本主义调节理论》一书中，对古典帝国主义理论的方法论提出批判。他认为，从霍布森到列宁的古典帝国主义论本质上是对当时世界市场发展状况的一种经验观察，主要是一种"经济还原主义"概念，即把帝国主义问题还原为经济问题。而

---

①[英]福斯卡斯、格卡伊：《新美帝国主义：布什的反恐战争和以血换石油》，薛颖译，世界知识出版社2006年版，第3页。

②[英]福斯卡斯、格卡伊：《新美帝国主义：布什的反恐战争和以血换石油》，薛颖译，世界知识出版社2006年版，第24页。

③[英]福斯卡斯、格卡伊：《新美帝国主义：布什的反恐战争和以血换石油》，薛颖译，世界知识出版社2006年版，第86页。

④[英]福斯卡斯、格卡伊：《新美帝国主义：布什的反恐战争和以血换石油》，薛颖译，世界知识出版社2006年版，第51页。

帝国主义概念不仅仅是一种经济概念，只有通过一种充分发展的国家理论及国家之间的权力关系理论，才能把握帝国主义概念，也就是要把政治经济学和帝国主义国家的研究结合起来。因为国家在调控资本主义生产方式过程中发挥着重要作用，这不仅体现在国家对内调节资本主义生产方式的再生产，而且体现在当资本跨出国界后，对资本的调控和保护涉及不同国家间的关系和权力平衡问题。

美国学者乔万尼·阿瑞吉在《帝国主义几何学》《现代世界体系的混沌与治理》等著作中，从历史学分析的视角出发对马列主义的帝国主义论展开批判。在他看来，首先，马克思列宁主义的传统帝国主义论过时了。他认为，不同资本主义国家在不同历史时期有不同的扩张模式，当代世界资本主义正在发生转变，马列主义对资本主义、帝国主义的分析框架有着严重的缺陷。在20世纪上半叶曾成功预测过世界形势的帝国主义理论，如霍布森、希法亭和列宁的帝国主义论都"无可挽回到过时了"，"这些理论之所以过时的原因很简单：美国霸权下的世界资本主义不再产生导致资本主义列强之间发生战争的趋势。由于民族国家体系实际上不再是世界资本主义的政治组织的基本形式，这些理论也将永远过时"[1]。其次，统治全球的后现代帝国、新帝国出现了。伴随20世纪全球市场经济及文化等的一体化发展，出现了不同于前现代、现代帝国的后现代新帝国，开始以一种新的统治逻辑与统治结构统治全球。这个后现代帝国没有一个权力中心，也没有领土边界边疆，却是一个非中心化和非领土化的全球统治机器，调节并控制着全球经济文化交换交流，拥有管理整个世界的至高无上的权力。这个后现代帝国就是美国霸权调控下的世界经济一体化，既不会发生资本列强间的战争，也不会土崩瓦解。帝国正在从民族国家向世界国家进展，其完成约需要100年，某些民族国家或者是民族国家与世界国家

---

①Arrighi, Giovanni. 1983 [1978].The Geometry of Imperialism.The Limits of Hobson's Paradigm. Second Edition, London: Verso.pp.149-173.

的杂交形式可能会成为这次过渡的领头羊。其实，阿瑞吉的所谓后现代、新帝国主义论是在为20世纪末美帝国主义称霸殖民世界的野心而阐释背书与摇旗呐喊，是早期西方殖民帝国主义论的"翻版""盗版"，是与马列主义的帝国主义论根本对立的。

（2）哈特与奈格里的新帝国主义论

与阿瑞吉关于新帝国的主要基本观点一致，但分析阐述方式不同的美国杜克大学教授哈特与其老师意大利政治哲学家奈格里合著出版《帝国——全球化的政治秩序》一书，提出一种不同于现代帝国主义论的后现代帝国论。

首先，帝国已成为新的全球主权形式、统治形式，是资本、新自由主义保持其在全球统治秩序结构的"唯一形式""恰当的政治形式"。帝国（Empire）是现代帝国主义（imperialism）衰落后出现的，"与帝国主义相比，帝国不建立权力的中心，不依赖固定的疆界和界限。它是一个无中心、无疆界的统治机器。在其开放的、扩展的边界当中，这一统治机器不断加强对整个全球领域的统合。帝国通过指挥的调节网络管理着混合的身份、富有弹性的等级制和多元的交流。帝国主义的世界地图明显的民族国家色彩，已经被合并、混合在帝国全球的彩虹中"①。"帝国通过优化的混合式杂交政治体制避免了传统君主制、贵族制和民主制的腐败邪恶循环，形成三种权力功能平衡建构的新形式：君主制权力的统一性和它在全球的垄断力量；通过跨国公司和民族国家表现出来的贵族制；还有民主—代表制的'平民议会'，再一次以民族国家的形式体现出来，连同各种各样的NGO组织、媒体组织和其他'大众'的机构。"②这样，帝国就可以

---

① [美]哈特、[意]奈格里：《帝国——全球化的政治秩序》，杨建国、范一亭译，江苏人民出版社2005年版，"序言"第2页。

② [美]哈特、[意]奈格里：《帝国——全球化的政治秩序》，杨建国、范一亭译，江苏人民出版社2005年版，第305页。

通过炸弹—君主权、金钱—贵族权、无线电—民主权三种专制手段完成对全球的强力控制，已不同于现代帝国主义对世界的瓜分与统治。

后现代帝国是现代帝国主义发展的必然结果。后现代帝国正是世界贸易、资本全球扩张积累的必然，把一切外部都吞噬到帝国内部中来。当今全球化已经造成资本主义改变，冷战结束、伊拉克战争以来的世界历史发展表明，任何一个强势的民族国家都不会再是最终的世界主导力量，不能单独统治世界，而是由一系列国家与超国家的机体结成了一种去中心化、网络型的新主权形式——帝国。"正是在美国宪法的全球扩展中，帝国得以诞生。实际上我们进入的是由一部国内宪法的扩展走入帝国的形成过程。……一切都成为帝国的内部机制。全球的边境正转变为帝国主权下的开放空间。"①

一方面，随着越来越多民族国家加入、被整合入帝国，帝国组织结构与控制秩序逐渐在全球形成越来越广阔的畅通无阻空间，新自由主义世界市场得以实现。马克思主义者对资本主义扩张及现代帝国主义政治形式的批判揭示，对理解从帝国主义向帝国的发展历程具有积极价值。马克思虽未完成《资本论》的工资、国家与世界市场部分内容，但通过其关于国家和世界市场的思想观点，就可以发现其中蕴含着批判帝国的思想，"劳动始终是社会的最核心的构成基石"②。另一方面，现代帝国主义列强之间争夺殖民地的矛盾斗争、战争会消失，因为现代帝国主义战争不是新帝国的特性，新帝国的组织结构与秩序之密网会把矛盾冲突整合消弭在其中。"帝国的主权并非围绕一个核心冲突而建立起来，而是通过由许许多多微小冲突构成的灵活网络建立起来的，这与现代主权恰恰形成对照。"③美

①[美]哈特、[意]奈格里:《帝国——全球化的政治秩序》，杨建国、范一亭译，江苏人民出版社2005年版，第179页。

②[美]哈特、[意]奈格里:《帝国——全球化的政治秩序》，杨建国、范一亭译，江苏人民出版社2005年版，第343页。

③[美]哈特、[意]奈格里:《帝国——全球化的政治秩序》，杨建国、范一亭译，江苏人民出版社2005年版，第196页。

国作为强国、维持世界秩序的警察，不是为了其传统狭隘的民族国家利益，而是为了维护帝国的整体利益与国际秩序做贡献，其以道德、法律和军事手段对国际事务进行干涉，"目的是维持内部秩序。这样，干涉就成为一个行之有效的机制，它通过警察部署直接为构建帝国的道德、规范、制度秩序作出贡献"①。美国并没有终结历史，但在从现代帝国主义向帝国转型过程中发挥了独特领导作用，"未来的帝国不是美国的，美国不在其中心"，但美国在帝国联盟体系中"占据一个特权的地位"②。除了全球帝国联盟之外，还有地区联盟支撑着帝国的稳定性，每个地区联盟都要由地区国家与美国来最终构成，中国在任何旨在反对帝国统治和争取全球民主地区联合的方案中处于一个特别有利的地位。

从中可见，哈特与奈格里的后现代帝国论，与马列主义的帝国主义论在基本立场观点上不同，但吸收了马列主义的历史唯物主义的批判分析方法与话语。在哈特与奈格里看来，在全球化的新历史进程中，一个或少数几个帝国主义国家称霸、瓜分全球的时代终结了，形成了新自由主义组织秩序的新统治，帝国就是以美国、北约、欧盟、日本等国家和超国家组织构成的新全球主权形式，越来越多的民族国家被加入到帝国中来；帝国内部国家间的矛盾冲突被化解、和解在其组织体系内部，帝国主义国家间的战争时代终结了；作为世界警察的美国在为规范的世界秩序做贡献，其干涉主义、单边主义、先发制人等国家政治军事行动都是在为世界做贡献，并不是为自身利益，更不是为其垄断资本集团的利益。哈特与奈格里的新帝国论采用马克思政治经济学批判与阶级分析方法，得出全球化新时代一些强大的资本主义民族国家结成联盟——帝国的一些新正确判断。但是，

---

①[美]哈特、[意]奈格里：《帝国——全球化的政治秩序》，杨建国、范一亭译，江苏人民出版社2005年版，第42页。

②[美]哈特、[意]奈格里：《帝国——全球化的政治秩序》，杨建国、范一亭译，江苏人民出版社2005年版，第369页。

他们的帝国论是站在少数帝国主义国家立场上，坚持西方中心论，屈服于新帝国主义联盟的暂时性强力，抽象幻想超帝国主义国家联盟力量秩序下的世界和平稳定，蜕变为美国霸权主义、全球垄断帝国主义同盟的新美化论者、新幻想论。他们非马列主义与马列主义混杂的新帝国主义论遭到新帝国主义论者阿瑞吉批评，阿瑞吉认为他们没有自觉警惕、完全剔除马列主义帝国主义论的批判分析方法及其话语。

其次，帝国新的生产方式是一种非物质性生产劳动的新霸权形式，即"生命政治劳动"（biopolitical labor）。哈特、奈格里把人类生产劳动方式历史地划分为农业劳动、工业劳动、非物质性劳动三种递进发展形式。即从19世纪到20世纪，工业劳动取代了农业劳动在生产中的主导地位，在全球经济中取得霸权地位；从20世纪90年代开始，非物质性劳动取代了工业劳动在生产中的主导地位，在全球经济中取得霸权地位。其所谓非物质性劳动，是指创造非物质性产品的劳动形式，如信息化的工业生产、创造性和象征性任务、感情的生产与控制、服务、文化产品、知识或交流等去中心化的网络式生产劳动。这种新霸权形式的劳动可称为"生命政治劳动"，是一种既创造物质商品又创造关系，并最终创造社会本身的劳动。

作为帝国新生产方式的非物质性生产劳动是建立在高度信息化基础上的。它有可能带来工作条件的改善与工作时间的弹性自由，促进生产信息的交流，增强社会生产劳动的协作，使劳动社会化程度急剧提升，也为劳动自治政治组织发展奠定了基础。同时，建筑在信息化基础上的，作为帝国新生产霸权形式的非物质性生产劳动及其社会生活也并非人们所想象的那样美好。它更倾向于将生产组织从装配线上的线性关系转变成发散形网络中的多头和不确定关系，使生产劳动时间与生活闲暇娱乐时间的界限日益模糊化，从而可能造成劳动时间延长，进而造成新的国际生产劳动分工，使全球某些非物质性生产形式的强势地区支配许多弱势工业和制造业生产的从属地区。结果是，"生产趋向网络模式的范式转移业已培养了超越于民族国家传统疆界之上的跨国公司的不断增长的力量"①。

这种帝国新的生产方式、新霸权形式，即新自由主义的世界市场与世界分工体系已在全球建立起来，支撑起生产全球化之网。帝国新生产方式不仅成为当代资本主义发展的主宰模式，而且造成社会主义经济现代化的各种方案失效，带来社会主义现代化观念的实际改变，甚至"完全照搬资本主义发展模式"，就是说社会主义国家的现代化是西方资本主义发展模式的"翻版"。进而，哈特与奈格里把社会主义国家的现代化发展理解为从经济到政治的民主化进程。由于经济全球化，社会主义国家现代化固有的平等民主追求，再加之社会主义国家现代化采用了资本主义发展模式，使得社会主义国家控制的集中化与权威化基础被逐渐拆毁，开始从"权威化和集中化的社会主义实践走向经济自我管理的实践"。就是说，"全球经济中的非物质生产的统治地位使得国家控制的旧范式变得无用了"②。对于社会主义现代化发展，哈特与奈格里还开出了所谓的"后社会主义方案"、西方普世民主方案，即当代社会主义要"继续发展一种全球民主的机制，而且还要牢固地形成全球民主的观念，这是一件极为艰苦的任务"③。

从对帝国的新生产方式、新霸权形式——非物质性生产方式的阐述中，可以看出哈特与奈格里在以新的概念话语形式对新自由主义主导的经济全球化，即不合理的国际经济秩序作出了新阐释论证及一定程度上的客观说明。但是，第一，他们并不是以此来揭露批判当代资本主义、帝国主义对世界经济的霸权及其不合理性不公正性，而是要以此证明这是信息时代全球化经济现代化发展的必然历史逻辑，具有合理性与公正性，正如帝

①[美]哈特、[意]奈格里：《帝国——全球化的政治秩序》，杨建国、范一亭译，江苏人民出版社2005年版，第295页。

②[意]奈格里：《超越帝国》，李琨、陆汉臻译，北京大学出版社2016年版，第144页。

③[美]哈特、[意]奈格里：《帝国主义与后社会主义政治》，2004年5月，哈特与奈格里在清华的演讲中文版。

国新国际政治霸权形式一样具有历史必然性。第二，他们要以非物质性生产劳动这一新霸权形式，即要以新自由主义的世界分工与世界市场这个时代新主宰来充分说明帝国对全球霸权统治的实质，信息技术、数字经济、资本权力、自由市场是帝国自由畅行世界之王，在国家与资本的辩证关系历史发展过程中，"国家已被击败而公司现在正统治着地球！"①。"我们可以将世界市场的模式作为理解帝国主权的模型。也许，正如福柯将圆形监狱视为现代权力的图式一样，世界市场也许可以作为帝国权力的图式来充分服务，即使它不是建筑而是真正的反建筑。"②对此主观抽象阐释，遭到来自新帝国主义论阵营内部的加拿大约克大学政治学教授利奥－帕尼奇和萨姆·金丁的激烈批判。他们批判哈特与奈格里只是抽象地谈论新的帝国，对当代实际存在的帝国并不清楚，没有同现实中美国的全球霸权联系起来。他们认为，理解帝国主义需要拓展资本主义国家理论，而不能从资本主义发展阶段理论和经济危机理论中直接推导出来。国家权力的状况在资本扩张中起了非常重要的作用。资本主义属于经济和生产关系的领域，帝国主义则已经跨入了国家和国家关系的领域。二战后的全球经济一体化并非简单地是资本自发运动的产物，而是在美国国家政权所建立的全球军事政治框架内，由美国国家政权所规划、所催生、所建构、所保护、所维系、所调控之下逐渐成长起来的一个全球资本主义经济体系。尽管美国人并不承认自己是帝国，也不喜欢不认为自己是现代帝国主义，不能正视国内的阶级矛盾、经济危机、种族矛盾，以及对世界各国的霸权所造成的矛盾冲突。但是，美国为了维持其所建立的全球资本主义秩序及其霸权地位，通过各种手段干涉他国内政，是当代帝国主义的最主要特点。③第三，错

①[美]哈特、[意]奈格里：《帝国——全球化的政治秩序》，杨建国、范一亭译，江苏人民出版社2005年版，第297页。

②Michael Hardt,Antonio Negri.Empire.Cambridge: Harvard University Press,2000,p.190.

③赵志君：《从古典帝国主义理论到新帝国主义理论》，吕薇洲编写，《国外理论动态》2008年第9期。

误地以为社会主义国家的现代化发展采用的是资本主义现代化发展模式，以及加入帝国全球资本主义世界市场与经济体系，不断克服其国家政治威权、集权控制的结果。因此，他们为社会主义国家现代化的进一步发展开出一套新自由主义经济全球化方案，即积极加入新帝国，即加入到当代美国主导的世界资本主义经济体系中。

最后，帝国的危机与终结：大众反抗的乌托邦。同帝国的产生一样，帝国的危机与灭亡也是历史的必然趋势。从黑格尔到马克思的历史辩证法都把世界历史的发展视为一个必然过程，帝国也是世界历史发展必然过程的一个环节，因此，"要抵抗帝国，唯一有效的方法就是在它自己的普世范围上，推动它自己提供的进程，直至这些进程超出它们自身的极限"①。即在现实层面上，任何一个现代民族国家都要自觉加入帝国新统治形式的大联合中来，以缩短所遭受的新奴役剥削之苦。哈特与奈格里不喜欢用灭亡一词送走帝国，他们更喜欢用"败落"一词来说明混合式帝国主权的形成与毁灭、生产与退化的流动性。他们说："界定着帝国的主权的概念不仅是危机，我们不妨称其为一场无处不在的危机，我们更喜爱称之为败落。……我们不能把帝国的败落视为偶然，而是视其为必然。或者，更准确地说，帝国要求一切关系都成为偶然。帝国的权力正是建立在对一切确定的本体关系的破坏和分裂之上。在本体的真空中，败落成为客观和必然。"②目前历史的发展正现实地处于帝国从经济到政治的新霸权形式的统治之下，近代西方资产阶级革命以来的自由解放理想何以实现？当代社会普罗大众心中一直畅行的自由、权利、民主等理想追求如何安置？在从严酷现实到美好理想之间的历史发展进程中，大众要以生命政治

①[美]哈特、[意]奈格里：《帝国——全球化的政治秩序》，杨建国、范一亭译，江苏人民出版社2005年版，"序言"第7页。

②[美]哈特、[意]奈格里：《帝国——全球化的政治秩序》，杨建国、范一亭译，江苏人民出版社2005年版，第203页。

的思想与行动来反抗帝国霸权的宰制，来获得渐进的自由、权利与民主，但绝不可企图阻止帝国前行的历史进程。这就是哈特与奈格里给大众开出的反抗乌托邦。

作为对后现代帝国的终结超越力量，只能是帝国操控下的大众。哈特与奈格里放大马克思和恩格斯的工人阶级与无产阶级概念，把帝国霸权之下被剥削和奴役的从事非物质性生产劳动的劳动者视为"大众"，帝国曾经的呼唤者、拥护者，同时也是帝国的反抗者、终结者、超越者。但不同于马克思、恩格斯所倡导的无产阶级推翻资产阶级统治的阶级斗争与社会革命，哈特与奈格里所谓大众的反抗类似于法兰克福学派所倡导的革命与大拒绝，是指大众争取生命的生活的经济政治权利，以改良的方式所进行的生命政治运动，决不是任何旨在推翻帝国统治的无产阶级革命暴动起义。他们认为，"大众将创造新的民主形式和新的宪政力量，它总有一天将带领我们穿越和超越帝国"①。作为新式的越来越非物质化的情感和智力劳动力，大众要完成创造新人类穿越帝国的重任，就要怀揣解放欲求与对立意志，在他们构筑起的新社区中展开新的自由解放运动。为使大众反抗帝国统治的自由民主斗争理论，即大众对资本帝国的抗争理论充满时代感，他们借鉴了法国后现代政治哲学家福柯的生命政治概念。把现代性社会的一切反抗运动都界定为生活政治、生命政治的运动，诸如女权的、保护动物的、环保的、罢工的、街头的示威游行运动等，都属于大众反抗帝国的生命政治运动范畴。他们高度肯定这种争取自由民主的生命政治运动，试图以这种渐渐改良的方式来反剥削、反殖民主义、反帝国主义，实现一个共有财富、秩序和谐、美好生活的新世界。至于帝国霸权的终结，好像是未知的自然历史终结，等待命中注定的帝国败落吧。

总之，哈特与奈格里的帝国论是以美国帝国主义为原型的新世界秩序

---

① [美]哈特、[意]奈格里：《帝国——全球化的政治秩序》，杨建国、范一亭译，江苏人民出版社2005年版，"序言"第5页。

与新全球观。自西欧思想启蒙运动、宗教改革运动及英美法三大革命运动等现代性开端事件以降，世界历史的观念开始在各民族国家的先进文化精神中酝酿。由一国特殊的地方性社会形态构造来推演超越各民族国家的整个世界组织秩序构造，这种由个别到一般、"由内推外"的普世思维方式，成为近现代西方政治哲学家族大同小异分析与建构国际关系的普遍根本方法。资本从对世界政府、世界秩序、永久和平的理论热望，从国联、联合国到各种全球性的非政府组织，都站在西方中心论的立场上，从理论到实践"唤起全球主义价值观""构造统一的全球市民社会""新的跨国民主"①。伴随资本、技术、劳动力、商品等在全球的快速加剧流动，金钱与权力在把全球各民族国家及其民众紧密串联起来的同时，也把各民族国家及其民众的隔阂分裂加剧起来，在对资本与技术、金钱与权力的全球角逐中，世界又以新的矛盾斗争方式处于新的春秋战国时代，再也不是攻城略地、争夺殖民地的传统与现代帝国主义方式。因为新的、后现代的帝国主义的更大梦想是控制统治全球，最大障碍是一国之力有限、"大帝国会亡于消化不良"。因此，迎合高举日益共同体化的所谓人道和平世界理想价值观，联合类似梦想的小帝国，以金元霸权撬动更大金融资本杠杆以控制世界市场，占领并控制世界科技制高点，以强大军事力量震慑控制全球，如此才能实现美国式的新帝国控制全世界的梦想。因此，帝国论是西方中心论的谱系学结论，也是资本逻辑控制下的主权概念的谱系学结论。这也就是当代美国的新帝国主义梦想。

此外，2002年初，新帝国主义论代表人物之一的英国首相顾问罗伯特·库珀在他主编的由英国外交政策中心出版的《世界秩序的重组："9·11"事件的长期影响》文集中发表了《论后现代国家》的文章，分析"9·11"事件的影响，全面阐述其"新帝国主义"的观点。2002年4月

---

① [美]哈特、[意]奈格里：《帝国——全球化的政治秩序》，杨建国、范一亭译，江苏人民出版社2005年版，第8页。

7日，他又在《观察家报》上发表了《我们为什么仍然需要帝国》一文，论述了冷战结束后人类重组新帝国的必要性和迫切性。正如当年的殖民帝国需要为殖民主义和侵略扩张寻找借口一样，"新帝国主义""美利坚帝国""新罗马帝国"等论调都是现代强权政治和新干涉主义的理论包装及舆论造势。2004年，西方世界出版施特凡·伯林格的《帝国主义理论——现实批判的历史基础》、弗兰克·德佩等的《新帝国主义》、莱奥·帕尼奇等的《全球资本主义与美帝国》三部关于帝国主义论的专著，都认为霍布森、希法亭、卢森堡、布哈林、列宁等"古典帝国主义论"过时了。奥地利学者撰文认为，古典帝国主义论"从理论到实践都大大低估了帝国主义"，"通过实施福特主义的方法建立了资本主义世界……内部政治关系的稳定性。因此，古典帝国主义理论的另一个基本前提，即消费不足论，至少被暂时搁置了"[①]；古典帝国主义论的继承者没有看到当代帝国主义已经变成了一个"军事—工业综合体"，其对经济政治文化的控制不断加强，世界反帝国主义的力量不容乐观。

综上所述，近50年来，西方世界的帝国主义论持续不断在展开。如20世纪70年代威廉·鲁滨逊效仿考茨基超帝国主义论，提出跨国资产阶级理论；意大利萨瓦多里在《卡尔·考茨基与1880至1938年的社会主义革命》一文中认为列宁对考茨基帝国主义论的批判绝对化了；英国经济学家布鲁尔在《马克思主义的帝国主义理论》一文中认为列宁的批判偏激等；21世纪出现后现代帝国主义论、新帝国论等。西方知识界在逐渐深化拓展对帝国主义的认识，也出现了一些新概念话语形式，在以不同理论方式批判资本主义与帝国主义，延续了马克思列宁主义的批判传统。同时，也出现了反对马克思列宁主义帝国主义论的概念话语，以某种理论方式支持帝国主义的思潮，一直存在着对帝国主义的幻想，甚至为帝国主义张目的思想理论。

---

①[奥]卡尔·翁格尔：《帝国主义理论》，刘建设编译，《马克思主义与现实》2006年第5期。

第三章　《资本论》革命思想理论问题的论争

革命性，是马克思和恩格斯历史唯物主义、社会政治哲学思想及整个马克思主义理论的本质特征与鲜明理论品格。1844—1895年，首先作为革命家、其次作为理论家的马克思和恩格斯，始终在为无产阶级及其政党组织——共产主义者同盟、国际工人协会、第二国际——的社会政治革命斗争与人类解放理想进行着实践和理论的探索。《资本论》这部"工人阶级的圣经"①，更是以全新科学的方式有力论证了无产阶级革命的历史合理性、必然性与策略，成为照耀20世纪以来世界无产阶级革命新历史航程的思想理论灯塔。与此同时，现代社会的电闪雷鸣、暗礁巨浪及其思想理论迷雾也一直在不断试图消解摧毁、围堵遮蔽与替换《资本论》的革命思想理论灯塔，进而打断、误导与阻碍世界无产阶级革命的新历史航程。从19世纪末至今，伴随自由竞争与垄断、战争与革命、和平与发展的时代变奏，尤其是现代资本主义社会与社会主义社会两大实体的不断消长，围绕《资本论》及其手稿中革命思想理论问题，国外理论界展开了持续的政治哲学论争。

一、第二国际内部的革命与改良之争

19世纪末至20世纪初，资本主义进一步加速从自由竞争向金融垄断帝国的现代化发展，国际工人运动的进一步发展也正面临着新形势新问题。第二国际内部以伯恩施坦与考茨基等为代表的德国社会民主党理论家先后思想"右转"，开始提出改良资本主义与世界和平的小资产阶级社会幻

_____

① 《马克思恩格斯文集》第五卷，人民出版社2009年版，第34页。

想，放弃并修正马克思主义的阶级斗争、无产阶级革命及世界革命的科学理论，逐渐蜕变为修正主义与机会主义。对此，以卢森堡、列宁等为代表的马克思主义理论家与之展开了持续的思想理论斗争，他们还坚持把马克思主义的革命理论与资本主义发展的实际、世界无产阶级革命斗争的实际紧密结合，进一步丰富了《资本论》、马克思主义的革命思想理论与策略。

1.对伯恩施坦修正主义改良思想的批判

（1）伯恩施坦的修正主义改良思想

从1896年10月到1899年，伯恩施坦接连在《新时代》杂志上发表《社会主义问题》系列文章，出版著作《社会主义的前提和社会民主党的任务》，提出改良资本主义、"和平长入社会主义"，公开反对、修正马克思主义的革命理论。他依据所谓资本主义"经济发展中的新材料"，认为马克思的劳动价值论、剩余价值论已经不符合变化了的资本主义现实，否定马克思资本积累与无产阶级贫困化的理论，更是极力反对阶级斗争和无产阶级的暴力革命。他提出"目的是微不足道的，运动就是一切"的荒谬论调，即他对"'社会主义的最终目的'非常缺乏爱好和兴趣。这个目的无论是什么，对我来说都是毫不足道的，运动就是一切，所谓运动，我指的既是社会的总运动，即社会进步，也是为促成这一进步而进行的政治和经济上的宣传和组织工作"①。

他认为，以股份公司为代表的生产组织形式的发展变化带来了资本主义社会的基本矛盾、两大阶级矛盾得到缓和与解决，股份公司的发展使得普通工人也可以拥有财富，资本发展趋势正在从集聚走向分散，而且"股份公司的形式对于通过企业集中而实现财产集中的趋势在很显著的程度上起着对抗作用"②。进而，卡特尔、托拉斯、信用制度与交通网络的发展也使得资本主义的发展更趋完善和稳定，它们作为一个整体可以有效抵御

①殷叙彝编：《伯恩施坦文选》，人民出版社2008年版，第68页。
②殷叙彝编：《伯恩施坦文选》，人民出版社2008年版，第186页。

来自各方面的冲击，资本主义制度具有巨大的"适应能力"，能够消除自身的经济及政治危机。而且，资本主义经济会自发、逐步、没有飞跃地"长入"社会主义。因此，革命的时代已经过去了，工人革命夺取政权实现社会主义革命已经丧失了必要性，工人阶级只需要进行合法的经济政治活动，即通过工会斗争和议会民主的方式逐步争取经济政治权利，资本主义就能和平地长入社会主义。他宣称："社会主义社会不是从混乱中产生的，而是由于工人在自由经济领域中的有组织的创造同战斗的民主制在国家和地方自治机构中的创造和成就相结合而产生的。"①与伯恩施坦观点一样，澳大利亚研究马克思主义的著名学者卡尔·任涅尔在其著作《资本主义经济理论》中也认为，"购买了股票的工人也就参与了社会生产资料的占有，从而将自然而然地实现'资本的民主化'，社会生产的'社会化'，革命也就变成多余的了"②。

为以改良思想修正马克思的阶级斗争与社会革命思想，伯恩施坦还在头脑中主观设定了两个马克思、二元论的马克思，即一个是在《共产党宣言》中充满浪漫幻想、为革命思想所俘虏的马克思，另一个是在《资本论》中清醒、试图以科学方式证明阶级斗争与社会革命幻想的马克思。伯恩施坦对《资本论》第一卷第24章第七节"资本主义积累的历史趋势"给出了修正主义的歪曲理解，试图说明马克思的革命思想是教条的革命幻想。他说："这一章是二元论的一个实例。二元论贯穿着马克思的整个巨著，而在其他地方则表现得不甚明显。这个二元论就是，这部著作应当是科学研究，同时应当证明在这部著作编写出来之前很久就已确定下来的一个命题，这个命题的基础是预先确定发展将要导致的结果的一个公式。回过头来看看《共产党宣言》，就会从这里发现在马克思体系中有空想主义

①殷叙彝编：《伯恩施坦文选》，人民出版社2008年版，第472页。
②[苏]伊利延科夫：《马克思〈资本论〉中抽象和具体的辩证法》，郭铁民等译，福建人民出版社1986年版，第142页。

的真正残余。马克思实质上接受了空想主义提出的决定，但认为他们的方法和证明是不适宜的。""归根结底仍然是教条的俘虏。"①

对于伯恩施坦改良与反革命的修正主义思想，第二国际"左派"卢森堡、"正统派"考茨基以及拉法格、普列汉诺夫等马克思主义理论家展开针锋相对的理论批判。

（2）卢森堡对伯恩施坦的修正主义改良思想的批判

率先站出来批判伯恩施坦修正主义改良思想的是卢森堡。她首先批判伯恩施坦"目的是微不足道的，运动就是一切"的错误观点，指出"为了运动而运动"是没有意义的，但对于马克思主义、无产阶级革命政党来说，夺取政权仍然是最终目的，最终目的仍然是斗争的灵魂，"没有比最终目的的问题更加实际的问题了"②。而且，作为手段与目的相统一的社会改良与社会革命之间存在着不可分割的辩证关系，"为了社会改良、为了在仍然是现存制度的基础上改善劳动人民的生活状况、为了各种民主制度而进行的日常的实际斗争，宁可说是引导无产阶级的阶级斗争、力求达到最终目的、达到掌握政权和废除雇佣制度的必经之路。社会民主党认为，社会改良和社会革命之间有不可分割的联系，因为，在它看来，为社会改良而斗争是手段，而社会革命是目的"③。进而，她批判伯恩施坦的改良主义思想，指出马克思主义的社会革命理论对于国际无产阶级运动意义重大。她说，对于社会民主党来说，伯恩施坦所理解的改良与革命问题，关乎"社会民主主义运动的存废问题"④。但是，像空想社会主义者

———————

① 转引自[德]伯恩施坦：《社会主义的前提和社会民主党的任务》，柏林1923年版，第244-245页。

② 中共中央马克思恩格斯列宁斯大林著作编译局国际共运史研究所编：《卢森堡文选》上卷，人民出版社1984年版，第41页。

③ [德]卢森堡：《社会改良还是社会革命》，徐坚译，生活·读书·新知三联书店1958年版，第1页。

④ 中共中央马克思恩格斯列宁斯大林著作编译局国际共运史研究所编：《卢森堡文选》上卷，人民出版社1984年版，第71页。

傅立叶的法伦斯泰尔一样荒谬，伯恩施坦没有看到"资本的利益，也就是社会改良的自然界限"①，不顾资本主义社会生产关系、政治关系发展的事实，试图依靠主观的改良、民主的仰望，来实现只有社会革命才能达成的目的。她批判指出："伯恩斯坦要把资本主义的苦难的海洋加进一瓶社会改良的柠檬汁就把它变成社会主义的甜蜜的海洋，这种想法不仅是更荒唐，其异想天开的程度也毫无逊色。资本主义社会的生产关系越来越走向社会主义，而它的政治关系和法律关系则相反，它们在资本主义社会和社会主义社会之间，筑起了越来越高的墙。这座墙靠社会改良和民主的发展是打不通的，相反，它只会因之更加牢固。要打垮这座墙，只有靠革命的锤击，即无产阶级夺取政权。"②

其次，批判伯恩施坦对科学社会主义经济科学基石的攻击，指出其政治经济学的庸俗无知。卢森堡坚持马克思主义透过经济问题进行政治分析的辩证思维方式，指出科学社会主义是奠定在马克思对资本主义经济批判分析的基础之上，即奠定在"资本主义经济的不断增长着的无政府状态，这使它的崩溃成为不可避免的后果"这一基石之上，而伯恩施坦对资本主义经济变化发展的评估与颂扬，则是要"拔掉"这一"科学社会主义的基石"③。伯恩施坦对信用制度、股份公司及垄断组织形式等资本主义经济变化发展的分析与肯定评价，只是被表面的、暂时的现象所迷惑的结果。他没有看到信用制度这一手段造成资本主义经济的"一切矛盾发展到极顶"，也没有看到股份公司以及资本主义国家参与等无法解决资本主义社会固有的基本矛盾。股份资本与工业信用资本只不过是资本主义所有权、

①[德]卢森堡：《社会改良还是社会革命》，徐坚译，生活·读书·新知三联书店1958年版，第19页。

②[德]卢森堡：《社会改良还是社会革命》，徐坚译，生活·读书·新知三联书店1958年版，第27页。

③[德]卢森堡：《社会改良还是社会革命》，徐坚译，生活·读书·新知三联书店1958年版，第4页。

私人占有制的矛盾这一极不断加强扩大，无产阶级贫困的矛盾另一极也在不断累积扩大，根本不存在无产阶级状况的改变以及阶级矛盾等的缓和。"总而言之，信用把资本主义世界的一切主要矛盾复制出来，推动它们达到极端，加速了它走向自己的灭亡（崩溃）的过程。"①至于伯恩施坦所说的资本主义的"适应论"，则被1900年、1907年的普遍剧烈性经济政治危机彻底粉碎。"六十年代和七十年代的马克思和恩格斯，把现代资本主义工业的周期定为十年一期，这是简单地陈述事实，这个事实并非依据什么自然规律，它所依据的，是同年青资本主义的作用范围的跳跃式扩展联系着的一系列明确的历史情况。"②卢森堡还批判伯恩施坦把马克思劳动价值论视为一种纯粹抽象的错误观点，她指出，伯恩施坦与庞巴维克、金蓬斯等奥地利学派的庸俗政治经济学一样"思想贫乏"，所讲的都是一种抽象想象的主观效用论，"马克思的魔钥是什么呢？……就是把资本主义经济当作一个历史现象来理解，并且不仅是往后看，象古典派经济学在最好的情况下也懂得的那样，而且还往前看，不仅看到封建经济的过去，并且特别是也看到社会主义的未来"③。

再次，坚持"两个必然"与历史唯物主义的科学思想，尖锐批判伯恩施坦错误思想的本质。卢森堡指出，伯恩施坦的修正主义改良思想"不仅否定了资本主义灭亡的一定形式，而且也否定了资本主义灭亡本身"，"资本主义制度本身将由于自身的矛盾使时机成熟起来，那时它将崩溃，它将不可能存在"④。她高度评价马克思主义政治经济学、历史唯物主义

---

① [德]卢森堡：《社会改良还是社会革命》，徐坚译，生活·读书·新知三联书店1958年版，第9页。

② [德]卢森堡：《社会改良还是社会革命》，徐坚译，生活·读书·新知三联书店1958年版，第12页。

③ [德]卢森堡：《社会改良还是社会革命》，徐坚译，生活·读书·新知三联书店1958年版，第40页。

④ 中共中央马克思恩格斯列宁斯大林著作编译局国际共运史研究所编：《卢森堡文选》上卷，人民出版社1984年版，第76页。

的伟大科学发现对人类历史发展的贡献，指出"无产者的阶级斗争在发展过程中所获得的最大成就，就是在资本主义社会的经济关系中发现了实现社会主义的出发点。由于这个发现，社会主义就从几千年来人类所梦想的'理想'，变成了历史的必然"①。

最后，卢森堡批判伯恩施坦把马克思分解为"二元论"的诘难。她指出马克思"用历史的观点去观察资本主义经济"，这种"二元论"无非是资本主义与社会主义、资产阶级和无产阶级、资本与劳动的二元论，即资本主义阶级矛盾对立在科学上的反映，"当伯恩斯坦把马克思的这个理论上的二元论看成空想主义的一种残余的时候，那末这不过是一张坦白的供状，说明他否认资本主义社会中历史上存在着的二元论，否认资本主义的阶级对立，说明社会主义本身对他已经变成'空想主义的残余'"②。

卢森堡对伯恩施坦修正主义改良思想的批判及时有力，捍卫了马克思主义的经济科学、历史唯物主义，以及奠定在此基础上的阶级斗争与社会革命理论及科学社会主义。作为德国社会民主党左派激进的革命家与理论家，她对马克思主义社会革命理论的理解是深刻而独到的，因为，"直到马克思主义，才第一次建立了政治、经济间的正确关系"③，才使社会主义变为革命的、科学的理论。卢森堡带动了第二国际理论家对伯恩施坦修正主义改良思想及机会主义的批判，使这场论争发生了持久的影响。改良还是革命，这依然是一个当代问题。20世纪30年代，美国实用主义的马克思主义学者胡克认为，"正是罗莎·卢森堡，从辩证的马克思主义的立场出发，对修正主义发出历史上值得纪念的攻击"④。阿伦特试图抱着客观

①[德]卢森堡：《社会改良还是社会革命》，徐坚译，生活·读书·新知三联书店1958年版，第35页。
②[德]卢森堡：《社会改良还是社会革命》，徐坚译，生活·读书·新知三联书店1958年版，第42页。
③[德]卢森堡：《狱中书简》，傅惟慈等译，花城出版社2007年版，第256页。
④[美]胡克：《对卡尔·马克思的理解》，徐崇温译，重庆出版社1989年版，第29页。

态度，实则是从右边——自由主义的立场观点评价卢森堡，她把卢森堡看作一个追求抽象自由、公正的"书呆子"，绝非是一个"正统的马克思主义者"。阿伦特站在自由主义立场上、非客观地评价卢森堡与伯恩施坦关于改良与革命的论争，她认为卢森堡对伯恩施坦的批判属于"违心"作出，而伯恩施坦所说的许多是"实情"，伯恩施坦的"论述中充满了'与现实的一致'。他指出'社会财富的剧增并不伴随着大资本家数量的减少而是增多'，同时也并没有出现'富裕阶层的减少和加剧穷人的痛苦'，他认为'现代无产者的确贫穷但还不至于贫困潦倒'，而马克思的那个口号'无产阶级没有祖国'也并非真确。普选权给了人们政治权利，工会赋予他在社会中的一个位置"①。

（3）考茨基对伯恩施坦的修正主义改良思想的批判

依据资本主义社会具体翔实的统计材料，此时站在马克思主义立场观点上的考茨基，在1902年《社会革命》、1909年《取得政权的道路》等著作中批判伯恩施坦修正主义改良思想。首先，批驳伯恩施坦所说的阶级矛盾缓和、社会革命不再有必要的夸夸其谈与胡言乱语。考茨基认为无产阶级与资产阶级矛盾加剧问题的根本在于"剥削日益加剧的问题"，"谁对无产阶级遭受日益加剧的剥削这一事实提出异议，谁就首先必须对马克思的《资本论》提出反驳"②。考茨基用确凿的经济学统计数字证明：1893年至1903年十年里，同1860—1891年期间一样，剩余价值比工资增长得快，利润和工资之间的矛盾显著发展着，资本家对工人的剥削日益加剧；③从1890年至1907年，工人的名义工资略有提高，但工人的实际工资却是在下降，工人的实际生活状况并没有改善④。就是说，尽管《资本

---

①[美]阿伦特：《罗莎·卢森堡（1871—1919）》，载[德]卢森堡：《狱中书简》，傅惟慈等译，花城出版社2007年版，第318页。

②王学东编：《考茨基文选》，人民出版社2008年版，第111页。

③王学东编：《考茨基文选》，人民出版社2008年版，第116-117页。

④王学东编：《考茨基文选》，人民出版社2008年版，第268页。

论》写成以来资本主义世界的情况发生了变化，但无论是在农业、工业、金融业等资本主义经济生产领域，还是在政治与精神文化上，资本与劳动的矛盾、各国无产阶级与资产阶级的矛盾非但没有缓和，而且都在日益不断加剧、尖锐化。进而，作为阶级矛盾斗争尖锐化结果的社会革命是不可避免的，是资本主义经济内在矛盾发展的必然趋势与结果。

其次，批判伯恩施坦通过议会民主与社会改良取消革命的错误主张。考茨基批驳伯恩施坦试图通过社会民主党进入议会、实行民主与社会改革、以劳工法限制资本权力、使大垄断企业国有化等改良举措，以及"使资本主义社会逐渐和平长入社会主义社会"的空想，指出"民主制作为一种使无产阶级成熟起来以适应社会革命的手段，是必不可缺的""资本主义关系一天不消灭，两个阶级之间的斗争就不会也不可能结束。要在资本主义生产方式下求得社会和平，那只是一种空想，这种空想是根据知识分子的实际需要产生的，在现实生活中根本没有实现它的任何基础。资本主义逐步长入社会主义，这同样也是一种空想"[1]。在1909年《取得政权的道路》一书中，考茨基还批判伯恩施坦所宣扬的可以通过资本主义经济发展成就，即通过保护劳动、工会和合作社的法律，不知不觉地剥夺资本家阶级，而无需社会革命和改变国家政权本质的空想，指出"这种从经济上长入未来国家的理论，不过是反政治的空想主义和蒲鲁东主义的旧词新唱而已"[2]。

最后，批驳伯恩施坦等以二元论对马克思主义理论的割裂，强调经济发展与革命意志的统一。考茨基认为，为从理论上消解社会革命、倡导社会改良，修正主义者伯恩施坦和当时的自由主义者、无政府主义者一致认为马克思理论本身存在着"理论和实践之间的不可克服的矛盾"。在伯恩施坦二元论视野中，马克思"作为一个思想家，不承认自由意志，而完全

①王学东编：《考茨基文选》，人民出版社2008年版，第139页。
②王学东编：《考茨基文选》，人民出版社2008年版，第201页。

信赖作为自动化过程的必然经济发展；但是他作为一个革命战士，又总是表现出最高度的意志，并且寄希望于无产阶级的积极性"①。与之相对，考茨基坚持马克思主义的阶级斗争与社会革命理论，反对伯恩施坦的社会改良思潮，强调社会革命是资本主义客观经济发展与无产阶级革命主观意志相统一的必然结果。他说，实现无产阶级统治的社会革命是"按照经济事实的逻辑而发展出来的"，"在实现社会主义的经济前提和心理前提都未充分准备之前，不可能出现无产阶级的统治，因而也不可能出现社会革命"②。同时，他还把帝国主义战争视为"一种革命的必要前提条件"，反对把革命看得过于迫近的"左"倾冒进思想，认为无产阶级社会革命的主客观前提条件需要在资本主义社会内部慢慢成熟起来。因此，伯恩施坦的"和平长入社会主义"只有被理解为"阶级矛盾不断尖锐化和长入伟大阶级决战"③，即长入社会革命时代，才符合不断变化发展的资本主义实际状况，才符合整个马克思主义的阶级斗争与社会革命理论本意。

此外，法国马克思主义者拉法格与俄国马克思主义者普列汉诺夫也批判了伯恩施坦改良主义的错误思想观点。拉法格批驳伯恩施坦关于垄断可以消除经济危机的谬论，指出垄断没有消除经济危机，反而加深加重了经济危机，还引起了阶级矛盾与民族矛盾的扩大与尖锐。因此，在资本主义制度界限内的改良是解决不了这些矛盾的，只有实行无产阶级革命、社会主义革命才能彻底解决矛盾与危机。普列汉诺夫通过对马克思和恩格斯关于暴力革命观点的历史发展过程考察，对伯恩施坦妄图歪曲证明恩格斯晚年已经放弃了关于暴力革命的观点是错误的，捍卫马克思和恩格斯关于暴力革命是无产阶级争取解放道路的理论。普列汉诺夫指出，晚年恩格斯对暴力革命、公开起义和无产阶级解放斗争问题已相当地改变了原有的认

---

① 王学东编：《考茨基文选》，人民出版社2008年版，第219页。
② 王学东编：《考茨基文选》，人民出版社2008年版，第193、195页。
③ 王学东编：《考茨基文选》，人民出版社2008年版，第216页。

识，提出了一定形势下合法的方法可以获胜，但没有放弃暴力革命的观点。无产阶级及其政党的根本目的就是通过无产阶级革命，建立无产阶级专政，因此，只有那些"完全丧失了'最终目的'的任何概念，而只想着资产阶级社会主义方面的'运动'的人，才会认为工人们指出建立工人阶级专政的必要性是一句空话"①。

2.对考茨基革命教条主义错误思想的批判

（1）考茨基革命教条主义的错误思想

从20世纪初至第一次世界大战期间，以考茨基为代表的第二国际"正统派"教条主义地理解马克思主义的革命理论，以无产阶级革命的客观条件及主观条件不具备、无产阶级不成熟为借口，反对无产阶级革命运动，尤其反对俄国布尔什维克领导的十月革命，逐渐蜕变为机会主义者。"中间派"考茨基的机会主义思想，与伯恩施坦的修正主义改良思想、普列汉诺夫的社会沙文主义思想逐渐合流，造成第二国际内部指导思想的混乱与分裂，严重影响了俄国及国际无产阶级革命运动的发展。以列宁与卢森堡为代表的第二国际左派理论家坚持把马克思主义的革命思想与国际工人运动相结合，创造性提出利用资本主义发展不平衡规律，在资产阶级民主革命基础上进行无产阶级革命的理论，以及相对落后国家进行无产阶级革命与无产阶级专政的理论。

考茨基曾在阐释、传播与捍卫马克思主义理论方面作出过贡献，也曾以马克思主义的革命理论批判过伯恩施坦修正主义改良思想，但在第一次世界大战、俄国十月革命期间却右转蜕变成机会主义者，在政治上成了十月革命的反对者、无产阶级革命的"叛徒"。从思想理论根源来说，考茨基没有把马克思主义社会革命的理论原则与无产阶级革命运动的实际具体地、历史地紧密结合起来。也就是说，这是考茨基教条主义地理解马克思

---

①《普列汉诺夫哲学著作选集》第二卷，曹葆华译，生活·读书·新知三联书店1961年版，第561—562页。

主义的结果，是其从科学主义、实证主义立场出发理解马克思主义社会革命理论的结果，更是其对马克思主义社会革命理论原则理解不彻底的结果。

就对马克思主义革命理论的一般性理解来说，考茨基的言说似乎并无不妥之处。他在言辞上坚持无产阶级革命的客观与主观条件辩证论，反对主观臆造的革命论，也反对"在改变了的条件下，革命已经根本不可指望；革命是不需要的甚至是有害的"①革命悲观论；认为无产阶级革命与资产阶级革命的斗争策略不同，无产阶级革命斗争应在资本主义新科技武器等条件下采取新形式，不能把暴力革命与和平变革方式绝对化，那种"没有暴力行动就不可能有革命""在任何革命中过去总是如此，而且今后将永远如此"的观点是荒谬的绝对化论②，"我既不是不惜任何代价的合法性的拥护者，同样也不是不惜任何代价的革命者。我们知道，历史形势不能按照自己的意思来任意创造，我们的策略必须以历史形势为依据"③。各国无产阶级夺取政权的道路因其国情不同而不同，"究竟应该采取改良主义的方式还是革命的方式，并不决定于我们的思想方法，而只是当我们从国家、社会及现存的阶级关系的特定情势的立场来观察我们的策略时，才具有实际的意义，而这种特定情势是不能由我们主观地决定的。这就是决定我们在行动上采取民主方法还是革命方法的东西"④。

但是，再深入具体展开并分析考茨基关于无产阶级革命的一般性言论，尤其是其批判俄国十月革命的言论，就暴露出其之前对伯恩施坦修正主义改良思想批判的妥协性、不彻底性，其无产阶级革命理论是打着科学

---

① 中共中央马克思恩格斯列宁斯大林著作编译局资料室编：《考茨基言论》，生活·读书·新知三联书店1966年版，第100页。

② [德]考茨基：《社会民主主义对抗共产主义》，李石秦译，生活·读书·新知三联书店1963年版，第76页。

③ 王学东编：《考茨基文选》，人民出版社2008年版，第243页。

④ 中共中央马克思恩格斯列宁斯大林著作编译局资料室编：《考茨基言论》，生活·读书·新知三联书店1966年版，第76页。

旗号的教条主义、实证主义与机会主义。

首先，考茨基把马克思和恩格斯关于无产阶级革命的客观及主观条件的论述实证化、绝对化、教条化，成为一种革命"宿命论"，即一种没有了无产阶级革命能动性的经济技术决定论、机械决定论。他把马克思和恩格斯早年曾预想的无产阶级革命在发达资本主义国家同时发生的话语实证化、教条化，特别强调无产阶级革命是建立在科学论证基础上的"不可避免性""宿命"。由现代资本主义大企业发展造成的实现社会主义的意志、无产阶级革命的物质可能性，由经济发展而来的数量足够、不断壮大的无产阶级队伍，无产阶级保持和运用上述条件的能力，以及无产阶级的民主训练与成熟，这些因素就是考茨基所主张的无产阶级革命必不可少的科学条件。

以此观之，在工业不发达、经济相对落后、农民居多数、无产阶级不成熟的俄国，列宁领导布尔什维克所发动的十月革命的客观与主观条件不具备、不成熟，是不符合马克思主义社会革命理论的，苏联社会主义建设也注定是要失败的。因此，他有限地肯定俄国十月革命的历史意义，将其视为比巴黎公社更为重大得多的无产阶级的"重大的、光辉的事件"，在人类历史上第一次使一个社会主义政党成为一个巨大国家的统治者；同时，他把十月革命定性为"最后一次资产阶级革命，而不是第一次社会主义革命"。他更是坚决反对俄国十月革命及其新生苏维埃革命政权，他说，"一旦我在某种程度上看清楚俄国自1917年十月革命以来所发生的情况，我立即认为自己有义务出来反对它，不仅反对那种认为像俄国这样一个落后的国家能够在社会主义道路上超过工业的西方这一信念，而且也反对这种妄想：可以用几次强暴的打击把社会主义建设起来，而且是由一个享有特权的少数派在同人民大多数相对抗的情况下来建设社会主义"①。

①[德]考茨基：《一个马克思主义者的成长》，叶至译，生活·读书·新知三联书店1973年版，第31页。

"那种指望在目前的俄国农业基础上能建立社会主义经济的想法是一种幻想。"①因此，俄国十月革命是违背马克思主义、人为制造的革命，还错误而大胆地"号召全欧洲的无产者起来斗争"，不仅严重背离了马克思主义社会革命理论的原则，即"革命是不能被制造出来的，革命是从条件中产生的"，而且会使无产阶级面临两难的选择，即"不是革命，就是破产"，进而把无产阶级"引入一条死胡同"②。

其次，现代发达资本主义国家民主制的发展决定了暴力革命不可能，因此决定了无产阶级及其政党要以民主、和平的渐进方式进入社会主义。考茨基认为，资产阶级民主制给无产阶级革命创造了新形式，"民主制使得这种革命有可能成为和平的、不流血的和没有暴力行为的"③。而且，他把可能性变成绝对现实性，把民主主义者与革命主义者视为同一性的概念，否定在所谓资产阶级民主制度的国家里宣传暴力革命，"在已经达成民主制度的国家内，仍然必须宣传用暴力来推翻政府，就未免滑稽可笑了"④。"一个国家一方面愈是资本主义化，另一方面又愈是民主，那么它就愈接近社会主义。"⑤可见，考茨基为发达资本主义国家的民主制假象所迷惑，幻想可以直接在资本主义民主制基础上和平地自动地迎来社会主义，进而使其所主张的暴力革命思想进一步在其理论内部消解为文字中的寂静改良口号，为伯恩施坦的民主社会主义思想打开了理论便门。

以此抽象一般民主理论为依据，考茨基提出一个一般说来正确的有思想内涵的政治理论口号："没有民主，就没有社会主义。"⑥"民主是一

①王学东编：《考茨基文选》，人民出版社2008年版，第385页。
②王学东编：《考茨基文选》，人民出版社2008年版，第357页。
③中共中央马克思恩格斯列宁斯大林著作编译局资料室编：《考茨基言论》，生活·读书·新知三联书店1966年版，第356页。
④王学东编：《考茨基文选》，人民出版社2008年版，第464页。
⑤王学东编：《考茨基文选》，人民出版社2008年版，第374页。
⑥王学东编：《考茨基文选》，人民出版社2008年版，第326页。

条最短、最可靠、最少牺牲的通向社会主义之路，正如它是发展社会主义的政治前提和社会前提的最好的工具一样。"①进而，他攻击俄国十月革命建立的无产阶级专政的苏维埃国家政权没有获得人民大多数的信赖和支持，是无产阶级内布尔什维克的一党专政、落后农民专政的独裁专制，是社会主义的反面，严重缺乏民主与群众性，结果导致内战与被推翻的危险。究其根本原因，在于十月革命是在缺乏发达资产阶级经济及其民主制条件下的农民占绝大多数的落后沙皇俄国发动的。因此，布尔什维克为维护政权统治而实行"军事共产主义"，用暴力强制和恐怖专制来代替民主，会遭到人民群众对布尔什维克的强烈反对。由于忘记了马克思在《资本论》初版序言中的教导，布尔什维克"所宣扬和实行的无产阶级专政无非就是一种想要超越或者用法令来取消那些自然的发展阶段的大规模试验而已"，试图使社会主义"缩短和减轻分娩的痛苦"，这就如同一个怀孕的妇女，"她疯狂万分地猛跳，为了把她无法忍受的怀孕期缩短并引起早产。这样生下来的孩子，通常是活不成的"②。

最后，考茨基把马克思的《资本论》曲解为摇摆在改良与革命之间的"中派"立场。为证明自己在无产阶级革命问题上所持的立场的客观性、科学性，摇摆在伯恩施坦与卢森堡之间的"中派分子"考茨基，在《帝国主义战争》一文中歪曲解读马克思的《资本论》。在他看来，马克思在《资本论》中一方面"针对那些对议会制度和法律上的劳动保护唯恐重视得不够的人说明了争取标准劳动日斗争的全部意义"，另一方面"清楚地指出了在工业资本主义范围内任何工业劳动保护所受到的限制，指出了尽管进行种种改良，阶级斗争仍旧必然日益加剧，这种斗争的出路是剥夺剥夺者"。所以，"马克思就这样在《资本论》中表现为一个地道的'中派

---

①王学东编：《考茨基文选》，人民出版社2008年版，第466页。
②王学东编：《考茨基文选》，人民出版社2008年版，第375-376页。

分子'"①。

（2）卢森堡对考茨基革命教条主义错误思想的批判

考茨基反十月革命的错误言论，立即遭到第二国际左派、真正的国际主义者，如"齐美尔瓦尔德左派""斯巴达克派"的李卜克内西与卢森堡等的激烈批判。首先，卢森堡具体分析了俄国十月革命期间的客观形势与无产阶级状况，指出十月革命是基于俄国革命内部条件"已经完全成熟"②的必然结果，并非考茨基所谓"早产"的结果。1917年12月11日后，她在致罗森鲍姆的信中说："无论如何，夺权的开始，已经给了我们的社会民主党和整个昏聩的国际劈头一拳！除了用统计数据来证明，俄国的社会条件还不成熟，不能实行无产阶级专政以外，考茨基显然狗屁不懂！好一个独立社会党的尊贵'理论家'！他居然忘了，从统计数字上来说，在1789年至1793年的法国，资产阶级夺权的条件更不成熟。……幸运的是，历史不是按照考茨基的理论推断来发展的。"③考茨基的"早产"论是对马克思主义社会革命理论进行教条式理解的典型表现，说明其试图"使德国无产阶级摆脱对俄国革命命运的责任、否认这一革命的国际关联的倾向"。十月革命充分证明布尔什维克勇于担负国际主义义务，"这正是他们的政治远见、他们的原则坚定性、他们的政策的魄力的光辉证明"④。

其次，卢森堡热情讴歌列宁与布尔什维克党人所领导的十月革命的伟大历史功绩。1917年4月，卢森堡在狱中就对俄国民主革命的进一步向前推进发展满怀期待，更加期待俄国无产阶级革命能创造人类解放的崭新美

---

① 王学东编：《考茨基文选》，人民出版社2008年版，第314页。
② 中共中央马克思恩格斯列宁斯大林著作编译局国际共运史研究室编：《国际共运史研究资料·增刊》（卢森堡专辑），人民出版社1981年版，第60页。
③ [德]卢森堡：《狱中书简》，傅惟慈等译，花城出版社2007年版，第250页。
④ 中共中央马克思恩格斯列宁斯大林著作编译局国际共运史研究室编：《国际共运史研究资料·增刊》（卢森堡专辑），人民出版社1981年版，第61页。

好未来。她在致罗森鲍姆的信中说："俄国发生的奇迹，对我来说，好比救命良药。……在那边取得胜利的，是我们的事业。它必须，也必将成为解放全世界的楷模；它必须成为照亮整个欧洲的一座灯塔。我绝对坚信，一个新纪元已经开始，战争将不会永远持续。"①十月革命爆发后，卢森堡高度评价列宁领导的布尔什维克党是"唯一真正实行社会主义政策的党""唯一理解一个真正革命党的使命和职责的党"。②布尔什维克党懂得革命的"真正辩证法"，挽救了俄国革命和国际社会主义的荣誉。真正的革命辩证法是与考茨基"议会育儿室"所揭示的"平庸真理"恰恰相反，"不是通过多数才能实行革命策略，而是通过革命策略达到多数"③。

最后，卢森堡批判考茨基对布尔什维克实行无产阶级专政的诘难，为苏维埃无产阶级专政与民主的国家政权的合理性合法性而论证。她批判考茨基抽象一般地谈民主问题，指出民主的阶级性，并没有超阶级的抽象民主；民主与专政并非截然对立而存在，"无产阶级专政就是社会主义意义上的民主"④，无产阶级革命专政是实现真正民主的必然要求，而且要以社会主义革命法制的方式来保障真正民主的实现。总之，就帝国主义时代的无产阶级革命问题，卢森堡与第二国际修正主义者、正统派进行了不懈的理论斗争，捍卫了马克思主义的革命理论。当代比利时著名马克思主义理论家曼德尔曾高度评价卢森堡的贡献，他说："总的说来，当代革命的马克思主义亏欠罗莎·卢森堡一笔巨债。卢森堡是第一个规定并开始解决

---

① [德]卢森堡：《狱中书简》，傅惟慈等译，花城出版社2007年版，第129页。

② 中共中央马克思恩格斯列宁斯大林著作编译局国际共运史研究室：《国际共运史研究资料·增刊》（卢森堡专辑），人民出版社1981年版，第66、68页。

③ 中共中央马克思恩格斯列宁斯大林著作编译局国际共运史研究室：《国际共运史研究资料·增刊》（卢森堡专辑），人民出版社1981年版，第68页。

④ 中共中央马克思恩格斯列宁斯大林著作编译局国际共运史研究室：《国际共运史研究资料·增刊》（卢森堡专辑），人民出版社1981年版，第112页。

革命马克思主义战略策略核心问题的马克思主义者，仅此一点，便可确保无产阶级革命在帝国主义的中心地带取得胜利。"[①]

（3）列宁对考茨基革命教条主义错误思想的批判

伟大的无产阶级革命家与理论家列宁更是根据俄国二月革命后革命形势与实践的具体发展情况，总览资本主义从自由竞争到垄断帝国主义发展的时代趋势，具体分析帝国主义战争及俄国革命实际，熟稔《资本论》的思想精髓，运用马克思主义的阶级斗争与社会革命、国家与无产阶级专政理论，把握历史发展机遇，把无产阶级政党的革命原则与策略灵活精准结合起来，直接领导布尔什维克取得俄国十月革命的伟大胜利，并成功捍卫了苏维埃新生革命政权。在十月革命的伟大实践中，列宁吸收卢森堡等的革命思想，批判以考茨基为代表的右倾机会主义，以及以普列汉诺夫为代表的社会沙文主义，丰富发展了马克思主义关于无产阶级革命、无产阶级专政、民主与国家理论。

在学习、研究与传播马克思主义理论以及领导俄国无产阶级革命的过程中，列宁特别注重把马克思主义理论与俄国革命实践紧密结合。早在1905年，列宁就撰写《社会民主党在民主革命中两种策略》一文，阐发革命策略、武装斗争、无产阶级领导权、无产阶级革命同盟军、民主革命与社会主义革命、党的建设等无产阶级政党在资产阶级民主革命中一系列基本观点，批判伯恩施坦修正主义在俄国的变种及孟什维克的错误思想政治主张，丰富发展了马克思主义关于民主革命、无产阶级革命与无产阶级专政的理论策略。

第一次世界大战爆发后，列宁通过对帝国主义及其战争的批判研究，发现经济和政治发展的不平衡是资本主义的绝对规律，得出社会主义革命可能在一个或几个国家内获得胜利的科学判断，发出变帝国主义战争为国

---

① [比]曼德尔：《革命的马克思主义与20世纪社会现实》，颜岩译，中国人民大学出版社2016年版，第35页。

内革命战争的号召，并回国直接领导俄国无产阶级革命。1917年俄国二月革命后，列宁制定《无产阶级在我国革命中的任务》（《四月提纲》），提出资产阶级民主革命已经完成，要在此基础上继续进行革命，并制定了民主革命向社会主义革命转变的方针任务。列宁也注意到俄国无产阶级发展状况还不能完全适应新的革命形势，"俄国无产阶级的人数较少，觉悟和组织程度不够"[①]，对资产阶级还抱有幻想，没充分认识到自己的历史使命。因此，列宁提出，要积极以马克思主义理论宣传武装群众，组织训练无产阶级与觉悟的党员，做好"最实际的革命工作"[②]。

与此同时，考茨基、伯恩施坦及普列汉诺夫等小资产阶级机会主义的社会民主主义思想对俄国无产阶级革命的理论攻击，对布尔什维克党产生了消极影响。因此，列宁依据马克思和恩格斯的社会革命与无产阶级专政理论，结合国内外形势，以及俄国无产阶级革命及新生政权稳固发展的实际，对他们的错误思想主张展开政治理论批判，阐发了无产阶级革命、专政、民主与国家理论。

首先，列宁指明了考茨基从坚持到背叛无产阶级革命理论的蜕变过程。列宁肯定了考茨基在第一次世界大战前能够坚持无产阶级革命理论。1899年，考茨基能够坚持革命观点批判伯恩施坦修正主义改良思想；1902年，考茨基在《社会革命》一书中提出无产阶级革命是不可避免的；1909年，考茨基所撰写的《取得政权的道路》一书，是其最后的最好的反机会主义的著作，书中指出阶级矛盾的尖锐化，认为帝国主义在这方面起着巨大作用，"无产阶级已经不能再说革命为时过早了""我们已经进入革命时期""革命的纪元开始了"[③]。但是，列宁认为，自第一次世界大战爆发后，第二国际中间派考茨基的革命立场向后倒退，直至背叛革命。与

---

①《列宁选集》第三卷，人民出版社1995年版，第42页。
②《列宁选集》第三卷，人民出版社1995年版，第43页。
③《列宁选集》第三卷，人民出版社1995年版，第211页。

"左翼激进"派潘涅库克的论战表明，他开始"无原则地摇摆于马克思主义和机会主义之间"①。最终，考茨基开始反对无产阶级暴力革命，站在机会主义立场上庸俗化马克思主义的革命理论，已蜕变成"庸俗自由主义者""最害怕被压迫阶级的革命暴力""他也就在对马克思的思想作自由主义的歪曲方面打破了世界纪录。叛徒伯恩施坦同叛徒考茨基比较起来，简直就是小巫见大巫了"②。

其次，列宁运用马克思和恩格斯的暴力革命思想，批判考茨基对马克思主义所作出的机会主义曲解。列宁在《国家与革命》一文中高度肯定马克思在《资本论》第一卷中所提出的"暴力是每一个孕育着新社会的旧社会的助产婆"③的思想，高度评价恩格斯在《反杜林论》中"从历史上对于暴力革命的作用所作的评述变成了对暴力革命的真正的颂扬"④的论述资产阶级专政的暴力国家机器是不会自行消亡的，只有通过无产阶级暴力革命这一主要的基本形式，打碎资产阶级专政的旧国家机器，才能建立无产阶级专政的新国家机器。因此，无产阶级暴力革命学说是马克思主义学说的原则与基础，"革命无疑是天下最权威的东西"⑤。伯恩施坦曲解马克思关于无产阶级不能简单地运用资产阶级国家机器来达到自己目的的思想精髓，把马克思总结巴黎公社用暴力革命打碎资产阶级旧国家机器的经验歪曲为"告诫工人阶级不要在夺取政权时采取过激的革命手段"⑥。在批驳伯恩施坦机会主义改良思想同时，考茨基在暴力革命问题上向机会主义作出了让步，"把关于无产阶级革命的任务的一切根本问题都'十分放心地留待将来去解决'。……在马克思和考茨基之间，在他们对无产阶级

①《列宁选集》第三卷，人民出版社1995年版，第212页。
②《列宁选集》第三卷，人民出版社1995年版，第600页。
③《马克思恩格斯选集》第二卷，人民出版社2012年版，第296页。
④《列宁选集》第三卷，人民出版社1995年版，第126页。
⑤《列宁选集》第三卷，人民出版社1995年版，第165页。
⑥《列宁选集》第三卷，人民出版社1995年版，第207页。

政党组织工人阶级进行革命准备这一任务所持的态度上，存在着一条不可逾越的鸿沟"①。"这真是最纯粹最庸俗的机会主义，是口头上承认革命而实际上背弃革命。……一切都没有超出资产阶级议会制共和国的框子。"②因此，列宁号召有觉悟的无产阶级及其政党要同考茨基、伯恩施坦等机会主义者决裂，积极准备以暴力手段推翻资产阶级国家政权的革命斗争，既要忠于马克思主义的革命思想，又要讲究无产阶级暴力革命的武装斗争策略，并在1917年9月《马克思主义和起义》一文中提出"必须像对待艺术那样对待起义"③。1918年10—11月，在《无产阶级革命和叛徒考茨基》一文中，列宁进一步批判考茨基、普列汉诺夫等不能直面帝国主义战争的残酷现实，还在幻想以民主、和平的方式来渐进达到社会变革的幻想与言论，实质是："用明显的诡辩阉割马克思主义的活生生的革命的灵魂，他们承认马克思主义中的一切，就是不承认革命的斗争手段，不承认要为采用这种斗争手段进行宣传和准备并用这种精神教育群众。"④

最后，列宁批判考茨基对于苏维埃无产阶级专政革命政权的攻击，创新性阐发无产阶级专政的国家理论。列宁批判考茨基对于马克思主义的片面、不完整理解，即考茨基只把马克思主义局限于阶级斗争学说，实质是阉割、歪曲了马克思主义，"只有承认阶级斗争、同时也承认无产阶级专政的人，才是马克思主义者"⑤。在理论上，考茨基不懂得"一切革命的根本问题是政权问题"这一马克思主义革命理论的真谛；在实践中，考茨基非但不能做到自觉参加革命，更谈不上领导革命，反而成了革命的反对者。因此，考茨基只是一个口头上、教条的革命空谈者，一个民主与国家理论的抽象教条论者，一个无产阶级革命与专政的反对者。

---

① 《列宁选集》第三卷，人民出版社1995年版，第208页。
② 《列宁选集》第三卷，人民出版社1995年版，第218–219页。
③ 《列宁选集》第三卷，人民出版社1995年版，第280页。
④ 《列宁选集》第三卷，人民出版社1995年版，第588页。
⑤ 《列宁选集》第三卷，人民出版社1995年版，第139页。

在领导布尔什维克革命的长期实践斗争中，谙熟马克思主义革命真谛的列宁深刻认识到，无产阶级要通过暴力革命打碎资产阶级国家机器，推翻资产阶级统治制度，进而，建立公社类型的民主共和国或工农兵代表的苏维埃共和国，建立无产阶级专政的新型国家政权。列宁根据马克思对巴黎公社革命经验的总结指出，"从资本主义向共产主义过渡，当然不能不产生非常丰富和多样的政治形式，但本质必然是一样的：都是无产阶级专政"①。这个新型国家政权组织形式可以采用民主共和国这一无产阶级专政的具体便捷政治形式，即走向"国家消失的过渡形式""可以使劳动在经济上获得解放的形式"②。国家的自行消亡，只有通过无产阶级专政国家政权的发展道路，才能达到。同时，无产阶级领导的专政的民主共和国还要坚持马克思和恩格斯所主张的"民主集中制"原则与"单一不可分的共和国"，坚持工农联盟。只有无产阶级专政、工农联盟的新型国家政权，才能摆脱帝国主义掠夺、瓜分世界的战争与和平变奏，才能带来世界的真正永久和平。

诚然，如考茨基所说"没有民主就没有社会主义"，但是，彻底发展民主及其种种形式等，都是为社会革命进行斗争的基本任务之一，"任何单独存在的民主制度都不会产生社会主义"③，社会主义并不会在资本主义民主制发展的基础上自动生成。现实中具体的民主制度也不会是"单纯存在"，而是与具体的经济制度存在着辩证历史的联系。在任何一个具体的阶级社会，专政、民主、国家都是有组织的系统暴力，都具有阶级性、历史性，不存在抽象的专政、民主、国家，"国家的消亡也就是民主的消亡"④。"民主愈发达，在发生危及资产阶级的任何深刻的政治分歧时，

---

①《列宁选集》第三卷，人民出版社1995年版，第140页。

②《列宁选集》第三卷，人民出版社1995年版，第159、160页。

③《列宁选集》第三卷，人民出版社1995年版，第181页。

④《列宁选集》第三卷，人民出版社1995年版，第184页。

大暴行或内战也就愈容易发生。"①

列宁坚持运用并发展马克思主义关于人类社会历史发展的辩证法，把马克思对未来共产主义社会的原则构想进一步现实化具体化，科学地指出社会主义与共产主义两个不同阶段的差别，即"社会主义同共产主义在科学上的差别是很明显的"②，从而为无产阶级专政的苏维埃社会主义国家政权建设提供了科学的理论指南。

二、早期西方马克思主义者对革命的新理解

第一次世界大战给欧洲各国人民造成深重的灾难，资本主义、帝国主义及整个西方文明的重重危机暴露无遗。资本主义的新时代成了少数大垄断资本新权贵的灿烂日出，对整个人类社会历史发展，尤其是广大无产阶级来说则是"伪黎明"。德国学者斯宾格勒较早地看到"西方的没落"，也由此对一切宏大社会政治理想幻灭，他认为"在历史世界中，根本没有所谓的理想或真理，也没有理性、平等、终极目标等，不可能有以理想为依据而建立起来的国家，它们只能是逐渐成长起来的，而且只是有生命民族的外在形式"③。

人类的光明前途在哪里？人类向何处去？俄国十月社会主义革命的胜利带来新世纪的曙光，世界为之震动。它首先直接极大鼓舞了德国、匈牙利、芬兰、奥地利、波兰、保加利亚等国的无产阶级革命运动，但在资本主义国家的强大上层建筑与经济基础面前相继失败。欧洲马克思主义者开始思考总结无产阶级革命失败的原因，对马克思主义阶级斗争与社会革命理论进行反思与新阐释，其主要代表是匈牙利的卢卡奇、德国的柯尔施和意大利的葛兰西。他们在不同程度上受到卢森堡思想的影响，批判第二国

①《列宁选集》第三卷，人民出版社1995年版，第604页。
②《列宁选集》第三卷，人民出版社1995年版，第199页。
③[德]斯宾格勒：《西方的没落》，韩炯编译，北京出版社2008年版，第133页。

际理论家在社会革命问题上的机械经济决定论及右倾机会主义、修正主义的理论偏差，批评苏联主导的共产国际对马克思主义的教条主义理解，探索社会革命的新路径，提出经济、政治、思想文化革命的"总体革命"观，强调培养无产阶级的革命意识。正如英国马克思主义者安德森所说，西方马克思主义是"第一次世界大战后欧洲先进地区无产阶级革命的产物"①。

1.卢卡奇对马克思主义理论革命本质的方法论解读

1923年，卢卡奇发表《历史与阶级意识——关于马克思主义辩证法的研究》文集，以带有黑格尔绝对精神概念辩证法的方式来阐释马克思主义革命辩证法、总体性革命理论，着重阐明无产阶级意识在无产阶级革命及其社会历史发展过程中的巨大作用，批判伯恩施坦和考茨基对马克思主义革命理论本质非辩证、非总体性的片面错误理解。虽然，卢卡奇没能做到对马克思主义革命辩证法的客观全面理解，也没能做到对马克思主义总体性革命理论的客观全面理解，但是，他对马克思主义理论革命本质的方法论解读，进一步拓展和深化了人们对马克思主义辩证法与革命理论的理解，对批判克服机会主义、教条主义的错误理论影响起到了积极作用。45年后，经过对自己著作的批判反思，卢卡奇中肯地评价了《历史与阶级意识》的理论成就与价值："在于使那曾被社会民主党机会主义的'科学性'打入冷宫的总体（Totalität）范畴，重新恢复了它在马克思全部著作中一向占有的核心地位。"②"代表了想要通过更新和发展黑格尔的辩证法和方法论的革新和扩展来恢复马克思理论的革命本质的也许是最激进的尝试。"③

①[英]安德森：《西方马克思主义探讨》，高铦等译，人民出版社1981年版，第117页。

②[匈]卢卡奇：《历史与阶级意识——关于马克思主义辩证法的研究》，杜章智等译，商务印书馆1999年版，第15页。

③[匈]卢卡奇：《历史与阶级意识——关于马克思主义辩证法的研究》，杜章智等译，商务印书馆1999年版，第16页。

首先，强调唯物辩证法是马克思主义革命理论的根本方法论。在卢卡奇看来，若要正确理解马克思主义，其根本在于正确理解马克思主义方法论，而马克思主义方法论的钥匙即"方法的命脉"是辩证法，一种"具体的、历史的辩证法"[①]。马克思主义辩证法直接来自对黑格尔辩证法的批判改造，所阐述的重心应在于主体与客体之间的能动关系，即"唯物主义辩证法是一种革命的辩证法"[②]。要彻底去除现代性资本主义幻象及其灰色意识形态理论幻影，唯有马克思主义的革命辩证法。以此观之，从卢森堡到列宁的革命理论与实践逐步实现对马克思主义革命辩证法的正确理解。在对政治经济学的理论阐释上，卢森堡对马克思经济学理论的内容与方法都有所发展，并形成对资本主义社会新的批判分析，即只有通过批判性探讨卢森堡的理论著作，才能达到一个真正革命的、马克思主义的立场。把革命理论与实践高度统一起来的伟大理论家与政治家列宁，更是对马克思主义革命理论的实践本质作出了具体创新发展，其伟大理论行动把正确理解的马克思主义方法论的钥匙交到了我们手上。

出于对马克思辩证法的主客体能动性关系、革命实践性的偏好理解，20世纪20年代，卢卡奇不同意恩格斯《反杜林论》中所阐发的自然辩证法理论，认为其"对最根本的相互作用，即历史过程中的主体和客体之间的辩证关系连提都没有提到，更不要说把它置于相称的方法论的中心地位了。然而没有这一因素，辩证方法就不再是革命的方法"[③]。但在20世纪60年代，卢卡奇坦承自己当时被黑格尔的唯心辩证法带偏了，对马克思主义辩证法的理解存在偏狭性，对恩格斯自然辩证法理论的批评存在失误。

---

① [匈]卢卡奇：《历史与阶级意识——关于马克思主义辩证法的研究》，杜章智等译，商务印书馆1999年版，第43页。

② [匈]卢卡奇：《历史与阶级意识——关于马克思主义辩证法的研究》，杜章智等译，商务印书馆1999年版，第49页。

③ [匈]卢卡奇：《历史与阶级意识——关于马克思主义辩证法的研究》，杜章智等译，商务印书馆1999年版，第51页。

难能可贵的是，卢卡奇批判伯恩施坦对马克思主义革命辩证法的背离与篡改，认为其机会主义理论实质是"一种没有革命的'进化'理论，没有斗争的'长入'社会主义的理论，正是必须从历史唯物主义的方法中去掉辩证法"[①]。

其次，强调总体性思想方法是马克思主义革命理论方法论的支柱。卢卡奇把马克思主义所阐发的新世界观视为一个不可分割的内在统一的有机整体，认为总体性思想方法是马克思批判发展黑格尔而获得的方法精髓，从而使辩证法成为"革命的代数学"（赫尔岑语）。他说："无产阶级科学的彻底革命性不仅仅在于它以革命的内容同资产阶级社会相对立，而且首先在方法本身的革命本质。总体范畴的统治地位，是科学中的革命原则的支柱。"[②]

马克思《资本论》从分析商品入手，深入揭批资本主义生产方式所蕴含的对抗性社会基本矛盾与危机，进而展开对资本主义社会总体性的科学批判分析，得出资本主义社会历史过程性存在的结论。卢卡奇从理解《资本论》第一卷的商品拜物教理论出发，推导出资本主义社会各领域广泛普遍存在的物化、对象化、异化现象与问题，重点阐述工人的劳动活动及其产品的物化、对象化、异化问题，指出商品拜物教假象不仅具有掩盖现实的性质，还具有掩盖资本主义社会历史过渡性、暂时性的性质，进而提出彻底解决现代性资本主义社会全面物化、对象化、异化这一总体性问题的社会政治革命思想。

在马克思《1844年经济学哲学手稿》所论述的异化理论还没有公开问世的理论背景下，卢卡奇通过深入研读《资本论》所阐发的商品、货币

①[匈]卢卡奇：《历史与阶级意识——关于马克思主义辩证法的研究》，杜章智等译，商务印书馆1999年版，第53页。
②[匈]卢卡奇：《历史与阶级意识——关于马克思主义辩证法的研究》，杜章智等译，商务印书馆1999年版，第79页。

与资本拜物教理论，就提出以扬弃物化、异化来克服资本主义社会的思想，难能可贵地接近马克思思想本身。但是，正所谓"失之毫厘，谬以千里"，当他把自然中性的物化、对象化概念与变质贬抑的异化概念等同起来时，其所提出的物化、异化思想就与马克思的异化理论拉开了距离，走回到黑格尔的精神异化理论。对此，他在1967年深刻检讨自己当时错误地以黑格尔主义的阐释来阅读马克思，"《历史和阶级意识》跟在黑格尔后面，也将异化等同于对象化"①。总观卢卡奇对马克思总体性思想方法的揭示，对资本主义社会全面物化、异化的批判，深刻挖掘出了马克思现代性社会批判的理论威力，深深影响了西方马克思主义的现代性资本主义社会批判理论。其中，捷克新马克思主义学者卡莱尔·科西克延续卢卡奇《历史与阶级意识》总体性分析方法，认为"资本主义是一个总体物象化和异化的动力系统"②。

最后，强调理论与实践相统一的无产阶级意识对社会革命的巨大历史作用。卢卡奇把《资本论》视为马克思早期著作总体性革命思想逻辑的延续，即《资本论》为阶级斗争与社会革命实践提供了社会经济与政治关系辩证历史发展的必然性逻辑，尤其要通过无产阶级政党的先导作用唤醒无产阶级能动的革命意识，进而通过无产阶级革命实践打破资本统治的物象化结构、实现人的解放。在资本主义社会经济政治稳定发展，无产阶级在意识形态上盲从于资产阶级的历史发展阶段上，社会革命实践显然首先需要革命意识的理论与实践唤醒培育。为此，在黑格尔绝对精神自由思想方法的导引下，卢卡奇对资产阶级意识形态展开批判。他认为，从18到19世纪，在经济学、政治学、社会学与哲学领域广泛流行的资产阶级意识形

①[匈]卢卡奇：《历史与阶级意识——关于马克思主义辩证法的研究》，杜章智等译，商务印书馆1999年版，第19页。

②[捷]科西克：《具体的辩证法——关于人与世界问题的研究》，傅小平译，社会科学文献出版社1989年版，第137页。

态，日益自信其经济发展及其自由民主理念将会拯救全人类与世界历史。其实，资产阶级理论家们并没有意识到这只是过程性存在的资产阶级完成其历史使命的特定意识形式，即资产阶级意识形态逐渐幻灭的一段历史。

取代资产阶级意识形态的是历史唯物主义，这一实践性历史科学要锻造对社会历史发展起决定性作用的无产阶级意识。所谓无产阶级意识，是自觉意识到无产阶级历史使命的先进思想意识，是无产阶级革命理论意识与实践意识的统一，是人类历史上最后的阶级意识。就无产阶级意识的产生来说，它自然与物化的资本主义社会、无产阶级所处的经济地位密切相关，更与无产阶级政党的先进理论领导密切相关。他说："无产阶级阶级意识的这种形态就是党。……党担当着崇高的角色：它是无产阶级阶级意识的支柱，是无产阶级历史使命的良知。"① 就无产阶级意识的作用来说，它是无产阶级革命理论与实践的奥德赛，对阶级斗争、社会革命的决战胜利与人的自由解放起着决定性作用。他说："这种阶级意识是无产阶级的'伦理学'，是无产阶级的理论和实践的统一，是无产阶级解放斗争的经济必然性辩证地变为自由的地方。"② 无产阶级意识是总体性的革命意识，既是真理原则与价值原则、知与行的辩证统一体，又是经济斗争和政治斗争的辩证统一体，更是奠定在经济因素之上的对无产阶级革命发动起决定性作用的因素。卢卡奇强调指出，无产阶级的阶级斗争与暴力革命的发动及其胜利实现，无产阶级的阶级意识都起着决定性作用，"正是在暴力问题上，正是在阶级与阶级斗争之间赤裸裸的生死斗争的情况下，阶级意识的问题才表现为最终起决定性作用的因素"③。"当最后的经济危

---

① [匈] 卢卡奇：《历史与阶级意识——关于马克思主义辩证法的研究》，杜章智等译，商务印书馆1999年版，第97页。

② [匈] 卢卡奇：《历史与阶级意识——关于马克思主义辩证法的研究》，杜章智等译，商务印书馆1999年版，第98页。

③ [匈] 卢卡奇：《历史与阶级意识——关于马克思主义辩证法的研究》，杜章智等译，商务印书馆1999年版，第111页。

机击中资本主义时，革命的命运（以及与此相关联的人类的命运）要取决于无产阶级在意识形态上的成熟程度，即取决于它的阶级意识。"①

坚持能动的革命论，卢卡奇批判考茨基对马克思主义革命理论的"经济宿命论"理解、非辩证非总体性理解，号召无产阶级以能动的革命，从"实践上打破存在的物化结构"。他强调指出，无产阶级与资产阶级的阶级斗争意味着无产阶级的阶级意识已经觉醒，并且在阶级斗争中走向成熟强大，"客观的经济发展只能确立无产阶级在生产过程中的地位，这种地位决定了它的立场；客观的经济发展只能赋予无产阶级以改造社会的可能性和必要性。但是，这一改造本身却只能是无产阶级自身的自由的行动"②。进而，他像列宁那样批判考茨基"庸俗马克思主义的经济主义否认暴力在从一种经济生产制度到另一种经济生产制度的过渡中的重要性"③。

同时，卢卡奇也非常注意克服激进"左"倾盲动的革命论，他指出："浪漫主义像任何暴动主义一样，大大低估资本主义社会甚至在危机时期拥有的实际力量，当然常常是非常危险的。"④因此，欧洲无产阶级要理解并灵活采取合法与非法的方法，采取灵活的革命策略，完成对无产阶级的革命的自我教育，反对两种极端革命思想主张，"必须既摆脱合法性的胆小病又摆脱非法性的浪漫主义"⑤。

---

①[匈]卢卡奇：《历史与阶级意识——关于马克思主义辩证法的研究》，杜章智等译，商务印书馆1999年版，第134页。

②[匈]卢卡奇：《历史与阶级意识——关于马克思主义辩证法的研究》，杜章智等译，商务印书馆1999年版，第314—315页。

③[匈]卢卡奇：《历史与阶级意识——关于马克思主义辩证法的研究》，杜章智等译，商务印书馆1999年版，第336页。

④[匈]卢卡奇：《历史与阶级意识——关于马克思主义辩证法的研究》，杜章智等译，商务印书馆1999年版，第363页。

⑤[匈]卢卡奇：《历史与阶级意识——关于马克思主义辩证法的研究》，杜章智等译，商务印书馆1999年版，第371页。

从卢卡奇对无产阶级的阶级意识与社会革命的阐释中，可以发现其在理论上能够坚持能动的革命论，但有些过了头。后来卢卡奇坦陈自己当初与许多革命者一样，是出于伦理道德的考虑才参加共产主义运动的，还深受黑格尔唯心辩证法的影响，将方法论的核心地位与经济的优先性对立起来，从而屈从于黑格尔伦理唯心主义带有浪漫的反资本主义因素，夸大了无产阶级阶级意识的能动性，失去了对意识形态现象理解的经济基础重心，自己狭隘理解的经济造成对"马克思主义根本内涵的尝试失去了真正的经济基础"[1]。经过对黑格尔哲学的再度深入批判研究，尤其是深度研读《1844年经济学哲学手稿》《资本论》等马克思主义经典著作，在晚年著作《社会存在本体论》中，卢卡奇已正确理解了"经济学和辩证法的关系"，达到了对异化与无产阶级革命意识的正确认识，从而克服了早年的主观唯心偏向。

卢卡奇对马克思主义理论革命本质的方法论解读对后世学界影响较大。法国现象学家、存在主义者梅洛-庞蒂坚持把马克思主义理解为一种反教条主义的历史哲学、革命哲学，并把马克思主义的革命辩证法视为一种创造、创新的辩证法。由此观念出发，他一方面高度评价《历史与阶级意识》为"西方共产主义的圣经"，认为："在这里，革命的青春和马克思主义的青春又复活了。"[2]另一方面，他认为《历史与阶级意识》"过分投合了革命年代的乐观主义"，其"辩证法太轻飘"，不能表达历史的厚度。[3]法兰克福学派第三代理论家霍耐特评价"《历史与阶级意识》承载了卢卡奇当时对即将到来之革命的期盼"，还认为其著作重心物化理论

---

①[匈]卢卡奇：《历史与阶级意识——关于马克思主义辩证法的研究》，杜章智等译，商务印书馆1999年版，第11页。

②[法]梅洛-庞蒂：《辩证法的历险》，杨大春、张尧均译，上海译文出版社2009年版，第62页。

③[法]梅洛-庞蒂：《辩证法的历险》，杨大春、张尧均译，上海译文出版社2009年版，第71页。

是对生活实践病变的社会存在论阐释，并由此提出物化、商品拜物教是对人的同情共感本真关系的遗忘，即"物化作为对承认之遗忘"①。捷克学者科西克认识到卢卡奇对阶级意识与社会革命实践阐释的意义，并接续阐释："实践的某一历史形式的奥德赛，要想最终达到一种革命的实践，认识或者逐步意识到这个系统的剥削性质是个必不可少的条件。马克思曾把这种认识称为划时代的意识。"②我国学者理解卢卡奇的无产阶级的阶级意识为实践的奥德赛，"实践的奥德赛就是无产阶级革命的奥德赛，也是人类解放的奥德赛"③。也有对卢卡奇无产阶级革命意识及其政治立场的错误理解，如麦克莱伦就把卢卡奇对罗莎·卢森堡激进革命思想的批判继承说成"在一定程度上支持了工联主义倾向"④。这种把支持经济改良、不问社会政治革命的工联主义的嫌疑加到卢卡奇身上的做法是不适当的。

2.柯尔施对马克思主义总体性社会革命观的恢复

随着20世纪硝烟弥漫、罪恶深重的帝国主义与法西斯主义战争的退场，以及暗藏杀机、波谲云诡的和平演变风云的暴露，翻天覆地、汹涌湍流的无产阶级社会革命浪潮逐渐进入相对稳定、和平发展的世界历史河床。站在21世纪人类历史发展的新地平线上，总览时代历史发展及其思想理论前行的轨迹，聚焦西方马克思主义理论家柯尔施的理论形象，似乎很难再把他简单地定义为一个反马克思主义者、反列宁主义者，也似乎很难再把其思想发展轨迹机械地描绘为马克思列宁主义者→反列宁主义→反马克思主义的自由批判理论家三个相继阶段。总观柯尔施思想发展的全过程及其命运多舛的人生遭际，如果把其称为西方马克思主义的"亚圣"是适

①[德]霍耐特：《物化》，罗名珍译，华东师范大学出版社2018年版，第6、79页。

②[捷]科西克：《具体的辩证法——关于人与世界问题的研究》，傅小平译，社会科学文献出版社1989年版，第140页。

③王庆丰：《〈资本论〉的再现》，中央编译出版社2016年版，第29页。

④[英]麦克莱伦：《马克思以后的马克思主义》，李智译，中国人民大学出版社2004年版，第181页。

当的，那么把其一生本质性的著述活动界定为恢复马克思主义总体性社会革命观的理论尝试，可能也是比较恰当的。在20世纪上半叶世界社会政治历史背景与理论情势下，柯尔施以总体性社会革命观对马克思主义理论体系、马克思主义观的新阐释所提出的问题被划归为叛逆的另类。而今再思之，柯尔施富有原创性的新阐释所提出的系列问题恰中了战争与革命时代发展之问，仍是现时代马克思主义理论界需要继续思考解决的重要问题。

（1）恢复原初马克思主义的理论初衷

在法学、经济学与哲学领域受过专业系统学术训练的进步青年知识分子柯尔施，经过第一次世界大战的洗礼，在俄国十月革命，尤其是德国十一月革命的影响下，逐渐转变成长为一个拥护马克思主义的革命知识分子。从1920年起，作为德国共产党理论家的柯尔施在坚持批判第二国际教条主义的马克思主义，执着恢复"原初马克思主义"，创新阐释马克思主义总体性社会革命观的理论探索过程中，逐渐与正统、官方的马克思主义发生激烈的理论及政治冲突，并于1926年4月被开除出党。由此开始直至1961年，作为党外马克思主义理论家、理论的另类，柯尔施遭受到过度的理论及政治批判，但他在从德国到英国再到美国的漂泊流荡生活过程中，始终坚持自己的理论主张，也一直在从事马克思主义理论的教学与研究工作。晚年的柯尔施虽然对世界革命运动，对苏联所领导的世界社会主义革命运动现实发展状况感到悲观，但是他并没有放弃对马克思主义理论的探索，还开始结合时代实践发展，关注阶级、城乡、脑体差别的消除问题，试图创新阐释马克思主义的历史发展理论。

批判第二国际正统派对马克思主义的歪曲阐释，恢复原初马克思主义总体性社会革命观，为无产阶级新的革命运动实践提供正确理论指导，这是柯尔施的理论初衷。从19世纪末到20世纪20年代，整个世界处于帝国主义战争与无产阶级革命风起云涌的时代，对马克思主义理论经典阐释发展到列宁主义占主导的时代。第二国际理论家伯恩施坦以改良反对革命的修正主义错误思潮在现实历史发展与科学批判下退到后台，正统派考茨基对马克思主义教条化的阐释走上理论前台，与以列宁为代表的俄国马克思主义展开论争。柯尔施对马克思主义与哲学问题的阐释，直接针对的是第二国际对马克思主义的科学实证主义阐释，批判从伯恩施坦到考茨基等对马克思主义总体性社会革命观的背叛与肢解。据柯尔施夫人赫达·柯尔施回忆，柯尔施与卢卡奇"都认为自己是批判的共产主义者"①。在致友人帕特斯的信中，柯尔施还自称是一个具有批判性而不拘泥于教条的严肃的马克思主义者，坚持无产阶级的自发行动、暴力革命与无产阶级专政。

通过对马克思和恩格斯文本的考证，柯尔施把马克思主义理论发展分为三个阶段：原初马克思主义、第二国际马克思主义、共产国际马克思主义。在原初马克思主义发展阶段上，即马克思与恩格斯思想理论在早期哲学批判与后期经济科学论证的不断发展过程中，马克思主义理论是实质一致的总体性社会革命观，绝不是修正主义所阐释的理论与实践相脱离的"二元论的形而上学观"。在马克思和恩格斯之后的两个发展阶段上，即从第二国际开始到共产国际，原初的马克思主义理论体系开始遭到肢解和歪曲，出现了马克思主义的危机与分裂。

在1923年《马克思主义和哲学》一文中，柯尔施展开对伯恩施坦和考茨基等第二国际正统马克思主义的批判，肯定列宁对恢复原初马克思主义的原创性贡献，并阐释自己恢复原初马克思主义的理论初衷。他认为，在马克思主义发展的第二个阶段，以伯恩施坦、考茨基与希法亭为代表的正统派、庸俗化的马克思主义歪曲了马克思主义，把马克思主义"统一的关于社会革命的一般理论"变成了对于资产阶级的经济秩序、国家、教育体系、宗教、艺术、科学和文化的单纯理论批判，以及"各种各样的改良企图"。"这种对马克思主义的革命学说的扭曲——歪曲成为纯粹的理论批

①[德]柯尔施、[英]哈利迪：《回忆卡尔·柯尔施》，王琦琪译，《山东社会科学》2018年第1期。

判，不再会导致实际的革命行动。"①考茨基以庸俗的纯粹的理论形态保持着马克思主义最早形态的社会革命理论，但没有保持马克思主义原初革命性的理论总体，最终导致其理论破产、第二国际分化瓦解。第二国际权威理论家希法亭关于马克思主义的科学与政治的叙述，是割裂马克思主义理论体系整体性的典型，因为"在希法亭看来，马克思主义是一种理论，这种理论在逻辑上是'科学的、客观的和自由的科学，并没有价值判断'"②。在马克思主义发展的第三个阶段，为适应阶级斗争与无产阶级新革命阶段的实践需求，卢森堡和列宁把马克思主义从第二个阶段社会民主党禁闭性的传统中解放出来，以俄国为主导的第三国际开始明显复兴原初马克思主义。在俄国十月革命实践过程中，列宁所阐发的无产阶级专政与国家理论使马克思主义体系获得了新生，"在革命的马克思主义之中，理论和实践的内在联系已经被有意识地重建"③。而且，列宁在理论和实践上都发展了《哥达纲领批判》中的观点。批判第二国际庸俗的马克思主义，高度肯定列宁对马克思主义的原创性贡献，目的在于恢复正确的、辩证的、革命的"原初的马克思主义观"④。可见，此时他对第三国际、俄国马克思主义理论持肯定态度，并没有展开批判，或者说对俄国马克思主义的批评有所保留。

伴随苏联社会主义革命和建设事业的曲折发展，以及布尔什维克化革命运动从国内到西欧的激进拓展，列宁主义与马克思主义一道成为共产国际的理论基础，苏联成为共产国际的组织及思想理论领导者。共产国际有

①[德]柯尔施：《马克思主义和哲学》，王南湜、荣新海译，重庆出版社1989年版，第28页。

②[德]柯尔施：《马克思主义和哲学》，王南湜、荣新海译，重庆出版社1989年版，第26页。

③[德]柯尔施：《马克思主义和哲学》，王南湜、荣新海译，重庆出版社1989年版，第31页。

④[德]柯尔施：《马克思主义和哲学》，王南湜、荣新海译，重庆出版社1989年版，第34页。

力推动了各国共产党与世界革命运动的发展，但其高度集中的组织形式和"左"倾思想也影响了世界各国共产党平等、独立自主的发展。从斯大林、季诺维也夫到德波林的苏联官方与理论界在积极推动阐释宣传与研究马克思列宁主义过程中，出现了实用化、教条化与过度政治化的错误倾向。以斯大林为代表的苏联官方马克思主义者更是自视为马列主义的权威，对持不同学术思想观点的阐释者采取过度的理论批判与政治斗争，柯尔施与卢卡奇的"理论叛逆""异端邪说"更是成为共产国际理论与政治批判的重点对象。因为"官方马克思主义""新的共产主义正统派""俄国'列宁主义'正统派"等认为，《马克思主义和哲学》一文偏爱原初形式的马克思主义，否定第二国际对马克思主义发展的理论贡献，实质上否定了列宁主义是对马克思主义的新发展。1924年，德国社会民主党主席威尔斯谴责柯尔施的观点是一种共产主义的异端邪说。在共产国际第五次世界代表大会上，季诺维也夫批判柯尔施的观点是一种社会民主党的、共产国际内部的修正主义异端。1927年，斯大林批判德国"极左派"思想家柯尔施反布尔什维克、苏联社会主义及其革命政权。普列汉诺夫的信徒、苏联哲学家德波林指责柯尔施与卢卡奇为唯心主义者。

面对理论与政治的双重批判攻击，柯尔施非但没有妥协，反而在1930年《关于"马克思主义和哲学"问题的现状——一个反批判》一文中展开了进一步理论反击与批判，并在此过程中还对列宁的一些思想理论展开了错误的理论批判。柯尔施坦陈自己与卢卡奇在核心观点问题上，在批判旧马克思主义正统派和新共产主义正统派的态度上一致。他确信自己代表着"当代无产阶级运动中所有批判的进步的理论趋向"一方，要坚持与"以考茨基的旧马克思主义正统派和新的俄国'列宁主义'正统派之间的联盟为一方"展开理论斗争①，坚持"《马克思主义和哲学》提出一种马克思

---

① [德]柯尔施：《马克思主义和哲学》，王南湜、荣新海译，重庆出版社1989年版，第57页。

主义观，认为马克思主义是完全非教条和反教条的、历史的和批判的，因而是最严格意义上的唯物主义"①。其一，第二国际正统的马克思主义理论家考茨基与伯恩施坦都是教条主义者，在实质上都背叛了马克思主义社会革命理论，他们的理论不仅严重落后于革命实践发展，而且在社会革命运动实践最需要正确理论指导之时，却提供了民粹派的民主主义的错误理论，把"作为一个整体的马克思主义体系"撕裂为"一种理论辩护和形而上学的安慰"②。新的俄国正统马克思主义者、策略家列宁虽然从实践上肯定第二国际的历史性功绩，但也没有认可第二国际的理论贡献。其二，革命实践的发展需要不断发展的马克思主义理论，列宁主义学说在理论上已不能适应当前国际阶级斗争的实际需要。因为，列宁同考茨基一样坚持社会主义意识、无产阶级意识的外部灌输论，反对无产阶级革命运动自发论；同普列汉诺夫一样，列宁更关心其唯物主义哲学应用于无产阶级革命斗争的实践问题，仅仅根据政治斗争实践决断哲学问题。在"布尔什维克化运动"过程中，以列宁为代表的"俄国马克思主义""苏联的马克思主义"从党的工作角度出发，批判国际工人运动中其他哲学派别，把"西欧马克思主义""欧洲左派马克思主义""西方激进的左派马克思主义""西方马克思主义"等这些哲学倾向的马克思主义流派，统统视为"完全错误的意识形态"③。因此，作为列宁主义意识形态理论基础的唯物主义哲学，还保留着黑格尔哲学，"不能成为适应今天需要的革命的无产阶级的哲学"④。列宁还把辩证法变成了客体、自然和历史，把认识论

①[德]柯尔施：《马克思主义和哲学》，王南湜、荣新海译，重庆出版社1989年版，第58-59页。

②[德]柯尔施：《马克思主义和哲学》，王南湜、荣新海译，重庆出版社1989年版，第67页。

③[德]柯尔施：《马克思主义和哲学》，王南湜、荣新海译，重庆出版社1989年版，第77页。

④[德]柯尔施：《马克思主义和哲学》，王南湜、荣新海译，重庆出版社1989年版，第80页。

变成了照镜子式的反映，破坏了理论与实践的相互关系，把马克思革命实践严整的辩证唯物主义的统一衰变为二元论。列宁的追随者把其唯物主义哲学变成了至高无上的权威，"这导致了某种意识形态的专政，这一专政可以是革命的进步也可以是最黑暗的反对。在所谓'马克思列宁主义'的口号下，这一专政在今天的俄国，不仅运用于执政党，而且运用于一般工人阶级的全部精神生活。现在，出现了把这一专政从俄国扩展到西方以及世界其他地方所有共产党的种种企图"①。

这种以坚持原初马克思主义的理论初衷，对列宁主义及其理论权威阐释者的偏颇激进"自由批评"，以及对俄国无产阶级专政的批判，导致柯尔施进一步加剧与"苏联马克思主义"的复杂矛盾斗争。至1931年，斯大林把柯尔施的思想观点定性为"孟什维克的唯心主义"。从1938年的《卡尔·马克思》到1950年的《马克思主义十论》，再到晚年未完成的论文《关于"废除"的手稿》，柯尔施一直在坚持自己的原初马克思主义观，并试图结合时代实践发展创新阐释与发展马克思主义。总观其一生理论，柯尔施确实错误理解与批判了列宁主义的一些思想理论，也确实批判了苏联官方马克思主义的权威，但却不能被视为一个反马克思主义者。当代德国学者罗斯科尼认为，从理论与实践相联系的视角出发，柯尔施尝试背离经典马克思主义的理论阐释方法去重塑其理想中的"马克思主义"，其理论梦想是"重塑那些明显被马克思—列宁—斯大林阶段的结论所破坏的'马克思的观点'"。"重塑"马克思主义不是哲学问题，而是政治问题，是重新创造发达工业社会革命活动的政治理论②。柯尔施作为一个批判的马克思主义者的理论初衷是恢复马克思主义总体性的社会革命观，其

---

① [德]柯尔施：《马克思主义和哲学》，王南湜、荣新海译，重庆出版社1989年版，第86—87页。

② [德]罗斯科尼：《柯尔施政治思想的发展》，崔媛媛等译，《广西大学学报》（哲学社会科学版）2016年第5期。

思想理论可以视为20世纪无产阶级社会革命运动历史的回声。

（2）对马克思主义总体性社会革命观的新阐释

在柯尔施看来，原初的马克思主义体系是理论与实践相统一的整体，实质上是社会革命的总体。从1922年的《〈哥达纲领批判〉导言》到1923年的《马克思主义和哲学》，再到1938年的《卡尔·马克思》、1950年的《马克思主义十论》，柯尔施毕生都在坚持阐释这种总体性的社会革命观，对各种他所认为的背离、割裂原初马克思主义体系的正统权威阐释展开批判。作为总体性社会革命观，原初的马克思主义体系在其自身发展过程中一直是理论与实践相统一的整体性社会革命理论，是总体性社会批判与社会发展理论内容与方法的统一，还是科学性与价值性的统一，背离、割裂马克思主义总体性社会革命观的各种理论阐释是错误的。

其一，原初的马克思主义体系在早期与后期发展过程中一直是理论与实践相统一的整体性社会革命理论。"最初形态""原初形式"的马克思主义理论著作的典型为《共产党宣言》，"它是一种把社会发展作为活的整体来理解和把握的理论；或者更确切地说，它是一种把社会革命作为活的整体来把握和实践的理论"①。马克思主义理论的后期著作以1867—1894年的《资本论》为代表，马克思主义理论体系、科学社会主义的核心特征实质上仍然没有变化，"仍然是社会革命理论的唯一整体"②。《哥达纲领批判》是最完整、最透彻、最有说服力地表述马克思经济和社会理论的基础和结论的著作，用建立在经济学基础上的唯物主义历史观取代拉萨尔的唯心主义社会观，把意识形态的、乌托邦的、理论与实践分离的社

---

①[德]柯尔施：《马克思主义和哲学》，王南湜、荣新海译，重庆出版社1989年版，第22—23页。

②[德]柯尔施：《马克思主义和哲学》，王南湜、荣新海译，重庆出版社1989年版，第24页。

会主义"改造为一种现实的和本质上是科学和实践的社会主义"①。这便是柯尔施所要恢复的原初马克思主义观的理论初心与主旨所在。由此出发，他批判把马克思主义体系分解为"理论上辩证、实践上革命"的二元论阐释，坚决反对割裂原初马克思主义社会革命理论与实践整体性的碎片式理解。他说："认为一个纯粹思想的理论似乎已经取代了革命意志的实践，这不过是肤浅的一瞥。这种革命意志在马克思著作的每一个句子之中都是潜在的——然而是存在的，潜在于每一决定性的章节中，尤其是在《资本论》第一卷中一再地喷发出来。人们只需想一下著名的第二十四章第七节关于资本积累的历史趋势的论述，就足以证明这一点。"②

　　柯尔施还深入阐述《资本论》作为无产阶级革命的政治哲学著作的重要价值。马克思在1844年确定其革命理论与实际任务之初，就把其政治经济学批判研究作为批判研究资产阶级社会的首要任务，并在《资本论》中完成对资产阶级社会的科学批判，即从对异化劳动的哲学批判分析发展成为对商品拜物教的科学批判。因此，《资本论》是"'工人阶级的政治经济学'的基本原理""组织形式和理论表现"③"是革命的无产阶级的社会科学的第一部伟大著作"④。马克思主义政治经济学绝不是对魁奈、斯密和李嘉图等古典政治经济学进行单纯理论演绎的结论，而是从无产阶级革命立场出发，对资产阶级经济学彻底批判的结果，以剩余价值理论深刻揭露资本对雇佣劳动者社会劳动的剥削与奴役，"《资本论》整个的、贯串于三卷中理论的论述与批判，以同样的方式最后归结为鼓动革命的阶级

---

①[德]柯尔施：《马克思主义和哲学》，王南湜、荣新海译，重庆出版社1989年版，第102页。

②[德]柯尔施：《马克思主义和哲学》，王南湜、荣新海译，重庆出版社1989年版，第25页。

③[德]柯尔施：《马克思主义和哲学》，王南湜、荣新海译，重庆出版社1989年版，第115-116页。

④[德]柯尔施：《卡尔·马克思——马克思主义的理论和阶级运动》，熊子云、翁廷真译，重庆出版社1993年版，第71页。

斗争"①。对此英国学者朗德尔认为，通过对《资本论》的阐释，柯尔施把理论和实践的统一"表述为科学和阶级斗争的统一"②。

其二，原初的马克思主义体系是总体性社会批判与社会发展理论内容与方法的统一。从原初马克思主义体系的内容来说，它是总体性社会批判与社会发展理论的统一。与卢卡奇一样，柯尔施把社会视为一个经济、政治与意识形态的有机整体，进而，把资产阶级社会视为一种剥削压迫的经济制度及其神秘异化意识形式构成的总体，把马克思主义理解为一种对资产阶级社会经济、国家与法、意识形态批判的理论总体，同时把马克思主义理解为一种有机总体性社会发展的理论，即一种科学社会主义理论与实践总体性建构的理论。对资产阶级社会的总体性批判是科学理论与革命实践批判的统一，且只有"在客观—实践上"推翻资产阶级的物质生产关系，才能消灭其思想意识。

在《马克思主义和哲学》一文中，柯尔施所要直接重点阐述的是马克思和恩格斯对资产阶级社会总体性的理论批判问题。"马克思主义体系是无产阶级革命运动的理论表现"③，其对资产阶级社会总体性的理论批判经过并包括宗教批判、意识形态批判、哲学批判、政治批判、经济学批判等诸多环节与内容。就马克思批判理论的思想发展过程来说，"首先，他在哲学中批判了宗教；然后，他在政治上批判了宗教和哲学；最后，他在经济学上批判了宗教、哲学、政治和所有其他意识形态"④。马克思首先在哲学领域发动了革命，把德国唯心主义哲学视为资产阶级革命运动的理

---

①[德]柯尔施：《卡尔·马克思——马克思主义的理论和阶级运动》，熊子云、翁廷真译，重庆出版社1993年版，第109页。

②[英]约翰·朗德尔：《卡尔·柯尔施：历史化的辩证法》，钱梦旦译，《广西大学学报》（哲学社会科学版）2016年第5期。

③[德]柯尔施：《马克思主义和哲学》，王南湜、荣新海译，重庆出版社1989年版，第13页。

④[德]柯尔施：《马克思主义和哲学》，王南湜、荣新海译，重庆出版社1989年版，第44页。

论表现而加以批判，目的在于把消灭哲学作为消灭资产阶级社会现实的一部分。因此，从1845年开始，科学社会主义创始人马克思和恩格斯并不是要建造一个新的哲学体系，也不再把他们所创立的新唯物主义表述为哲学见解。但是，不能因此说新唯物主义不是哲学，相反，新唯物主义实质上是彻底批判的革命哲学。因为，马克思和恩格斯最终通过政治经济学批判彻底深化其早期的哲学批判，以及宗教、哲学、意识形态、政治的批判，把新唯物主义、历史唯物主义奠定在牢固的经济科学基石之上。虽然说政治经济学批判并不是原初马克思主义总体性社会批判理论的全部，但政治经济学批判却是马克思主义社会理论的最重要的、实践的组成部分，是更为深刻、更为彻底的社会革命批判，"在理论上和实践上都是首位的"[①]。

从理论与实践相统一的总体性社会批判与发展理论的科学视野出发，才能恢复原初马克思主义体系批判的革命的方法。原初马克思主义体系的这种方法不是抽象的唯物主义与唯心主义站队归类方法，也不是把马克思列宁主义简单化教条化为社会学的ABC教导，"而是辩证的唯物主义的方法"[②]。原初马克思主义完全为哲学思想所渗透，以唯物、辩证与历史相统一的方法批判分析资产阶级社会经济、政治与思想观念的关系整体，超越了思维与存在、意识与现实关系上的二元论与思辨形而上学。从而，原初马克思主义科学构想出消灭资产阶级国家、消灭私有制，建立共产主义社会的发展新路。

而且，原初马克思主义体系的理论内容与方法也是有机统一的整体。"建设性的辩证法家和革命家"马克思和恩格斯所创立的辩证法中，方法与内容是不可分割的。因此，不能把原初马克思主义仅仅视为方法，而在

---

①[德]柯尔施：《马克思主义和哲学》，王南湜、荣新海译，重庆出版社1989年版，第45页。

②[德]柯尔施：《马克思主义和哲学》，王南湜、荣新海译，重庆出版社1989年版，第50页。

共产国际第五次、第六次代表大会上，布哈林仅仅把辩证唯物主义说成一种"以革命性地推翻现实为目的来理解现实的革命方法"，则是错误的。总体性社会革命与发展的理论及其思想方法，要求无产阶级对资产阶级社会展开经济、政治、精神文化的总体革命，而且要在革命夺取政权前展开革命的科学批判与鼓动工作，在革命夺取政权后采取意识形态专政与科学组织，将理论与实践的统一贯彻到底。尤其俄国在无产阶级专政的理论与实践发展问题上，也背离了原初马克思主义的无产阶级专政概念的精髓。按照柯尔施对原初马克思主义的无产阶级专政的理解，"首先，它是一种无产阶级的专政，而不是凌驾于无产阶级之上的专政。其次，它是一种阶级专政，而不是一个党或党的领袖的专政。第三，最重要的是，作为一种革命的专政，它不过是通过镇压阶级和抑制阶级矛盾来为'国家的消亡'、因而为结束所有意识形态束缚创造先决条件的社会变革过程的一个环节。……社会主义，无论从其目的还是从其手段上来说，都是一场实现自由的斗争"[1]。

此外，原初的马克思主义体系是科学性与价值性统一的整体。第二国际的理论家们"从来没有把马克思主义当作一个总的体系来采纳"[2]。一方面，修正主义者伯恩施坦把马克思主义体系道德化、康德化；另一方面，正统派考茨基及希法亭把马克思主义体系实证化、科学化。他们撕裂了作为科学与价值整体统一的马克思主义体系，在实质上都背叛马克思主义总体性社会革命理论。

（3）恢复原初马克思主义体系的时代价值

在批判第二国际及共产国际对原初马克思主义体系的背离，恢复马克

---

[1] [德]柯尔施：《马克思主义和哲学》，王南湜、荣新海译，重庆出版社1989年版，第91页。

[2] [德]柯尔施：《马克思主义和哲学》，王南湜、荣新海译，重庆出版社1989年版，第65页。

思主义总体性社会革命观的理论尝试过程中，柯尔施也有对马克思主义理论的某些错误理解，确有贬抑马克思和恩格斯之后的马克思主义理论发展的错误倾向，也错误理解并批判列宁的反映论、辩证法、灌输论。因此，他受到资产阶级理论界的歪曲式肯定，遭到来自马克思列宁主义阵营内部的激烈理论批判，尤其遭到苏联主导的共产国际的激烈政治批判，并长久背负着反马克思列宁主义的不良政治理论形象。但是，他毫不妥协、坚持论争，始终在坚守着马克思主义理论探索的初衷，为创新阐释什么是马克思主义、怎样发展马克思主义问题作出了重要时代贡献，得到科拉柯夫斯基、戈尔曼、施密特、布克米勒、哈利迪、凯尔纳等当代西方马克思主义学者的高度评价与理解。

其一，进一步确立了对马克思主义的整体性理解。作为科学的理论体系，马克思主义在本质上是一个理论内容、方法与实践发展的有机整体，即关于整个人类社会发展与人类解放的整体性科学。从《1844年经济学哲学手稿》到《共产党宣言》，再到《资本论》《反杜林论》，无不体现着马克思主义及其发展的整体性，正如马克思在自评《资本论》及其手稿的创作所说："它们是一个艺术的整体。"①列宁提出马克思主义分为哲学、政治经济学与科学社会主义三个基本组成部分，还特别强调"马克思主义是由一块整钢铸成的"严密完整的科学体系，"马克思主义的全部精神，它的整个体系，要求人们对每一个原理都要（α）历史地，（β）都要同其他原理联系起来，（γ）都要同具体的历史经验联系起来加以考察"②。

从卢卡奇到柯尔施及葛兰西等早期西方马克思主义者，逐步确立起对马克思主义的整体性理解。卢卡奇"始终把马克思的世界观看作本质上是

---

①《马克思恩格斯〈资本论〉书信集》，人民出版社1976年版，第196页。
②《列宁专题文集·论马克思主义》，人民出版社2009年版，第163页。

一个不可分割的整体"①，认为马克思主义是一门关于社会总体发展的科学内容与方法的统一，也是理论与实践相统一的整体，总体性思想方法深刻体现了马克思主义的革命本质与原则。与卢卡奇同时且一道，柯尔施也紧紧抓住总体性来创新理解马克思主义，也把马克思主义理解为内容与方法、理论与实践相统一的整体，而且，还把马克思主义理解为社会批判与社会发展、科学与价值相统一的整体，尤其从马克思主义理论发展的视域出发，把马克思主义理解为总体性社会革命的理论，从而深化并确立了对马克思主义体系的整体性理解。之后，葛兰西从革命领导权、文化领导权视域出发，进一步阐发马克思主义的整体性思想及总体革命观。虽然，卢卡奇、柯尔施与葛兰西都在不同程度上受到黑格尔绝对精神总体性思想的影响，都从整体对局部优先的总体性来阐释马克思主义的总体性，有些夸大精神文化能动的总体性，没有从经济优先性、实践优先性的逻辑全面阐释马克思主义的整体性思想，但是，柯尔施与卢卡奇等对马克思主义整体性的开创性阐释却启发我们：坚持马克思主义整体性思想，从理论与实践的统一出发，聚焦由一定社会中居于支配地位的生产所形成的各种现实性问题，在全面深化现代性社会整体批判的同时，全面深化现代性社会整体发展的研究。

其二，坚持批判教条化理解马克思主义的各种错误思想倾向。马克思当年一句"我不是马克思主义者"的怒吼，表达了对各种歪曲、教条化、标签化马克思主义思想观点的强烈不满与批判。恩格斯晚年进一步指出，"马克思的整个世界观不是教义，而是方法。它提供的不是现成的教条，而是进一步研究的出发点和供这种研究使用的方法"②。在饱经苦难的伟大革命实践中，以列宁为代表的俄国布尔什维克才找到马克思主义这个唯

---

①[匈]卢卡奇：《历史与阶级意识——关于马克思主义辩证法的研究》，杜章智等译，商务印书馆1999年版，第22页。

②《马克思恩格斯全集》第三十九卷，人民出版社1974年版，第406页。

一科学正确的革命理论，充分认识到马克思主义不是教条，而是行动的指南，指出："只有不可救药的书呆子，才会单靠引证马克思关于另一历史时代的某一论述，来解决当前发生的独特而复杂的问题。"①以斯大林为代表的苏联共产党人在积极正确阐释传播马克思列宁主义科学理论的过程中，也出现了对其标签化、教条化及过度政治化的错误思想倾向，对酿成个人崇拜方面起了很大不良作用。当代苏联哲学界在反思批判《论辩证唯物主义和历史唯物主义》一文时认为，"斯大林的通俗叙述是通过把许多问题公式化和简单化来进行的，背离了马克思主义经典作家著作中的原理"。"斯大林把完整的、彻底一元论的马克思主义哲学分割成两个部分——方法和理论。把辩证法只看作是方法，而把哲学唯物主义只看成是理论。"②

诚如柯尔施所理解，马克思和恩格斯一生都在批判对其理论的僵化、标签化、庸俗化、教条化理解，进而才能始终保持马克思主义的生机与活力。柯尔施始终坚持马克思主义的反思批判精神，从恢复马克思主义总体性社会革命观的理论初衷出发，批判以伯恩施坦与考茨基为代表的第二国际正统派的改良论、机械论、宿命论，批判他们对马克思主义革命精神的歪曲肢解与教条化理解。进而，在与苏联正统马克思主义的学术论争过程中，他继续批判苏联官方和理论界对马克思列宁主义的简单化、教条化、政治化理解，为人本主义的马克思主义、文化批判理论奠定了理论基础。这启示我们，一方面，只有坚持马克思主义总体性社会革命观及反思批判精神，与各种分裂肢解马克思主义整体性的错误思潮展开理论斗争，才能克服教条化、政治化地理解马克思主义，进而完整理解马克思主义；另一方面，在坚持把马克思主义学术理论研究与社会政治实践适度分离的同

①《列宁专题文集·论马克思主义》，人民出版社2009年版，第299页。
②[苏]叶夫格拉弗夫：《苏联哲学史》，贾泽林等译，商务印书馆1998年版，第134页。

时，也要反对把马克思主义学术理论研究与社会政治实践截然分开，避免当代西方马克思主义"在学术上获得成功是因为它在政治上失败"①的理论与实践相分离的错误理论研究倾向。

最后，不断创新发展马克思主义。柯尔施所提出的马克思主义与哲学及科学的关系问题，不仅关涉到完整理解马克思主义的重要问题，而且关涉到创新发展马克思主义的更关键问题。这也是现时代不断探索"柯尔施问题"的重要理论与现实价值所在。进一步说，问题不在于柯尔施是否完全正确解答了自己提出的问题，也不在于以柯尔施、卢卡奇等为代表的"西方马克思主义"是或不是马克思主义这样一种非此即彼、二元对立的问题，而在于柯尔施从提出到解决问题的理论初衷，更在于其对创新阐释与发展马克思主义的时代启发价值。从创新发展的视野出发，柯尔施认为晚年马克思和恩格斯在发展自己的理论，同时也认为列宁所领导十月革命在理论与实践上创新发展了马克思主义，在此意义上，他并没有把1850年以后马克思主义的整个历史描述为单一的线性衰败过程。

结合时代与革命实践发展，坚持批判和反思的马克思主义，柯尔施批判当时各种马克思主义流派没"能够代表无产阶级持续斗争需要"，反而成为"阻碍无产阶级的斗争理论和实践发展"，指出随着资本主义社会的不断发展，马克思主义也应当相应地发展自身以求理解时代②。这启发我们，要坚持辩证性、开放性思维来对待流派众多的"西方马克思主义"，走出非此即彼、二元对立的片面思维，以及非敌即友、过度政治化的封闭思维，积极批判吸收其创新阐释与发展马克思主义的有益理论成果，让马克思主义在21世纪中国的伟大实践创造中绽放更加璀璨的真理光芒。

---

①[英]莱尔因：《重构历史唯物主义》，姜兴宏、刘明如译，中国社会科学出版社1991年版，第5页。

②Kellner (ed).Karl Korsch-Revolutionary Theory,Austin:University of Texas Press,1977,pp.174-175.

三、法兰克福学派的理论造反运动

二战后，以中国为代表的亚非拉无产阶级革命运动与民族独立解放运动走上世界舞台，西方资本主义民主国家逐渐形成了美国主导的世界体系，与苏联主导的世界社会主义体系展开冷战。观念文化管控的政治化趋向日益加强，从美国的杜鲁门主义、麦卡锡主义、和平队计划到和平演变战略，意识形态的激烈斗争走上国际政治斗争的前台。充分利用赫鲁晓夫愚蠢地全面否定斯大林对西欧乃至世界社会主义运动造成的严重负面影响，并加以全面放大、极力抹黑，直至形成德国希特勒纳粹独裁专制大屠杀与苏联斯大林独裁专制大清洗同源同质、一脉相承的西方政治文化强势普遍性认知路线。这一无理非法认知路线，把从柏拉图到黑格尔，再到马克思、列宁与斯大林的理论归结为理性主义专制极权的逻辑演进结果，缺乏对历史发展的具体全面认识，把德国资本主义发展逻辑的极端恶果、苏联社会主义模式的极端错误，统统归结为马克思主义、共产主义的理论结果，并把社会主义社会普遍化为极权专制加以污名化，把资本主义社会普遍化为自由民主人权而加以颂扬，进而在西方市民社会、资产阶级社会形成广泛程式化的文化政治价值观谬见。

在资本主义社会经济、政治、文化秩序调整稳固及强势发展的形势下，马克思主义、社会主义的政治文化形象在西方逐渐被抹黑，身处其内部的马克思主义学者的生存处境日益恶化，话语空间受到大大压缩。为适应变化的资本主义世界，以实践革命改变世界的马克思主义在众多西方马克思主义学者的阐释中成为以文化、社会政治批判解释世界的学术理论生存策略，希求在广泛深层的文化革命中渐变全面异化的现代性社会。从《1844年经济学哲学手稿》的异化理论到《资本论》及其手稿的辩证法与社会历史理论等，逐渐成为西方马克思主义构建文化、社会政治批判理论的主要思想意向。其中，法兰克福学派就是承袭马克思现代性社会批判精神的代表，从霍克海默与阿多诺到马尔库塞、哈贝马斯逐渐放弃马克思主义阶级斗争与暴力革命理论，对资本主义采取文化理论批判的生存策略，试图渐渐改良资本主义。

1.霍克海默与阿多诺对启蒙的文化社会学批判反思

倡导人的理性和自由的近代启蒙精神为何走向实证论、倒退为新的迷信与神话，反而走向对人的新宰制，乃至走向极权主义？如何实现启蒙自身的启蒙，人如何走出这一现代性的囚徒困境？这是霍克海默与阿多诺对现代性社会政治问题进行哲学反思批判的主题。

首先，现代社会导致人类新的野蛮状态。通过对20世纪30年代以来现代西方所主导的人类社会历史发展进程的考察，尤其以美国社会现象为典型批判研究对象，霍克海默与阿多诺发现现代世界与人类社会在不断进步的同时，也出现了一系列自反性的矛盾问题。一方面，法西斯主义战争及其反犹主义造成现代世界惨绝人寰的人道灾难，新型极权主义造成对人性人权的新宰制，整个世界在政治上日益分裂为资本主义与共产主义两大敌对阵营；另一方面，在以美国为代表的西方发达资本主义工业社会，资本实现了对自然、对人的肉体与精神的全面控制与统治，导致整个人类社会日益全面商品拜物教化、物化、异化。正如他们在《启蒙辩证法》前言中所说："人类没有进入真正的人性状态，反而深深地陷入了野蛮状态，其原因究竟何在。"[1]

其次，启蒙思想概念本身是人类陷入现代野蛮状态的根本原因。启蒙倒退为实证论与神话，这是由近代启蒙理性以知识取代神话、技术主宰知识、绝对同一性的形而上学，以及近代启蒙理性工具主义所造成的。一方面，在近代启蒙所高扬的科学知识战胜迷信神话之后，宣扬概念和图景的偶然性科学知识逐渐臣服于高效必然性的技术，技术成了知识的核心与本

---

①[德]霍克海默、阿多诺：《启蒙辩证法——哲学断片》，渠敬东、曹卫东译，上海人民出版社2006年版，第1页。

质，进而技术成了主宰现代社会思维，以及资本剥削他人劳动的绝对方法与新神话，"数字成了启蒙精神的准则"①。另一方面，从康德到黑格尔所坚持的批判精神与革命性辩证法逐渐蜕变为宣扬绝对肯定性、同一性的形而上学，"靠'自我纯一'、纯粹同一性的公式，客体的知识便被表现为'变戏法'，因为这种知识不再是客体的知识，而是成了一种绝对化的……（智性）的同义反复"②。就是说，推动近代启蒙哲学不断发展的宝贵思想武器——批判精神与革命性辩证法发生蜕变，成了欺骗愚昧大众，宣扬同一性、肯定性的形而上学教条，阻碍了主体人的知识智力的进步。正如梅洛-庞蒂所说，辩证法丧失了革命性、创造性与创新性的思维内质而成了实证工具，"这是不折不扣的变戏法"③。由此，近代启蒙思想概念自身所携带的技术理性主义、工具理性的文化价值观导致新的欺骗与迷信，进而，资本实现了对自然与人的全面控制与统治，个人变得一钱不值，人的精神世界也在商品化过程中走向消亡，导致现代性社会总体的物化。就是说，人的主体性在对自然的征服及其全面异化的现代性进程中，最终走向启蒙精神的反面。这就是近代启蒙思想概念的悲剧性结果。

通过对20世纪30—40年代美国社会现象的典型分析，霍克海默与阿多诺进一步批判现代资本主义工业社会历史进程对劳动者日益加剧的奴役，对大众日益加剧的欺骗。在日益总体化的资本主义工业社会，现代劳动者日益丧失主体性，越来越蜕变成了两栖动物般的"单纯的类存在"，"社会的现实工作条件迫使劳动者墨守成规，迫使劳动者对诸如压迫人民和逃避真理这样的事情麻木不仁。让劳动者软弱无力不只是统治者们的策略，

---

①[德]霍克海默、阿道尔诺：《启蒙辩证法——哲学断片》，渠敬东、曹卫东译，上海人民出版社2006年版，第5页。

②[德]阿多诺：《否定的辩证法》，张峰译，重庆出版社1993年版，第158页。

③[法]梅洛-庞蒂：《辩证法的历险》，杨大春、张尧均译，上海译文出版社2009年版，第68页。

而且也是工业社会合乎逻辑的结果"①。"资本已经变成了绝对的主人，被深深地印在了在生产线上劳作的被剥夺者的心灵之中。"②现代技术、资本、权力及其文化工业实现了对个体从肉体到精神全面的操控，成为宰制、欺骗与麻醉大众的系统工具，近代西方启蒙运动曾经呐喊追求的理性与自由精神自身在现代发达资本主义社会走向了反面，"刚刚获得解放的人们却依附于与国家机器融为一体的垄断资本家"③。"在美国，人的命运与经济命运之间根本没有区别。"④监狱中的人、囚徒困境中的人成了资产阶级社会类型中人的真实形象，法西斯主义的极权专制成为践踏人的自由权利的极端典型。此外，霍克海默与阿多诺也对当时苏联社会主义社会人的自由实现问题提出了批判，认为苏联红军决定了个人选择自由。

最后，以反思批判精神追求自由理想的实现。对于如何走出现代人囚徒困境的解决方案，霍克海默与阿多诺把希望寄托于文化社会批判的精神层面。反思启蒙思想概念自身及其在现代性社会发展中种种问题，并不是否定启蒙主体的理性与自由精神自身，也不是彻底否定现代社会政治发展，而是要发扬辩证的启蒙理性与自由精神，对现代工具理性、资本权力、政治专制极权始终保持理性怀疑与批判精神。在他们看来，面对现代人类历史发展过程中的各种暴力统治和压迫文化，人类只能把自己置于坚定的文化、社会批判的位置上，才能寻找到一条通向人与自然和解、实现人性自由的合理道路。深受近代西方启蒙政治哲学精神的熏陶，他们坚信"人性的老家始终是在法国"；深受马克思和恩格斯人类解放对近代西方

---

① [德]霍克海默、阿道尔诺：《启蒙辩证法——哲学断片》，渠敬东、曹卫东译，上海人民出版社2006年版，第29页。

② [德]霍克海默、阿道尔诺：《启蒙辩证法——哲学断片》，渠敬东、曹卫东译，上海人民出版社2006年版，第111页。

③ [德]霍克海默、阿道尔诺：《启蒙辩证法——哲学断片》，渠敬东、曹卫东译，上海人民出版社2006年把，第183页。

④ [德]霍克海默、阿道尔诺：《启蒙辩证法——哲学断片》，渠敬东、曹卫东译，上海人民出版社2006年版，第195页。

政治解放超越精神的影响，他们坚信"人类解放就是个性的解放，但它同时又是能够给人类带来解放的社会机制的结果"①。

　　面对现代性社会政治发展的现实压力与困境，西方下层劳动者及大众革命意识低下的状态，以及苏联社会主义现实社会发展中的人权问题，他们没有完整理解马克思和恩格斯的革命精神，也无法像马克思和恩格斯那样给出解决现代性问题的彻底革命性解决方案。他们在一定程度上认识到《资本论》对商品拜物教的批判与德国古典哲学遗产的理论关联，也认识到马克思和恩格斯政治经济学批判的理论科学性与政治革命性，也理解"经济关系的革命"对整个社会革命的重要价值。但是，他们忽略了马克思和恩格斯所一直强调的推翻资产阶级社会政治统治的社会政治革命，错误地以为马克思和恩格斯"所欲望的革命""不是作为社会政治形式上的、统治的竞赛规则上的变革的革命"，还错误地以为马克思和恩格斯是不管客观历史条件的主观革命者，"支配着他们动机的是让革命立即到来的期待，他们想要第二天就发生革命"②。在社会政治革命的客观条件尚不具备的历史条件下，他们放弃了马克思实践哲学的彻底革命精神，希望以文化社会批判的理论精神、哲学的方式实现渐进改良现代性社会问题，把哲学这一非综合、非基础、非主导、非实证的科学视为"抗拒推断的努力，是追求思想自由和现实自由的决心"③。这种精神解放的方式，从马克思对政治经济学的深刻批判倒退回到哲学批判，似乎又以启蒙辩证法、否定辩证法的新哲学形式回到了德国古典哲学康德与黑格尔理性革命与自由解放精神的怀抱。可以说，在对自由解放理想的精神追求中，虽然他们的哲学理论研究明显与革命实践相脱节，但他们并没有选择与现实相妥

---

　　①[德]霍克海默、阿道尔诺：《启蒙辩证法——哲学断片》，渠敬东、曹卫东译，上海人民出版社2006年版，第224页。

　　②[德]阿道尔诺：《否定的辩证法》，张峰译，重庆出版社1993年版，第320页。

　　③[德]霍克海默、阿道尔诺：《启蒙辩证法——哲学断片》，渠敬东、曹卫东译，上海人民出版社2006年版，第226页。

协，而是把哲学批判升华到美学艺术之中，如阿多诺所说："哲学是音乐的一个真正的姐妹。"①这也正如安德森所评价，在西方马克思主义理论逻辑演进的最后，出现了"过度膨胀的美学研究"，"对未来的乌托邦想象和当前的道德准则，为过度的艺术沉思所取代，或者是其结晶，卢卡奇、阿多尔诺或是萨特，都以这种艺术沉思来构造其毕生的大部分著作"②。最终，霍克海默与阿多诺的理论批判与想象重新回到康德、席勒的审美乌托邦。

2.马尔库塞新感性革命的美学乌托邦想象

20世纪人类社会历史的发展进程，充分展现出现代社会文明进步与野蛮罪恶共存的两面性。科技理性、自由民主、资本逻辑、利己主义、消费社会所表征的现代文明及其悖论，尤其是两次世界大战及两大人类社会形态的竞赛对抗，将人类仰望政治解放与人类解放的理想目光再次聚焦到现代人饱受新奴役的生存困境中来。面对现代文明与人的生存新困境，作为法兰克福学派开创性理论家、发达工业社会的激进新左派，马尔库塞兼容并蓄近代西方启蒙运动以来理性批判与自由解放的社会政治哲学传统，将弗洛伊德主义引入马克思主义，创造性提出新感性革命、爱欲解放与人类解放的美学新乌托邦。此新乌托邦想象虽不能彻底革命性解决发达资本主义工业社会的顽癓痼疾，也不能真正找到21世纪人类文明与人类自由美好生存发展的新路，但其所散发出的激进理论批判精神与美学光芒确为洞悉解决现代性社会政治问题，实践探索现代社会人类文明与人的自由全面发展新路增添了些许思想光亮。

（1）发达工业社会人类生存新困境

伴随第二次世界大战硝烟散去，以及现代科技在大工业生产领域日益广泛的应用，20世纪50—70年代资本主义进入发达工业社会的新历史阶

①[德]阿多尔诺：《否定的辩证法》，张峰译，重庆出版社1993年版，第107页。
②[英]安德森：《当代西方马克思主义》，余文烈译，东方出版社1989年版，第14页。

段，资本主义生产方式进入快速发展的黄金时期，人类社会文明前行之路
仿佛又迎来新一轮曙光。许多西方思想家为此幻象弹冠相庆，再次泛起资
本主义国家的永恒论老调与自由天堂论新词，攻击社会主义社会为极权主
义社会、自由民主的末路歧途；还有一些西方思想家在为批判改良、稳固
永续自由资本主义社会政治而论著立言。与之不同，一批西方马克思主义
理论家怀揣人类自由解放理想，透过资本主义社会政治发展的重重星光幻
影，直击现代西方社会的内在固有基本矛盾问题，移民美国的马尔库塞就
是其中的典型代表。他把从黑格尔到马克思的现代性社会政治批判理论与
海德格尔存在主义哲学思想结合起来，通过对西方发达工业社会的深入观
察研究，聚焦技术社会形态的独特批判视域，揭橥现代资本主义社会已演
变成一体化的新型极权主义社会，技术理性已演变成全面控制主宰自然、
社会与人的单向度工具，现代文明与人的生存发展深陷新困境之中。

首先，发达工业社会已演变为单向度技术理性主宰的社会。从技术社
会形态的视角出发，马尔库塞确认资本主义进入发达工业社会的新发展阶
段，并由此展开其现代性社会政治批判的新言说。在他看来，发达工业社
会已演变成一个技术世界、一个完全被技术所"座架"（海德格尔语）的
世界，亦即韦伯、霍克海默与阿多诺曾批判论及的，一个由资本主义形式
合理性、工具理性所掌控的社会。他说："资本主义的形式合理性在计算
机中庆祝自己的胜利。这种电子计算机计算一切，而不问目的为何。"①
通过深入观察与思考，他还发现美国等西方发达工业社会并不存在马克思
主义思想中的社会革命迹象，正到处膨胀着一种盲目乐观的肯定性文化，
直接源自近代西方的启蒙理性正日益丧失否定性、批判性与超越性，逐渐
蜕变为单向度的技术理性与工具理性。就是说，在近代西方启蒙思想家尤
其是在黑格尔与马克思那里充满否定性、革命性维度的启蒙理性概念，在

---

①[美]马尔库塞：《现代文明与人的困境——马尔库塞文集》，李小兵等译，上海三联
书店1989年版，第107页。

现代资本主义社会日渐消逝，并且有选择性地清除价值判断这一理性概念的核心部分，一步步把理性概念狭隘化为单维度的效率、技术理性。结果，"在机器的影响下，个体理性被转化成了技术理性"[1]。进而，资本主义社会把封建社会专制统治变成了新的科学技术专制体系与形式。从否定性思维到肯定性思维，这就是资产阶级革命、发达工业社会所实现的"理性"，一种单向度技术理性主宰社会的逻辑。

其次，单向度技术理性与政治共谋对社会生活的全面控制。伴随现代技术与资本主义工业化生产的突飞猛进，技术广泛应用于生产、交换与消费等经济生活领域，渗透到社会生活各领域，作为解放手段的技术理性逐渐成为控制自然与社会生活各领域的新政治统治形式。因此，韦伯把资本主义工业化完全设想为"强权政治的一种形式""帝国主义"。在此基础上，马尔库塞进一步指出，资本主义工业化进程是经济、政治、意识形态等过程的统一，形成一种更为细微、高效、强力、霸权的新技术理性统治形式及制度体系，维护着资本主义社会秩序的稳定性。这种单向度技术理性的本质是统治和奴役一个特定社会的社会政治理性工程。他说："技术总是一种历史—社会的工程，一个社会和它的统治利益打算对人和物所做的事情都在它里面设计着。这样一个统治'目的'是'实质的'。并且在这个范围内它属于技术理性的形式。……它被作为一种政治操作的强大工具而投入使用，它可靠地计算着赢利和亏损的机会，包括计算在同样经过计算的和顺从的人们同意下，去毁灭整个社会。"[2]就是说，发达工业社会既是一个单向度的技术世界，也是一个强权的政治世界，进入现代性"特殊谋划"的最后阶段，不仅实现了对自然的改造与统治，而且形成了

---

①Herbert Marcuse.Technology, War and Fascism: Collected Papers of Herbert Marcuse, Volume One，London:Routledge，1998，p.41.

②[美]马尔库塞：《现代文明与人的困境——马尔库塞文集》，李小兵等译，上海三联书店1989年版，第106-107页。

技术媒介作用下的文化、政治和经济制度，全面控制着社会的话语与行为、精神文化与物质文化。并且，技术合理性已演变成政治统治合理性，意识形态正执行着社会统治关系再生产的辩护功能，技术对社会政治全面统治"正在产生更高的合理性，即一边维护等级结构，一边又更有效地剥削自然资源和智力资源，并在更大范围内分配剥削所得"①。由此，还造成发达工业社会的严重生态危机，危害人类自身，"大气污染和水污染，噪声，工业和商业强占了迄今公众还能涉足的自然区，这一切较之奴役和监禁好不了多少"②。

最后，现代人的物质精神文化生活需要完全被本能所座架。马尔库塞把发达工业社会视为现代富裕社会，主观以为剩余价值源于现代科学技术创造，且由工人与资本家共同享用。同时，他把马克思异化劳动批判思想与弗洛伊德精神分析理论结合起来，深入批判现代科技、发达工业社会使人深陷高强度全时空的异化劳动之中，导致人的全部自由闲暇时间、本能生命活动彻底被异化劳动所占据。而且，发达工业社会人的物质与精神文化生活需要并非出自人的自主选择，而是完全被新的强制形式所操控的虚假需要与满足，"诸如休息、娱乐、按广告宣传来处世和消费、爱和恨别人之所爱和所恨"③。在被强制消费过程中，这种虚假需要的满足会使人们感受到一种物质享乐与幸福，进而导致人丧失批判现实社会的精神能力，人成了感官享乐与商品拜物教的臣仆，深深陷入精神痛苦与危机、严重的异化状态之中。发达工业社会操纵社会意识与精神文化，"提倡'无思想的闲暇活动'，推行反理智的意识形态"，"把装配线、办公室里和

---

①[美]马尔库塞：《单向度的人——发达工业社会意识形态研究》，刘继译，上海译文出版社2006年版，第131页。

②[美]马尔库塞等：《工业社会和新左派》，任立编译，商务印书馆1982年版，第129页。

③[美]马尔库塞：《单向度的人——发达工业社会意识形态研究》，刘继译，上海译文出版社2006年版，第6页。

商店中的各种操作与本能需要相联结，就等于是在把人性的丧失作为快乐来赞美"①。就是说，一体化的现代资本主义社会单向度的技术理性及其"文化工业"不断扩大剥削与奴役的范围，"政治意图已经渗透进处于不断进步中的技术，技术的逻各斯被转变成依然存在的奴役状态的逻各斯"②。作为解放力量的技术蜕变为奴役人的新工具，还把人也变成机器零件与工具消耗品，操控、诱导人动物般的本能享乐，人性彻底异化丧失，导致现代人类文明严重退化。

总之，马尔库塞透过美国社会深刻洞见到发达工业社会所面临的时代社会政治问题，即表面中立的技术实质上变成了全面控制主宰自然、社会与人的工具，进而导致丧失了批判与超越精神的单向度社会与人。由马克思主义、存在主义、精神分析方法相结合所敞开的现代性批判新视界，有力证明近代西方启蒙运动与政治解放的宏大理想与叙事幻灭了，现代西方社会是一个深度全面异化的社会，造成人类生存的新困境，并非人类文明发展的正道。当然，马尔库塞在将批判焦点集中在科学技术的消极社会政治控制功能上的同时，却不恰当地将科学技术不合理运用所造成的种种危害归咎于科学技术本身；在聚焦批判单向度技术理性这一异化根源的同时，却没有揭批异化的私有制根源；也为科技在生产中的作用问题所迷惑，没有看清楚剩余价值的雇佣劳动之源及工资的本质。

（2）宏大社会政治革命理论已过时

发达工业社会并没有带来人的普遍解放，反而使人类文明深陷新困境之中，有力证明近现代西方政治革命及政治解放的宏大理论过时了。然而，在发达的单向度资本主义社会，又不具备进行无产阶级革命的主客观

---

①[美]马尔库塞：《爱欲与文明：对弗洛伊德思想的哲学探讨》，黄勇、薛民译，上海译文出版社2008年版，第59、145页。

②[美]马尔库塞：《单向度的人——发达工业社会意识形态研究》，刘继译，上海译文出版社2006年版，第145页。

条件。通过对发达工业社会的考察与批判研究，又通过对苏联马克思主义的批判分析，马尔库塞认为，马克思和恩格斯社会革命与人类解放理论已不适应现代发达资本主义社会，其宏大社会政治革命理论叙事也过时了。以往的一切革命理论只不过是新旧统治形式的循环往复，都没能实现理性自由联合体的人类解放理想。面对发达资本主义社会时代发展中的危机与问题，迫切需要沿着从黑格尔到马克思，再到海德格尔的批判哲学之路开拓前行，以新的革命性的社会政治批判理论加以回应。

首先，发达工业社会革命主客观条件不具备。发达工业社会是一个高度异化的社会，迫切需要总体性批判及革命性变革，而不是如修正主义者伯恩施坦所期待的"向社会主义的必然的自然进化"，更不是如波普所主张的渐进修修补补的资本主义改良工程。然而，从发达工业社会现实状况来看，无产阶级革命的物质与文化条件都不具备，"从资本主义向社会主义的转化不存在任何一点自然的必然性或自主的必然保证。某种程度上，资本主义本身已扩大了理性实践的范围和力量。使资本主义存在的'自然规律'已被另一种趋势所抵抗，这种趋势已阻止了必然过程的作用，因此使资本主义秩序的生命得以延缓"①。伴随发达工业社会科技与生产力的发展，生产日益自动化，劳动生产率大幅提高，资本利润率没有下降，肉体痛苦的体力劳动消失，物质生活财富的丰富取代了贫乏；生产、分配与消费领域的关系也发生了新变化，工人持股并开始蓝领化、闲暇时间增多，工人过着好像同资本家一样的生活，阶级矛盾趋向缓和消失；无产阶级革命意识正被操控与消融在平滑舒适、合情合理、形式自由、平等民主的现代资本主义肯定性文化之中，无产阶级的国际团结联合趋向被各自所属资本主义国家的利益所消解。总之，发达工业社会成功压制了人内心中否定性、批判性、超越性的向度，把社会变成单向度的社会，把人变成单

---

①[美]马尔库塞：《理性和革命——黑格尔和社会理论的兴起》，程志民等译，上海人民出版社2007年版，第269页。

向度的人，使人丧失了宏大社会政治革命与自由解放的精神，广大工人阶级已被腐蚀，不再是现实性的革命力量。

其次，苏联社会主义革命解放道路也行不通。苏联社会主义工业化发展道路类似西方，也没有实现自由解放，即其革命与解放道路也行不通。苏联快速高效工业化生产过程中倡导的"共产主义精神"，高度类似于韦伯所论"归属于上升的资本主义文明的'资本主义精神'"①。"苏联伦理学是一种政治工具主义"②，与西方伦理政治化的哲学传统并无不同，其所颂扬的道德价值观，如关心、责任、爱国主义、勤奋、诚实、勤劳等皆为西方传统伦理价值观所包含。究其错误的理论源头，在于列宁主义尤其是斯大林主义错误地把马克思主义工具化、教条化，使马克思主义辩证法、认识论、伦理学成为政权统治的工具，表现出工具主义、行为主义的特征，丧失了马克思批判的革命的辩证法的本真精神。在马尔库塞看来，马克思的辩证法是"一种批判的思维方式""革命意识和实践的研究方法"，也是一种政治历史与认识过程的辩证法，却被苏联的马克思主义彻底破坏了，被变成一种僵化的世界观与方法论、维护统治的意识形态、"官方的思想和交流的魔法"，直至被教条化"编纂为一种哲学体系""变成了形式逻辑"③。在马克思的理论中虽然没有独立的伦理学，但《1844年经济学哲学手稿》《德意志意识形态》却是其人道主义哲学的先导，《资本论》中"自由、平等和正义"等"关键术语"表明其"实证人道主义伦理学的实现"④。马克思政治经济学批判充满了对人与现代文

---

①[美]马尔库塞：《苏联的马克思主义——一种批判的分析》，张翼星、万俊人译，中国人民大学出版社2012年版，第102页。

②[美]马尔库塞：《苏联的马克思主义——一种批判的分析》，张翼星、万俊人译，中国人民大学出版社2012年版，第124页。

③[美]马尔库塞：《苏联的马克思主义——一种批判的分析》，张翼星、万俊人译，中国人民大学出版社2012年版，第78—80页。

④[美]马尔库塞：《苏联的马克思主义——一种批判的分析》，张翼星、万俊人译，中国人民大学出版社2012年版，第114页。

明的伦理道德关怀，指出只有废除非人道的私有制、资本主义生产方式，才能真正实现人道主义，走上人类文明自由解放的新路。

最后，宏大的理性革命首先需要人性的革命。现代发达工业社会科技革命压抑人性与本能，其社会主要矛盾已转变为整体的社会与抽象的人性之间的矛盾，启蒙以降的宏大理性革命已不能满足现代社会政治变革的需求了。因此，迫切需要挖掘清理宏大理性革命的思想遗产，以人性的革命为先导掀起新的社会革命。一是，从黑格尔的《逻辑学》到马克思的《资本论》都把理性视为对现实的一个否定性、革命性的概念，都深刻体现了一种总体性批判与革命及自由解放精神。像由"概念"构成的一个"否定的整体"三卷《逻辑学》一样，三卷《资本论》以"资本主义的概念"系统阐述了作为一个整体的资本主义及其制度发生、发展和崩溃的必然自我矛盾运动过程，"迄今为止还没有一个比马克思的资本主义的概念更恰当的辩证概念形成的例子"[1]。马克思理论的所有范畴、所有概念都是对现存社会政治秩序的"否定""总体的谴责"，是一个总体性的社会政治批判理论，其理论目的"都在于社会新形式的确立"[2]。二是，紧随《存在与时间》，《存在与虚无》批判揭示现代人生存无根的极端困境，并重叙无产阶级革命解放理论，是对人的自由的本体论—现象学阐述，"是黑格尔《精神现象学》和海德格尔《存在与时间》的重述"，萨特的无产阶级革命解放理论成了一种缺乏现实性、过时的"意识形态性质的本体论"[3]。其积极意义在于，萨特不仅承认革命是人类解放的唯一方式，而且强调"这种革命的解放的前提条件是人有自由去把握这个解放；质言

---

①[美]马尔库塞：《理性和革命——黑格尔和社会理论的兴起》，程志民等译，上海人民出版社2007年版，第144-145页。

②[美]马尔库塞：《理性和革命——黑格尔和社会理论的兴起》，程志民等译，上海人民出版社2007年版，第223-224页。

③[美]马尔库塞：《现代文明与人的困境——马尔库塞文集》，李小兵等译，上海三联书店1989年版，第6-8页。

之，人必须在他的解放之前就是自由的"①。因此，借鉴黑格尔的理性革命思想，克服海德格尔自由思想中的消极保守因素，吸取萨特自由先于人的本质的思想，改造马克思社会革命理论过度强调客观规律的宿命论及忽视心理学与人性解放的倾向，马尔库塞提出只有首先实现人性的革命解放才能真正实现社会革命解放。否则，一切革命只能是在政治制度的意义上实现了革命，只不过是统治者及统治形式的更替，即权力对人统治压迫的实质未变。"从古代世界的奴隶造反一直到社会主义革命，被压迫者的斗争总是以建立一个新的、'较好的'统治制度而告终；进步是通过改进控制的链条而取得的。每次革命都成了一个统治集团代替另一个统治集团的自觉的斗争；……每一次革命也都是被出卖的革命。"②

总之，马尔库塞以总体性方法批判现代性社会生活，展望未来社会政治革命的可能目标、道路与策略。他坚持理论与实践分离，忽略人性革命与社会制度变革的实践互动关系，夸大社会政治理论批判与个体人性解放的革命性作用，试图以独立于政党政治的学院派知识分子激进的社会政治哲学，去探寻现代社会人的自由解放与美好生存发展的新现实性理路。

（3）微观新感性革命的超越性力量

为从根本上中断奴役压迫制度一体化统治的恶性历史循环，"整体打碎"③这个现代旧世界的锁链，真正稳步实现彻底社会变革与个体普遍解放的启蒙理想，不仅要告别暴力革命的宏大社会革命理论方式，而且更要在人的日常生活世界掀起一场新感性革命。因此，马尔库塞提出"建立新感性"的著名口号，试图从微观的心理层面，即从全面解放人的感性、内

---

①[美]马尔库塞：《现代文明与人的困境——马尔库塞文集》，李小兵等译，上海三联书店1989年版，第39页。

②[美]马尔库塞：《爱欲与文明》，黄勇、薛民译，上海译文出版社2008年版，第56-57页。

③[美]马尔库塞：《现代文明与人的困境——马尔库塞文集》，李小兵等译，上海三联书店1989年版，第124页。

心深处的爱欲着手进行新的社会政治革命，筑牢为马克思所论及但忽略的"个体解放的根基"①，全面释放每个人的自我超越潜能与力量。进而，现实与未来的社会革命就会形成以进步青年学生、左翼知识分子等为主体的强大革命新力量。

首先，微观新感性革命是政治革命的前提。通过对20世纪50年代以来美国资本主义社会发展情势的观察思考，马尔库塞把弗洛伊德的心理学引入到马克思社会革命与人类解放理论中来，认为彻底反抗现代资本主义社会的革命就蛰伏在微观个体的心理深处、被全面异化的日常感性生活之中，唯有微观新感性革命才能把人从不健全的病态社会压抑统治下现实性地解放出来。心理革命是社会政治革命的基础与前提，微观新感性本身具有社会政治实践属性与革命功能，是改造人性、塑造新人、实现社会政治革命的前提条件。他说，自由社会建立的前提就在于与习以为常的经验决裂、与被肢解的感性决裂，"鉴于发达的资本主义所实行的社会控制已达到空前的程度，即这种控制已深入到实存的本能层面和心理层面，所以，发展激进的、非顺从的感受性就具有非常重要的政治意义。同时，反抗和造反也必须于这个层面展开和进行"。"个体感官的解放也许是普遍解放的起点，甚至是基础。自由社会必须根植于崭新的本能需求之中。"②告别暴力革命理论，以改造人的心理本能结构为基础的新革命时代到来了。新微观感性的革命把人的感性之维作为"解释人的本质的一个本体论概念"③与社会政治基础，把扬弃旧感性、建立"新感性"作为根本任务。其新感性概念是对马克思、席勒、弗洛伊德等所论感性概念的新综合，即

---

①Herbert Marcuse. Counter—Revolution and Revolt. Boston: Beacon Press，1972,p.62.

②[美]马尔库塞：《审美之维——马尔库塞美学论著集》，李小兵译，上海三联书店1989年版，第134、143页。

③[美]马尔库塞：《历史唯物主义的基础》，载《西方学者论〈一八四四年经济学—哲学手稿〉》，复旦大学哲学系现代西方哲学研究室编译，复旦大学出版社1983年版，第111页。

对感性与理性和谐关系的新综合，也是人的原始本能与潜能得以全面释放的新感性，即在审美和艺术活动中以想象力为基本动力造就的超越性的自由新感性。对此，皮特·林德评价说：马尔库塞"试图把他的观点建立在日常的经验或沉思上，试图诉诸他的读者或听众的整个直觉，而且，他以一种完整的方式表达观点。同样，他总是试图把他使用的宏大的理论结构与个人感觉以个人经验的现实联系起来"[①]。

其次，爱欲的解放是人类解放的唯一出路。不同于弗洛伊德把性欲视为人的生命的本质，马尔库塞把爱欲视为人的生命的本质，还把弗洛伊德心理学的革命性潜能融入马克思的劳动解放论，提出爱欲的复归是人类解放的唯一出路、爱欲解放的核心是劳动解放，试图从本能爱欲的心理层面揭示劳动解放路径的社会政治革命属性。因为，"心理学本身的内在结构显示出它本来就是政治的。心理越来越直接地成为社会总体的一部分，……它又与否定的原则、可能发生的革命原则联系在一起"[②]。他认为，真正有意义的劳动是本能爱欲得以满足的支柱，是爱欲的主要实现形式，会使人感到劳动快乐与幸福。人类历史上曾享有过没有压抑、爱欲自由的愉快生活，但发达工业社会却把对爱欲的压抑推向极致，把现代文明变成了压抑性文明。"推动人们去塑造环境、改造自然的，将是解放了的而不是压抑着的生命本能。""在今天，为生命而战，为爱欲而战，也就是为政治而战。"[③]爱欲解放论以爱欲普遍化为强大潜能与现实性力量，积极变革异化劳动、消除压抑爱欲的现代社会，把人从烦闷愁苦的生存状态中解放出来，去创造崭新的人类文明。马尔库塞晚年曾对凯尔纳回忆说，由于马克思主义已不能阐释垄断资本主义新状况下的社会革命问题，

---

①Peter Lind. Marcuse and Freedom, Bechenham: Croom Helm Limited, 1985, pp.16-17.

②Herbert Marcuse. Five Lectures, Boston: Beacon Press, 1970, p.1.

③[美]马尔库塞：《爱欲与文明》，黄勇、薛民译，上海译文出版社2008年版，第5、9页。

《爱欲与文明》把马克思主义潜藏在弗洛伊德主义中，就"为一个不允许激进变革的时代敞开了解放的空间"①。可见，马尔库塞的爱欲解放论，是一种规范的社会政治哲学理论，更是一种批判的革命的文明发展论。

最后，非暴力大拒绝是新革命的现实力量。微观新感性革命有着科学的理论基础与依据，已走到时代发展变革的最前沿，正在变成一种现实性的革命力量，马尔库塞充满激情地预言"感性正奋力成为'实践的'感性，即成为彻底重建新的生活方式的工具"②。而且，新感性革命理论批判的头脑已找到主要依靠力量，即第三世界被压迫者、进步青年学生、新左派知识分子。因此，马尔库塞积极鼓动支持激进学生造反运动，号召以非暴力的反抗、大拒绝、个体性暴乱的方式，革命性方式方法，来进行一场反抗现代社会一切奴役压迫的总体性革命。"这个伟大的拒绝就是对不必要压抑的抗议，就是争取最高意识形态自由形式，即'无忧无虑的生活'的斗争。"③

诚然，马尔库塞认识到马克思把感觉作为新唯物主义科学新世界观的基础，但没有认识到马克思在《手稿》中强调类主体只有在感性实践活动的基础上，即在扬弃私有财产的伟大共产主义革命实践运动中，才能彻底解放被全面异化了的"人的一切感觉和特性"，"确证自己是人的本质力量的感觉"④，去创造并实现人的类存在、类生活、类意识与类自由。但是，马尔库塞没有对资本主义制度及其阶级对抗进行深入的经济分析、阶级分析，只是从人本学、心理学出发直接推出本能结构——社会统治结构

---

①Douglas Kellner. Herbert Marcuse and the Crisis of Marxism, London: Macmillan,1984,p.154.

②[美]马尔库塞：《审美之维——马尔库塞美学论著集》，李小兵译，生活·读书·新知三联书店1989年版，第109页。

③[美]马尔库塞：《爱欲与文明》，黄勇、薛民译，上海译文出版社2008年版，第97~98页。

④《马克思恩格斯文集》第一卷，人民出版社2009年版，第190、191页。

的革命，以为"创造条件把性欲、生活本能从破坏本能的优势中解放出来"就可以使"自由、和平和幸福的现有可能性化为现实"①。因此，马尔库塞借用弗洛伊德精神分析方法提出建立新感性、爱欲解放、大拒绝的激进独特的思想主张，只能是主观精神仰望的心理革命、文化革命，在现实实践层面无法变成超越性力量。

（4）激进美学乌托邦中的自由想象

20世纪60年代末西方学生造反运动失败后，作为学生造反运动精神导师的马尔库塞并没有放弃其革命与人类解放理想，他始终坚信："人所达到的最高目的，就是一个自由人和理性人的联合体；在这个联合体中，每一个人都有同样的机会，去展示和完善他所有的潜能。"②同时，他开始总结反思学生造反运动失败的原因，继续完善其新感性革命与爱欲解放理论。借助席勒、马克思与海德格尔的美学思想，马尔库塞最终走向激进美学自由想象的乌托邦。

首先，沿着现代美学自由的思想理路前进。美学自由的思想在康德对自在世界的理性思考中已开启，在席勒美学自由观的专论中进一步拓展。马尔库塞非常认同席勒在《审美教育书简》中提出的美学自由观念，即"美学是自由之路，因为正是美导向自由"，也认为解决现代性社会政治问题，实现人的无忧无虑的生存、自由解放要走艺术与审美之路。马尔库塞更是汲取了马克思《1844年经济学哲学手稿》中极具革命性的实践美学思想，特别认同人按美的规律来改造与塑造现实，认为这是实现人与自然和解及实现人的解放的必由之路。海德格尔以存在为基础的美学思想直接启发马尔库塞：现代社会人的生存之根完全被技术所"座架"，变成了一

---

①[美]马尔库塞：《当代工业社会的攻击性》，伯幼、任荣译，《哲学译丛》1978年第6期。

②[美]马尔库塞：《现代文明与人的困境——马尔库塞文集》，李小兵等译，上海三联书店1989年版，第128页。

种无家可归的状态，只有寻求到艺术、诗这种超越于对象性思维方式之上的存在之思，才能让人与存在本身相遇，达到诗意栖居的美好生活样态。由此理路出发，站在人道主义立场上的马尔库塞把审美艺术作为革命斗争的最佳武器，展望未来的艺术王国、自由王国，即一个把人从异化劳动中解放出来的新社会，走向社会政治革命的美学乌托邦。

其次，审美艺术铸就新感性革命的新境界。翻转黑格尔"美是理念的感性显现"的观念论，马尔库塞强调美首先是感性的，美的东西是诉诸感官的快感、尚未升华的冲动的对象，感性是美学的根基。由此，审美与艺术就与新感性革命内在逻辑紧密相连，审美和艺术就具有解放感性、理性与想象及塑造新感性的社会政治革命功能。他说："艺术作品从其内在的逻辑结构中，产生出另一种理性、另一种感性，这些理性和感性公开对抗那些滋生在统治的社会制度中的理性和感性。"[1]"政治斗争变成了一个审美技巧问题，不是艺术被转换成现实，而是现实被转换成新的审美形式。"[2]艺术新感性已经成为一种革命政治实践、人类解放的必由之路。唯有借助审美和艺术的否定性、超越性，祛除现代资产阶级肯定性文化世俗化的遮蔽，才能跳出苦难的现代日常生活世界，跃入自由理想世界，重新发现全新的个体自我，开启人类文明发展新境界。

最后，人的自由解放过程是追寻美的历程。马尔库塞把艺术的现实性分解作为客观存在反映的社会现实与作为对现实不合理性超越的艺术现实两个维度，艺术现实才是艺术的本质与灵魂。作为肯定性文化的社会现实艺术，其现实策略是把美作为当下的东西而加以展示，实质是以艺术的方式塑造人性、完善人格。作为否定性文化的艺术现实，是对现代社会异化

---

①[美]马尔库塞：《审美之维——马尔库塞美学论著集》，李小兵译，生活·读书·新知三联书店1989年版，第210页。

②[美]马尔库塞等：《工业社会与新左派》，任立编译，商务印书馆1982年版，第168页。

存在的升华，要向技术统治的肯定性思维主宰的单向度发达工业社会发起批判冲击，更要承载起"大拒绝"与自由解放的使命与功能。在《反革命与造反》中，马尔库塞认为艺术革命可统一于改造世界和人性解放的活动中，它用新的美学形式来摆脱社会压抑、表现人性，以唤来一个自由解放的新世界。具有浪漫主义色彩的马尔库塞认为，艺术现实对现实社会问题的理想解决是幻象的艺术之美，即以歌德所描述的具有"欺骗与安慰"作用的美学形式，来表达人类超越性生存的渴望。总之，艺术不是美化现实社会政治，而是立美宜人、艺术现实化、现实趋向美。

晚年的马尔库塞曾在演讲和谈话中自称为"一个绝对不可救药的感伤的浪漫主义者""一个乌托邦人"，宣称走向社会主义是从科学到乌托邦之路。他对发达工业社会的新感性革命与文化造反所得出的爱欲解放、人的解放，属于一种政治美学的乌托邦想象，背离了社会主义从空想到科学的实践发展理路。这种超越人类现代性生存状况的激进美学渴望夹杂着无尽伤感与浪漫想象，能够带给人的只是刹那间警醒激动的力量和自我救赎的些许微光。

3.哈贝马斯走向交往行动的社会进化论

20世纪60年代以来，法兰克福学派第二代领军人物、当代世界著名的哲学家与社会学家哈贝马斯在重构社会批判理论的过程中，逐渐告别激进的理论批判与社会政治革命理路，走向以交往行动渐进实现社会进化的改良理路。他通过把马克思政治经济学批判、历史唯物主义与自由资本主义社会、晚期资本主义社会两个发展阶段的实际加以对照研究，提出马克思主义理论已不适应晚期资本主义变革的实际，马克思主义的社会政治革命理论已过时。为推进现代社会改良与人的自由解放，实现启蒙理性自由精神，渐进完成现代性这一未竟事业，就要以交往行动、理性商谈的话语政治实践实现社会进化。哈贝马斯交往理性的社会进化论，是对激进批判与革命理论的后退，试图重回政治解放的乌托邦，实质上走向了一种现代温和的理性自由主义。

（1）马克思主义革命理论已过时

自20世纪下半叶至今，西方世界弥漫着一股马克思主义过时论的思潮。其间，西方工人运动式微、1968年法国五月风暴失败，资本主义向国家垄断资本主义、新帝国主义的进一步发展，从饱受西方诟病的所谓"斯大林主义"到东欧剧变及苏联解体等世界大事变，更是使"告别革命"论甚嚣尘上。这导致法国及西方知识分子"对马克思主义日益增长的幻灭感，以及在更一般的层次上对任何以一场大革命来解决各种社会问题的希望的放弃"①。其中，作为公共知识分子的哈贝马斯写道：斯大林的"暴政"证明"革命社会主义的人文内涵被苏联扭曲了，所有工业社会中革命社会主义的工人运动也都失败了"②，而且他认为马克思主义革命理论已过时。

首先，马克思主义革命理论与自由资本主义社会实际相适宜。借用马克思的社会形态理论，哈贝马斯把社会形态分为原始社会、传统社会、资本主义社会与后资本主义社会四种形态，把资本主义社会形态分为自由资本主义、有组织的资本主义（即由国家调节的资本主义或晚期资本主义）两个发展阶段。通过深入研究马克思政治经济学批判与历史唯物主义，他提出马克思主义革命理论是与自由主义社会实际相适应的。其一，马克思主义并不是一种"纯哲学"，而是带有明确政治观点并可以在科学上证伪的历史哲学，"从辩证地解剖资产阶级社会中预测到历史逻辑"③，旨在彻底废弃政治统治，实现现代社会人与人、人与自然关系的和谐统一。其二，马克思主义的革命理论继承发展了以雅各宾与潘恩为代表的资产阶级

①[美]瑞泽尔：《后现代社会理论》，谢立中等译，华夏出版社2003年版，第48页。

②[德]哈贝马斯：《交往行为理论：行为合理性与社会合理化》，曹卫东译，上海人民出版社2004年版，第349页。

③[德]哈贝马斯：《理论与实践》，郭官义、李黎译，社会科学文献出版社2004年版，第290页。

革命传统，"历史唯物主义应该被理解为历史哲学和革命理论为一体的一种学说，一种革命的人道主义；它从分析异化开始，并以现存的社会关系的实践的革命化为目的，以便消除与现存的社会关系同时存在的全部异化"①。其三，马克思认为必须消灭私有制与资本拜物教，将物质生产生活过程置于劳动者自觉共同控制之下，才能实现人的自由联合发展。马克思深刻剖析了市民社会的机体结构，批判了资本主义私有制生产关系所造成的阶级统治与严重社会政治不平等，"用政治经济学的概念来把握的市民社会的机体解剖有一种去障揭底的效果：构成那个把社会机体结合在一起的骨架的，不是法律，而是生产关系。不久，机体解剖这个医学比喻被代之以房屋建筑的古老比喻：法律属于一个社会的经济基础之上的政治上层建筑，在这个社会中，一个社会阶级对另一个阶级的统治采取的是非政治的形式，即对生产资料的私人占用权力的形式"②。其四，马克思不愧为《资本论》与《路易·波拿巴的雾月十八日》的作者，把政治经济学批判与革命的政治哲学紧密结合起来，首次提出社会科学的系统危机概念，深刻揭示自由资本主义的经济、政治与文化危机及其革命解放路径。通过从经济到社会政治批判的分析路径，马克思深刻揭批了商品拜物教、资本对雇佣劳动的控制原则，推导出利润率下降与资本积累的历史趋势，指出"资本积累过程的中断表现为资本的毁灭。……经济危机直转变为了社会危机"③。其五，当时马克思面临的资本主义社会具备彻底革命的可能条件，因为"生产资料的占有者和雇佣工人之间的对抗作为阶级斗争已明显地表现出来，即被主体意识到了，因此能够在政治上被组织起来""行

---

①[德]哈贝马斯：《理论与实践》，郭官义、李黎译，社会科学文献出版社2004年版，第417页。

②[德]哈贝马斯：《在事实与规范之间》，童世骏译，生活·读书·新知三联书店2014年版，第57页。

③[德]哈贝马斯：《合法化危机》，刘北成、曹卫东译，上海人民出版社2009年版，第32页。

政机构强制性地以私有形式使用资本，使经济制度不断面临不可解决的问题"①。

其次，马克思主义革命理论已不适应有组织的资本主义社会实际。随着资本主义从自由竞争向有组织、国家调节的改革发展及其组织原则的变化，马克思主义所论说的革命可能条件已不复存在，其危机理论已不能有效解释晚期资本主义社会系统的危机问题。其一，国家与社会的分离在有组织的资本主义社会发展阶段停止了，国家与社会不再处于上层建筑与经济基础的旧有关系中，资本主义国家对经济的调控干预不断加强，国家已成为有潜力的集体资本家，市场愈益法治化、有组织化，有组织的资本主义"经济系统与政治系统的重新结合，在某种程度上使生产关系重新政治化了，因此也就更加需要加以合法化"②。其二，在有组织的资本主义社会，广大居民的收入与物质生活水平显著提高，已没有了阶级意识与革命觉悟，阶级关系也没有了政治形式，"对社会解放的兴趣不再能直接在经济表达中表现出来""无产阶级自行消失了"③。其三，有组织的资本主义社会出现了可控的新矛盾危机。人口、资源、生态环境、增长机制、科技滥用、军备竞赛、核武器毁灭世界等风险问题已取代阶级斗争与社会革命，成为有组织的资本主义及现代世界的焦点问题；发源于经济、政治、文化系统的危机演变为可控的系统危机与认同危机两类，以及经济危机、合理性危机、合法化危机、动机危机四种。这些矛盾危机正威胁着有组织的资本主义社会政治统治的合法性及世界秩序，但这些矛盾危机已失去了自发性，且不会形成导致资本主义制度瓦解的系统危机。"由于政府采取

①[德]哈贝马斯：《论晚期资本主义社会革命化的几个条件》，张继武译，《哲学译丛》1983年第2期。

②[德]哈贝马斯：《合法化危机》，刘北成、曹卫东译，上海人民出版社2009年版，第40页。

③[德]哈贝马斯：《理论与实践》，郭官义、李黎译，社会科学文献出版社2004年版，第240-241页。

行动，积极避免危机，因此，经济危机就被转移到了政治系统中"①，经济危机都可容可控于现代社会系统的规范结构即价值与制度之中。其四，有组织的资本主义尤其从社会劳动的根基上获得了统治的合法性，即"从下"得到了认同和合法性，有效解决了统治合法性的问题。他说："资本主义是由一种生产方式决定的，这种生产方式不仅提出了统治的合法性问题，而且也解决了统治的合法性问题。资本主义统治的合法性问题，不再是得自于文化传统的天国，而是从社会劳动的根基上获得的。"②具体来说，一是，由市场机制所确保的商品公平合理、等价交换关系原则，成了交往活动关系合法性的规范结构，也成为资本主义社会生产与再生产过程本身的组织原则与意识形态。因此，资本主义政治统治就能够继续"从下"而非"从上"——文化传统得到合法化。二是，技术统治成为资本主义统治合法性的意识形态。晚期资本主义找到了解决自身合法性危机的办法，那就是大规模的工业研究项目同国家委托的研究任务联结为一体，先进科学技术从军用到商用、民用有效结成一体，"技术和科学变成了第一位的生产力"③。而且，科技进步变成了一种独立的剩余价值的来源，成为推动社会经济的增长的决定性因素，进而满足了资本主义政治统治合法性的需要，"社会系统的发展似乎由科技进步的逻辑来决定"。"技术统治论的命题作为隐形意识形态……甚至可以渗透到非政治化的广大居民的意识中，并且可以使合法性的力量得到发展。"④此外，俄国革命、苏维埃制度所走的道路模式失败，说明其只不过是一种缩短了的工业化方法模

---

①[德]哈贝马斯：《合法化危机》，刘北成、曹卫东译，上海人民出版社2009年版，第99页。

②[德]哈贝马斯：《作为"意识形态"的技术与科学》，李黎、郭官义译，学林出版社1999年版，第54页。

③[德]哈贝马斯：《作为"意识形态"的技术与科学》，李黎、郭官义译，学林出版社1999年版，第62页。

④[德]哈贝马斯：《作为"意识形态"的技术与科学》，李黎、郭官义译，学林出版社1999年版，第63页。

式，同实现真正的社会解放相去甚远，落后于资本主义法治国家所取得的成就，乃至"成了一党专制的合法的暴政"。

最后，需重建马克思主义、历史唯物主义。由于马克思主义及其革命理论已不适应有组织的资本主义社会，历史唯物主义自身存在不加反思的客观主义、否定资产阶级规范和价值中内在有用的因素、忽视道德规范结构在社会进化中的重要意义三方面问题，以及斯大林对历史唯物主义的法典化、对马克思主义的教条化，因此哈贝马斯提出重建马克思主义、历史唯物主义。面对马克思主义在西方及苏联所遭遇的危机，哈贝马斯认为"重建"要在理论上和实践中避免两种极端化倾向，走"第三条道路"。其一，"重建"要避免全盘彻底否定马克思主义的错误倾向。他认为，以霍克海默为代表的早期批判理论通过研究西方革命的缺席、斯大林主义、德国法西斯主义等所造成的政治沮丧，只是试图阐明马克思主义所作出的错误预测，"但并没有打算彻底告别马克思主义立场"①。批判理论把社会主义视为对资产阶级解放运动曾允诺的目标激进追求的结果，因此，那种盛行于西方、全面否定马克思主义，"或把它当作开放社会的敌人、集权主义的理论家"的想法，绝对是愚蠢的误解。其二，"重建"要避免走主观激进教条的变革道路。他认为，企图在危机时刻动用感情力量一夜之间变革高度发达资本主义盘根错节的社会体制，非但不能实现民主自由的新生活方式，还"会造成巨大的混乱"，乃至出现"政治审美化的独裁主义""政治道德化的独裁主义"。其三，"重建"要走渐进的改革的"第三条道路"。"重建"要依靠有智慧的政党，走渐进长期、实验改革中央集权的道路，以民主、参与、分散的行为方式，来逐步达到社会变革与新民主生活方式的异常艰巨任务目标。②因此，为避免专制独裁主义与官僚

---

①[德]哈贝马斯：《现代性的哲学话语》，曹卫东等译，译林出版社2004年版，第134页。
②《现代性的地平线——哈贝马斯访谈录》，李安东、段怀清译，上海人民出版社1997年版，第36-39页。

主义，现代社会都要走民主、分散的渐进改革道路。其"所说的重建是把一种理论拆开，用新的形式重新加以组合，以便更好地达到这种理论所确立的目标"①。即重新组合成新的批判理论，把其变成单纯理性交流批判的新政治哲学工具，为民主、人权新历史发展目标而批判论争。

（2）以交往行动实现社会进化的新方案

伴随现代资本主义社会出现的新变化新危机，需要且应该以一种新的社会进化论替换马克思主义的革命理论，来实现解释世界、促进社会进步与人的自由发展。基于此，哈贝马斯提出"有一种社会进化理论应该成为社会理论的基础"，这就是"交往行为理论"②。即通过对行为合理性与社会合理化的批判分析，以主体间理性商谈的新范式取代生产劳动与革命解放范式，批判解决现代性社会系统的矛盾危机，逐步推进生活世界的合理性与制度控制系统的合法化，进而达到主体解放与社会进化的目的。他进一步指出，交往行动这个概念揭示了三个密切相关的主题：交往理性的概念并非认知工具理性的短视行为；把生活世界和系统两个范式联系起来的社会概念；作为一种现代性批判理论的交往行动理论要勾勒出发生悖论的现代社会生活关系。③

首先，交往行动是理论理性与实践理性相统一的新范式。交往行动作为一种新范式，其首要在于确立理论理性与实践理性相统一的交往理性新概念。交往理性把事实与规范、真理与价值两个尺度合理安置在主体间语言符号的交流活动之中，使理性共识与体现普遍利益的规范结为一体，成为评判社会科学、促进社会进化的新范式。同时，"通过这种交往实践

（kommunikative Praxis），交往行为的主体同时也明确了他们共同的生活语境，即主体间共同分享的生活世界"①。

从古希腊柏拉图、亚里士多德哲学到近代德国古典哲学，再到现代德国存在主义哲学，作为主体反思能力的理论理性思维盛行；从康德伊始到黑格尔的理性思辨哲学，作为一种主体道德自由能力的实践理性思维盛行，马克思更是翻转创新了西方理论理性与实践理性的关系，开创了以生产劳动实践为根本的革命性实践哲学范式。由此，哈贝马斯把实践理性作为"一种现代的特产"加以改造，称"实践问题是可以用话语来处理的"②，并将现代西方语言哲学元素注入康德实践理性概念之中，提出交往行动、交往理性、交往实践的新范式。这样，就可以克服主体性哲学先验认知理性与工具理性的局限，尤其可以弥补马克思实践哲学范式规范基础不清与缺乏的问题，为批判阐释现代社会政治统治合法化问题奠定理论基础与前提。

虽然与康德、黑格尔哲学类似，马克思实践哲学也曾用"语言伦理学的形式结构来揭示资产阶级人道主义"③，但是马克思对资产阶级社会合理化的革命性批判存在着规范基础模糊不清的问题。一方面，马克思把社会合理化视为生产力大发展，从马克思到韦伯、霍克海默、阿多诺等都认为社会合理化"就是指行为关系当中工具理性和策略理性的增长"，批判资产阶级社会把作为解放力量的科学技术异化成了社会压迫的工具；另一方面，"他们又都在思考，一种总体性的社会合理性究竟是意味着一种自由生产者的大联合，还是意味着一种合理的道德生活方式，或是与自然的

---

①[德]哈贝马斯:《交往行为理论：行为合理性与社会合理化》，曹卫东译，上海人民出版社2004年版，第13页。

②[德]哈贝马斯:《合法化危机》，刘北成、曹卫东译，上海人民出版社2009年版，第129页。

③[德]哈贝马斯:《合法化危机》，刘北成、曹卫东译，上海人民出版社2009年版，第138页。

和谐相处"①。"理论理性与实践理性的同一性深入到了政治经济学批判的基本概念当中，以至于马克思主义理论的规范基础至今模糊不清。"②马克思在《资本论》中运用辩证法批判资本积累过程对雇佣劳动者生活世界的彻底破坏，揭露资本主义经济系统所造成的阶级对抗与社会分裂，追踪研究资本主义"经济系统自我解构过程中社会合理化的矛盾过程"③，指出社会主义才是生活世界合理化的出路。在对资本主义社会从哲学批判、政治经济学批判扩大到政治法律不平等的革命性批判过程中，"马克思主义的社会理论已经引出了放弃规范性国家理论的结论"④。而且，马克思关于国家是垄断资本家代理人等批判论说不足以揭示晚期资本主义国家的功能。因此，需要以交往行动的新范式补充规范性的国家理论。

在哈贝马斯看来，从生产劳动范式转向交往行动范式，才能走出现代性主体哲学的困境。马克思创立了以生产劳动为中心的现代性原则，取代了自我意识哲学，改变了现代哲学认知主体反思哲学模式的重心。马克思实践哲学内蕴科技生产力、政治性革命批判活动与创造性的美学艺术生产，深深影响了西方马克思主义的发展，并走向一种审美乌托邦。马克思实践哲学试图走出现代性主体哲学的困境，但其生产劳动范式、"类的劳动生活"不过是现代性主体哲学的变种，即把希望从个体转向集体，"把社会劳动看作是生产者的集体自我实现"⑤，仍然未走出现代性主体哲学的困境。因为，"生产力的无情发展和西方文明的全球扩张，更被人们作

①[德]哈贝马斯：《交往行为理论：行为合理性与社会合理化》，曹卫东译，上海人民出版社2004年版，第142页。

②[德]哈贝马斯：《交往行为理论：行为合理性与社会合理化》，曹卫东译，上海人民出版社2004年版，第147-148页。

③[德]哈贝马斯：《交往行为理论：行为合理性与社会合理化》，曹卫东译，上海人民出版社2004年版，第324页。

④[德]哈贝马斯：《在事实与规范之间》，童世骏译，生活·读书·新知三联书店2014年版，第2页。

⑤[德]哈贝马斯：《现代性的哲学话语》，曹卫东等译，译林出版社2004年版，第74页。

为威胁来感受。人们越来越无法从资本主义生产主义的筹划中引申出一个没有兑现的诺言来。生产者社会的乌托邦，已经枯竭"①。鉴于此，"如果我们把实践概念从劳动转向交往行为，就会出现一种完全不同的视角"②。就是说，唯有以交往行动的新范式才能走出现代性主体哲学的困境，在主体间达成理解、承认与共识，确立人类普遍的生活方式。

其次，交往行动协调生活世界与系统整合进化的新平衡。哈贝马斯认为，在从自由资本主义到国家调节资本主义的社会转型进化过程中，由"资产阶级民法体系所确定的雇佣劳动（Lohnarbeit）与资本（Kapital）之间的关系"③成为社会整合控制与进化的新型组织原则。自我调节的市场流通体系、等价交换原则、抽象的法律体系、功利主义的道德体系、新教伦理与形式主义伦理等资产阶级意识形态逐渐"可以具有普遍主义的结构"，也"第一次容纳了普遍主义的价值系统"。但是，这种新型组织原则依照马克思对价值形式的分析、政治经济学批判的观点看来，只是资产阶级实施经济政治压迫控制的手段与意识形态蒙蔽的工具，只能缓解转移，并不能克服资本主义社会的系统危机、阶级斗争以及分裂对抗。尤其是"这种组织原则和交往伦理学（Kommunikative Ethik）是格格不入的；因为交往伦理学不仅要求规范具有普遍性，而且要求通过话语来对规范利益的普遍性达成共识"④。即为有效应对现代性社会危机，推动现代社会整合与进化，就需要以交往行动新范式来改进这种规范具有普遍性的新型组织原则。

---

① [德]哈贝马斯:《在事实与规范之间》，童世骏译，生活·读书·新知三联书店2014年版，第620页。

② [德]哈贝马斯:《现代性的哲学话语》，曹卫东等译，译林出版社2004年版，第373页。

③ [德]哈贝马斯:《合法化危机》，刘北成、曹卫东译，上海人民出版社2009年版，第23-24页。

④ [德]哈贝马斯:《合法化危机》，刘北成、曹卫东译，上海人民出版社2009年版，第26页。

进而，哈贝马斯创设生活世界（Lebenswelt）与系统（System）两个重要新概念，把交往行动作为沟通协调二者间关系，批判防止系统对生活世界的殖民化，逐步实现社会整合进化的理论新桥梁。系统是指社会政治与经济的制度整合控制体系。现代社会经济系统与政治系统及其普遍主义意识形态日益紧密结合，形成日益强大的政治化的控制整合力量，这迫切需要合法性系统加以制衡。生活世界是一个以文化、社会和个性为内在结构的文化社会学概念，具有交往活动所依据的文化背景资源假设与相互理解的知识信念储存库的内在功能，还具有与客观世界、社会世界与主观世界相联结的外在功能。生活世界概念与交往行动概念相互阐释支撑，是对现代社会共有价值观念与精神文化的想象，实质是一个自由主义式的交往主体"在社会空间和历史时间中分叉开来的交往行动网络"[①]。由于"社会作为由符号建构起来的生活世界"[②]，社会系统"表现为一个具有符号结构的生活世界"，生活世界"所讨论的主题是社会的规范结构（价值和制度）"[③]。再加之"社会进化是沿着生活世界的逻辑进行的，其结构是由语言产生的主体间性决定的，并且建立在可以批判检验的有效性要求的基础上"[④]。因此，在社会整合与社会进化过程中，交往行动就可立足生活世界，以语言符号协调生活世界与系统间的动态平衡关系。

交往行动范式有利于民主法治共同体与人类联合。交往行动的主体立足于生活世界，通过语言符号交流、理性商谈批判的新机制，就会相互理解与承认、达成共识。依靠新的交往行动理论，就可以把生活世界与社会

---

①[德]哈贝马斯:《在事实与规范之间》，童世骏译，生活·读书·新知三联书店2014年版，第95页。

②[德]哈贝马斯:《后形而上学思想》，曹卫东、付德根译，译林出版社2001年版，第81页。

③[德]哈贝马斯:《合法化危机》，刘北成、曹卫东译，上海人民出版社2009年版，第6页。

④[德]哈贝马斯:《合法化危机》，刘北成、曹卫东译，上海人民出版社2009年版，第16页。

世界、主观世界及客观世界紧密联结起来，合理合法推动社会整合进化与人类联合发展。对于一个现代国家来说，无论是社会主义还是晚期资本主义都没有代表人类的共同利益，其主要问题都不是阶级斗争问题，而是官僚主义问题。"首先的问题是官僚主义抬头，机构向更为复杂的方向发展，这都事关国家行政和经济管理。"[1]严重的官僚主义体制直接排斥了民主决策进程这一至关紧要的社会大事。因此，现代国家要通过交往行动结成以法律规范为基础的人为共同体、联合体，即由一种合理推动的同意、外部制裁的威胁而形成的现实性规范共同体——民主法治国家。进而，通过交往行动明确给出"世界大同主义的本质内涵"[2]，建构普遍共识、"包容他者"的新世界观，建立一个超越现代民族国家及其联盟的无中心、有秩序规范的"世界公民的联盟"与后政治世界。当代全球化进程已"把整个世界联合成为一个不由自主的风险共同体"[3]，从全球经济体系的视角看，跨国公司将成为一种世界交往行动、人类联合的模式与范例。为消除世界紧张局势和经济不平衡，联合国更需要交往行动、理性商谈将一些抽象原变为现实，如所有成员分享的历史意识，对人权的标准、和平状态的概念等达成共识。

最后，交往行动理论勾勒现代性社会批判理论的新开端。交往行动理论试图从规范的角度，即以行动合理性与社会合法化的新尺度重构社会批判理论，对现代性社会展开新的批判，继续推进现代启蒙理想。正如哈贝马斯所说，"交往行为理论不是什么元理论，而是一种试图明确其批判尺度的社会理论的开端"[4]。一方面，这种新批判尺度的新开端直接源自韦

---

①《现代性的地平线——哈贝马斯访谈录》，李安东、段怀清译，上海人民出版社1997年版，第59页。

②[德]哈贝马斯：《包容他者》，曹卫东译，上海人民出版社2002年版，第194页。

③[德]哈贝马斯：《包容他者》，曹卫东译，上海人民出版社2002年版，第214页。

④[德]哈贝马斯：《交往行为理论：行为合理性与社会合理化》，曹卫东译，上海人民出版社2004年版，第3页。

伯的合理化概念，是对西方哲学理性反思传统的继承发展。哈贝马斯坦陈韦伯的合理化概念是其理论的出发点，并误把韦伯对资本主义社会合理化论证的主题与马克思及卢卡奇等对现在工具理性的批判混为一谈。他赞同韦伯主张的"所谓'理性统治'，是指现代社会所持有的依法形成并由程序调节的统治类型"①。另一方面，这种新批判尺度的新开端也是对法国革命政治文化与精神遗产的继承发展。哈贝马斯认为法国革命留下了民主法治国家、商谈理论等宝贵精神财富，形成了一种"革命自我意识"，这"革命意识是一种新精神的诞生地，形成这种精神的是一种新的时间意识、一种新的政治实践概念和一种新的合法化观念"②。就是说，法国革命创造了世界历史的新开端，开创了"以自我决定和自我实现为符号的政治实践观"，确立了任何政治统治的合法性都应以合理商谈的方式获得，使启蒙哲学变成一个政治概念。

"资产阶级公共领域"成为交往行动新开端原初构想的空间平台。近代西方启蒙运动与政治革命促成国家与市民社会、权力与权利、公与私等领域的分离，推动了自由、民主、人权、法治及政治解放的历史进程。随着国家垄断调节资本主义时代的到来，市民社会变成了由非国家和非经济组织在自愿基础上结成的文化、市民、党派、工会等各类社会组织，资本主义经济、政治及其意识形态结成了新的一体化统治系统，对生活世界造成新的压迫。因此，迫切需要在政治国家及其经济系统与市民社会之间找到一个相对独立进行文化批判的公共领域，一个具有政治功能的独特公共空间，以求得文化理论生存发展及社会政治的渐进历史发展。"公共领域说到底就是公众舆论领域，它和公共权力机关直接抗衡。"③哈贝马斯试

①[德]哈贝马斯：《合法化危机》，刘北成、曹卫东译，上海人民出版社2009年版，第106页。

②[德]哈贝马斯：《在事实与规范之间》，童世骏译，生活·读书·新知三联书店2014年版，第622—623页。

③[德]哈贝马斯：《公共领域的结构转型》，曹卫东等译，学林出版社1999年版，第2页。

图以交往理性实现公共舆论、公共理性的启蒙，阻止系统对生活世界的殖民化，实现人的美好生活与社会进化。

（3）重回现代性西方社会政治哲学的新话语政治

告别马克思主义社会革命与人类解放理论，走向交往行动的社会进化论，重构新的社会批判理论，这实质上是哈贝马斯以新话语政治的形式重回现代性西方社会政治哲学的独特理论行动。在纵横世界至今70余年的理论活动过程中，哈贝马斯坚持西方启蒙理性、自由与批判精神，不断与现代、后现代思想家展开对话交流，把时代发展变化浓缩到其交往行动的社会进化论之中，给深入探索现代性社会政治的理论与实践提供了丰富的思想资源。同时，如吉登斯所见，哈贝马斯的交往行动理论的宏大理论工程、社会进化论容易导向混合的折中主义。[①]为避免对哈贝马斯新政治话语无批判性地引用借鉴、没有界限地滥用，就需要对其现代性政治哲学新话语的理论本质作出批判界定。

首先，重建的不是历史唯物主义，而是历史唯心主义。马克思历史唯物主义对现代资本主义社会的革命性批判完整而彻底、影响深刻，成为包括哈贝马斯在内的思想家重构现代性社会批判理论不可逾越的思想资源。他以历史唯物主义已不适应晚期资本主义发展变化的实际，马克思主义正面临严重理论缺陷与信念崩塌的危机等为由，开始所谓重建历史唯物主义。但是，其所试图重建的并不是历史唯物主义，而是要通过修正、改写历史唯物主义，用新的社会批判理论来替换历史唯物主义，就其所谓关乎古典与现代性社会政治制度兴衰荣辱性的问题——统治的合法性问题而展开理性的批判讨论[②]。这实质上是在为改良现代西方社会政治制度，即对

----

① [英]吉登斯:《没有革命的理性？——论哈贝马斯的交往行动理论》，田佑军、文军编译，《马克思主义与现实》2002年第2期。

② [德]哈贝马斯:《重建历史唯物主义》，郭官义译，社会科学文献出版社2000年版，第262、265页。

资本主义社会制度合理性、合法性展开批判探讨。

哈贝马斯所谓"重建"，只是借用了社会形态、社会危机等历史唯物主义概念话语的形式外壳，拆除了社会存在与社会意识、生产力与生产关系、经济基础与上层建筑、阶级斗争与社会革命等历史唯物主义的基本理论结构，代之以交往行动的理论结构，实质上走向了历史唯心主义。他以精神性的交往行动范式取代马克思所开创的实践哲学范式，否认剩余价值源于雇佣劳动创造，否认阶级斗争与社会革命对人类社会的解放，把生产劳动范式、革命解放范式视为历史唯物主义的乌托邦，把卢卡奇、霍克海默、阿多诺与马尔库塞的现代审美乌托邦视为历史唯物主义的理论结果。如此，交往行动理论就从根本上去除了马克思主义革命性实践品格及人类解放历史必然性的旨趣，其交往行动的社会进化论就演变成主体间在抽象生活世界的对话交流实践、理性商谈活动，即在精神文化与价值观念上达成相互理解、承认与共识。

其次，重回现代西方政治解放的改良乌托邦。走向交往行动的社会进化论是以新的概念话语形式，重回近现代政治解放乌托邦的一种独特理论尝试。以近代西方启蒙运动、英美法三大革命为标志，资产阶级确立了自己的统治地位，完成了政治解放的历史使命，但并没有带来人类解放。三百余年来，为改良资本主义统治，近现代西方自由主义理论家们在不断论证完善政治解放的基本理念。他们逐渐把形式上的自由、平等、民主、人权、法治、私有制、自由市场经济等观念，及其民主法治国家理想永恒化神圣化，乃至荒诞地将其视为人类历史的终结。站在政治解放的立场上，告别马克思社会革命与人类解放理论，哈贝马斯以现代性西方政治哲学的新话语方式，就如何持续改良资本主义而与西方现代、后现代思想家展开广泛理论交流。他倡导"商议性政治：一种程序的民主概念"①，坚

①[德]哈贝马斯:《在事实与规范之间》，童世骏译，生活·读书·新知三联书店2014年版，第357页。

信"民主和人权却始终是社会权力和政治权力文明化的诸种力量的唯一指导方向"①。

通过理性善谈、程序民主、协商民主这种新型话语政治方式，哈贝马斯试图实现使现代西方民主法治国家得以永恒改良进化，以渐进实现人权、自由解放。由此出发，他所设想的未来人类共同体是通过理性商谈而建立起来的"世界公民联盟"，而非康德所设想的"国家的联盟"。他说："只有通过民主的'超民族国家化'之路才能得到弥补，但这绝不意味着要建立巨大的联邦国家。"②这样，他就与罗尔斯《万民法》所倡导的自由主义人类联合乌托邦达成共识，并在《作为未来的过去》一书中以人权、民主等自由主义政治哲学话语支持北约发动的海湾战争、科索沃战争。因此，他也得到美国新实用主义后现代哲学家罗蒂的高度评价。罗蒂强烈主张德里达的差异政治和哈贝马斯的话语政治相互补充，把德里达视为"最吸引人和最有独创性的当代哲学家"，把哈贝马斯"看作对社会最为英勇的当代哲学家——最符合民主政治需要的哲学家"③。罗蒂还评价"哈贝马斯则是不愿成为反讽者的自由主义者"④。

最后，重回现代西方理性启蒙的普世价值观。哈贝马斯继承从亚里士多德到康德及黑格尔的哲学理性反思传统，把哲学视为对认识、语言等交往行动的理性反思，把实践的生活方式转变为立足于理论沉思的生活方式，试图推进与超越马克思主义的意识形态批判，完成对现代理性启蒙的再启蒙。作为对现代性社会政治展开新批判的交往行动理论，试图以新的话语方式继续理性启蒙这一未竟的现代工程，探索建构价值规范普遍有效

①[德]哈贝马斯：《理论与实践》，郭官义、李黎译，社会科学文献出版社2004年版，中文版前言。

②[德]哈贝马斯：《法的商谈理论与民主法治国的关键词》，周爱民译，《伦理学术》2020年第1期。

③[美]罗蒂：《真理与进步》，杨玉成译，华夏出版社2003年版，第274页。

④[美]罗蒂：《偶然、反讽与团结》，徐文瑞译，商务印书馆2003年版，第90页。

的新世界观/文化观。其间，哈贝马斯展现出一定程度的人类自由解放情怀、较为宽广的世界历史眼界，其著作也试图避免西方中心论的"概念帝国主义"，并在一定程度上折射出人类共有的价值规范。

但是，其基于西方"生活世界"共同文化资源背景所展开的交往行动及其所要确立的普遍化世界观/文化观，只不过是把现代西方盛行的所谓具有普遍主义形式结构的价值规范拿出来供人们相互理性商谈，进而形成所谓理解、共识与认同。因此，借用赵汀阳《没有世界观的世界》一书的思想来说，这种地方性的新世界观不具有历史唯物主义超越民族国家界限的真正世界历史眼界，并不是一种真正的世界观，仍然没能跳出现代西方普世价值观的窠臼。政治是哲学家的试金石。2022年5月，93岁高龄的哈贝马斯在《南德意志报》发表《关于乌克兰：战争与愤怒》一文①，就俄乌战争冲突发表自己的看法，表达了对"以对话和维护和平为主旨的德国政治模式的终结"的忧虑，以及他站在德国、欧盟政治价值观立场上支持和谈的政治立场与倾向。

四、后现代政治哲学对革命理论的消解

从1844年开始，马克思就在其著作中不断批判近代西方哲学家们宣扬的政治革命与政治解放理论，阐发其社会革命与人类解放的新世界观。在《资本论》及其手稿中，马克思更是以雄辩的事实、大写的逻辑全面彻底批判了现代资本主义社会，不仅为无产阶级伟大革命解放事业提供思想真经、科学理论武器，而且还结出苏联、中国等社会主义革命与人类解放事业的划时代实践成果。《资本论》的政治性与革命性得到了很多西方马克思主义学者的认同与理解，如日本学者见田石介认为，"马克思站在批判的、革命的阶级立场，解析其梦幻般的奇妙，可以说这是《资本论》方

---

①周知语、梁文诵：哲学泰斗哈贝马斯对乌克兰局势的罕见发声，文化纵横－知乎。

法的重要特色"①。柄谷行人认为，"正应该在《资本论》中寻找其哲学和革命论"，"正需要在《资本论》的价值形态中发现'阶级斗争'的契机"②，寻找到革命主体。美国学者温迪·林恩·李认为，革命的思想家"马克思探究的目的在于激起反对经济压迫的不公正的革命"。马克思以辩证历史的方式"既解释政治经济的历史，又确证政治革命的合理性"③。面对欧美学术界的阶级斗争过时论，美国学者哈维认为，"只要认真阅读《资本论》，我们就会毫无争议地发现，如果我们不将'阶级斗争'写在我们政治的大旗上，而且按照它的指示前进，那么我们就会失去方向"④。

1.现代西方政治哲学反《资本论》革命理论的喧嚣

《资本论》的革命解放理论也自然招致资本主义社会政治的捍卫者、现代西方自由主义与保守主义理论家们的批判。20世纪以罗素、波普尔、哈耶克、杜威、罗尔斯、阿隆等为代表的现代英美法著名理论家们，一方面以不同的话语方式批判马克思的社会革命与人类解放理论为乌托邦、"开放社会的敌人"，把马克思主义社会政治哲学视为柏拉图—黑格尔理性形而上学思想路线的结果，众口一词指认马克思主义在实践中只能走向暴力、专制与极权的斯大林主义与法西斯主义；另一方面又以新的强势话语方式接续传承改造近代西方政治革命与政治解放的思想主张，试图通过渐进改良资本主义社会政治，来实现近代西方启蒙理想中自由民主的"千年王国"梦想。

---

①[日]见田石介：《资本论的方法研究》，张小金等译，中国书籍出版社2012年版，第218页。

②[日]柄谷行人：《跨越性批判——康德与马克思》，赵京华译，中央编译出版社2011年版，第148、256页。

③[美]温迪·林恩·李：《马克思》，陈文庆译，中华书局2002年版，第1、65页。

④[美]哈维：《跟大卫·哈维读〈资本论〉》第一卷，刘英译，上海译文出版社2013年版，第362页。

其中，怀揣人类自由、共和主义理想的美籍德裔政治理论家阿伦特对马克思的革命解放理论作出了较为深刻而独特的理解与批判。在阿伦特看来，马克思对近代改变传统的三个重大事件——劳动解放、暴力革命与人类自由作出了系统彻底思考，终结了柏拉图与亚里士多德所开创的西欧政治哲学传统，成为今天影响极大的思想家，并"在一定程度上为极权主义统治发挥作用"①。深受法国大革命实践与理论的影响，马克思的社会革命思想经过两个转化发展阶段。在早期著作中，马克思将社会问题政治化，把贫困视为第一位的政治力量，将自由设定为革命目标。她说，马克思对革命事业的创见在于"他运用政治术语将贫苦大众那势不可挡的生存需要解释为一场起义，一场不是以面包和财富之名，而是以自由之名发动的起义。……马克思将社会问题转化为政治力量，这一转化包含在'剥削'一词中，也就是认为贫困是一个掌握暴力手段的'统治阶级'剥削带来的结果"②。在这一转化发展阶段上，马克思以古代奴隶制为解释模型阐述奴役、剥削、贫困、暴力统治、社会革命与人类自由问题，其充满革命性、缺乏科学性的思想假定只适合早期资本主义发展阶段，不久将被淹没在历史研究的风雨中。但马克思的社会革命思想继续前行，"将一种政治因素引入新的经济科学之中"，在政治经济学批判中论证通过革命推翻私有制及其政治暴力统治所维系的异化社会关系，"唤起了一种反叛精神"。就是说，马克思社会革命思想前行到第二个转化发展阶段，即把政治问题经济科学化的阶段，进而把革命的目标设定为富足。马克思"在《共产党宣言》之后的几乎所有著作中，运用经济术语来重新定义他年轻时赤诚的革命激情。……不是自由，而是富足，现在成了革命的目标"③。

---

①[美]阿伦特：《马克思与西方政治思想传统》，孙传钊译，江苏人民出版社2007年版，第12页。

②[美]阿伦特：《论革命》，陈周旺译，译林出版社2007年版，第50页。

③[美]阿伦特：《论革命》，陈周旺译，译林出版社2007年版，第51-52页。

社会革命目标追求从自由到富足的这种范畴转变、"颠倒"，是马克思试图将社会主义提升为科学，达到自然科学、自然必然性水准的理论追求的结果。进而，马克思社会革命思想在政治实践中导致了自由屈从于必然性，重蹈了罗伯斯庇尔的覆辙，既不能实现人的自由，也不能实现人的富足。因为，"从来就没有一场革命一劳永逸地解决了'社会问题'，将人们从匮乏的困境中解放出来"①。任何革命都不能动摇国家概念及其主权，每一场革命都只是颠覆一种政府形式、用另一种来取而代之。因此，"革命精神，是一种新精神，是开创新事物的精神，当革命精神无法找到与之相适应的制度时，这一切都失落殆尽了"②。以此标准衡量，她认为，法国革命偏离自由立国目标，因而失败了；美国革命一开始就思考政治形式的建构，实现了自由理想。

阿伦特还从人类积极生活的视角出发，把根本性的人类活动划分为不断自我实现与提升的劳动、工作和行动三个层次，进而高度评价马克思《资本论》对劳动解放的思想贡献，但认为马克思在对待劳动的态度问题上始终有些混乱。一方面，马克思把劳动视为自然必然性活动、最富人性和生产性的人类活动，倡导劳动解放；另一方面，马克思又把革命任务设定为"把人从劳动中解放出来"，认为"只有取消劳动，'自由王国'才能代替'必然王国'"③。把人从劳动中解放出来"也最终意味着从消费中解放出来"，"摆脱作为人类生活最根本处境的人与自然的新陈代谢"④。因此，马克思从必然王国到自由王国的乌托邦设想只能留下令人沮丧的选择：是要生产性的奴役，还是要非生产性的自由？阿伦特则把争取劳动自由视为人的有意义的高级活动，在此基础上争取更高层次的工作

---

①[美]阿伦特：《论革命》，陈周旺译，译林出版社2007年版，第96页。
②[美]阿伦特：《论革命》，陈周旺译，译林出版社2007年版，第262页。
③[美]阿伦特：《人的境况》，王寅丽译，上海人民出版社2009年版，第75页。
④[美]阿伦特：《人的境况》，王寅丽译，上海人民出版社2009年版，第93页。

及行动的自由，而所谓行动的自由就是致力于政治体的创建和维护活动的自由。由此，阿伦特又重回到西方政治解放的哲学传统，致力于以自由为思想武器批判反犹主义、帝国主义、极权主义。

晚年的阿伦特对她曾向往的曾以自由之名立国的美国感到沮丧，她批判美国政治生活充满了傲慢、无知、疯狂与自欺欺人的政治谎言，美国施行的帝国主义政策已完全忘记它先前的反殖民感情。进而，她对戴着不同帽子的"一对双胞胎"——现代社会主义与资本主义都丧失了希望，她说："我们不要讨论'人类历史发展'这样的宏大事务——人类历史发展极有可能会突然转向，它既不符合社会主义，也不符合资本主义，让我们希望，它的到来会让我们惊喜。"①由此隐约可见，晚年的阿伦特有走向后现代政治哲学的思想倾向，在渺茫中期待着一种不确定的、人的自由新开端。

类似罗素、波普、阿隆等对马克思主义革命理论的批判，英籍德裔学者达仁道夫反对马克思对现代社会经济政治矛盾的历史必然性揭示，指认马克思的革命理论是工业革命与法国革命时代"戴着黑格尔眼镜"的历史主义、过时的漂亮理论，提出现代社会的发展变化需要以新的社会冲突理论加以解释，进而代替马克思的阶级斗争与社会革命理论。他认为，1968年法国学生造反运动的失败标志着社会民主主义对革命的胜利与自由主义的新开始，现代西方社会矛盾冲突已发生根本变化，工人阶级已转变为中产阶级或资产阶级化，阶级矛盾已缓冲消解，马克思主义的革命乌托邦终结了。他说："现代的社会冲突是一种应得权利和供给、政治和经济、公民权利和经济增长的对抗。"②"革命的幻想本身就是知识分子背叛的一种形式。过高的希望和乌托邦，正好为意识形态和暴政摇旗呐喊，鸣锣开

---

①[美]阿伦特：《共和的危机》，郑辟瑞译，上海人民出版社2013年版，第164页。
②[英]达仁道夫：《现代社会冲突》，林荣远译，中国社会科学出版社2000年版，第3页。

道。"①就是说，现代社会的主要矛盾已转换为公民社会的矛盾，矛盾的解决方式不再是阶级斗争与社会革命，而是经济、政治权利的供给改良，改良社会财富分配方案、重新划定权力与权利的边界，以建立一个建筑在立宪国家（民主政治）、市场经济和公民社会三大支柱之上的和谐稳定的资本主义社会，即一个由洛克、康德、托克维尔等热望的自由主义社会。发展中国家的社会主义所走的现代化发展道路是政治控制的、没有效率的、难以发达的"次优道路"②，应对之实施自由"冲突和演变"策略，使之走上西方自由民主的最佳现代化发展道路。

此外，当代很多西方学者也一直在重复着批判马克思主义革命理论的现代西方政治哲学话语。如美国学者贝尔认为，"革命的设想依然使某些人为之迷醉，但真正的问题都出现在'革命的第二天'。那时，世俗世界将重新侵犯人的意识。人们将发现道德理想无法革除倔强的物质欲望和特权的遗传。人们将发现革命的社会本身日趋官僚化，或被不断革命的动乱搅得一塌糊涂"③。英国学者卡尔佛特认为，冷战思维占统治地位的时期，作为变革希望的革命与作为对自由世界价值观最大威胁的革命两种思想针锋相对，但到了20世纪90年代，革命一词已被广泛应用于社会—技术领域，逐渐取代了其在政治议程中的使用；由经济危机引发政治危机，进而爆发阶级斗争与社会革命，这是马克思和恩格斯及列宁对资本主义经济理性化批判分析所得出的"马克思—列宁主义革命模式"④。但关于阶级的现代观点早已不是马克思主义所论说的"实证主义模型"，因而"这个

---

①[英]达仁道夫：《现代社会冲突》，林荣远译，中国社会科学出版社2000年版，第105页。

②[英]达仁道夫：《现代社会冲突》，林荣远译，中国社会科学出版社2000年版，第138页。

③[美]贝尔：《资本主义文化矛盾》，赵一凡等译，生活·读书·新知三联书店1989年版，第75页。

④[英]卡尔佛特：《革命与反革命》，张长东等译，吉林人民出版社2005年版，第13页。

世界上不会再发生另一个法国革命了"①。匈牙利学者赫勒在《现代性理论》一书中认为,革命范式灾难性地崩塌了,进化的范式慢慢遭到侵蚀,快车慢慢驶向了奥斯威辛与古拉格。日裔美国学者福山更是把法国大革命视为现代政治秩序的开端②,把西式自由民主制度视为历史的终结。

2.当代西方学者视野中转向微观革命的后现代政治哲学

在现代西方政治哲学反马克思社会革命理论、维护现代资本主义社会政治的喧嚣声中,后现代政治哲学思潮在20世纪60年代末70年代初随之登场。这股反思批判政治解放与人类解放宏大叙事,走向日常生活微观革命与自由的后现代政治哲学思潮,对当代西方的政治哲学思考产生了巨大影响。对于时代变迁与政治哲学主题从现代到后现代的转换,尤其是对时代变迁与马克思主义政治哲学革命主题的时代转换,一些当代西方学者纷纷给出了各自的描述与阐释。总观这些不同的描述与阐释,大致可以从四个方面加以概括总结。

一是,后现代政治哲学研究拒斥现代政治哲学关于政治解放或人类解放的宏大叙事、元叙事,以此消解了马克思主义的社会革命与人类解放的乌托邦。英国学者吉登斯认为,"进步主义的启蒙运动的普遍律令"、现代政治哲学宏大革命与"解放政治"叙事逐渐退场。美国学者德里克认为,至20世纪80年代中期,"后现代主义拒斥元叙事"、拒斥革命解放的宏大叙事。法国学者莫兰认为,伴随西方无产阶级的分裂分化及其革命的失败,马克思主义在东方斯大林主义的教条化神话化,以及东欧剧变、苏联解体,世界正处于由野蛮生长的科技革命所主导的时代,"马克思主义的革命已经死去了""保守主义和改良主义的丧钟""也应该敲响"③。

---

①[英]卡尔佛特:《革命与反革命》,张长东等译,吉林人民出版社2005年版,第42页。

②[美]福山:《政治秩序的起源:从前人类时代到法国大革命》,毛俊杰译,广西师范大学出版社2014年版。

③[法]莫兰:《人本政治导言》,陈一壮译,商务印书馆2010年版,第26页。

　　二是，资本主义与社会主义在现代化发展过程中所出现的新情况新问题，导致现代宏大理想信念幻灭，后现代政治哲学就是对此所作出的理论反应。一方面，当代西方社会在现代化发展过程中并未兑现自由、平等、博爱的政治解放诺言，反而出现了更大的矛盾危机，自由主义的宏大理想信念日益幻灭。英国学者伊格尔顿认为，后工业社会的到来并没有改变资本主义财产关系的性质，而且越来越多的人，包括白领工人、科技劳动者转入到无产阶级队伍中来，再加之核战争和环境灾难的巨大风险，已出现世界的末日景象，"如果我们现在不采取行动，资本主义就是我们的末日"①。另一方面，社会主义国家现代化发展也出现了严重影响形象的问题及类似西方的现代性问题。英国学者安德森认为，1968年苏联入侵捷克斯洛伐克严重影响了东方共产主义国家形象，遭到了西欧各共产党全体一致的谴责，成为欧洲共产主义的真正开端，并在70年代出现了取代苏联模式的欧洲共产主义纲领，反对任何用突然的或暴力的方式取消生产资料的私人所有制，"它主张通过一种和平的、渐进的、立宪的道路实现社会主义，这种道路与十月革命及从中产生布尔什维克政权的模式恰好相反"②。伊格尔顿进一步提出，"到了1970年，随着所谓的欧洲共产主义的兴起，他们比以往更坚决地选择了改良主义而不是革命主义"③。德里克认为，后现代主义"对社会主义和资本主义的叙事都提出质疑；到八十年代中期，前社会主义政府，如苏联与中国大陆，努力与过去决裂，这证实了此类叙事不再有效"④。

　　三是，提出变革日常生活、改良微观政治的各种新方案，以替代马克

---

①[英]伊格尔顿：《马克思为什么是对的》，李杨等译，新星出版社2011年版，第233页。

②[英]安德森：《当代西方马克思主义》，余文烈译，东方出版社1989年版，第103页。

③[英]伊格尔顿：《理论之后》，商正译，商务印书馆2009年版，第28页。

④[美]德里克：《后革命氛围》，王宁等译，中国社会科学出版社1999年版，第96页。

思主义社会革命理论。美国学者凯尔纳和贝斯特提出，1968年的五月事件之后，法国和美国等地的新社会运动转而"拥抱微观政治哲学，把它视为真正的政治斗争领域"。"微观政治关注日常生活实践，主张在生活风格、语言、躯体、性、交往等方面进行革命，以此为新社会提供先决条件，并将个人从社会压迫和统治下解放出来。"[①]吉登斯认为，生活政治的种种方案开始出现，"'生活政治'，即关注个体和集体水平上人类的自我实现，开始从'解放政治'所投射的阴影中凸显出来"[②]。美国学者温迪·林恩·李认为，马克思试图通过无产阶级革命实践结束一切形式的压迫，达到每一个成员"能够永远自我实现的乌托邦"设想，在现时代"这种理想需要编入生态学女权主义的经纬线之中"[③]。伊格尔顿提出，"微观政治学在全球兴起"[④]。"当代西方兴起的女权主义、环保主义、同性恋、民族政治、动物权益、反全球化、绿色和平等反资本主义运动，是世人公认最活跃的新政治趋势之一，很难说这些社会政治运动与马克思主义有什么根本性的决裂。"[⑤]就连美籍学者萨义德在《东方学》中所提出的后殖民主义都在一定程度上保留了马克思主义的革命传统，是一种适用于后革命世界的后革命理论，"说到底，后殖民主义不过是外交领域的后现代主义"[⑥]。莫兰提出取代西方政治革命、马克思社会革命、弗洛伊德心理革命的人本政治革命兴起，宣告"生活的意义""人本政治"的革

---

①[美]凯尔纳、贝斯特：《后现代理论：批判性的质疑》，中央编译出版社2004年版，第31、150页。

②[英]吉登斯：《现代性与自我认同》，赵旭东、方文译，生活·读书·新知三联书店1998年版，第10页。

③[美]温迪·林恩·李：《马克思》，陈文庆译，中华书局2002年版，第126页。

④[英]伊格尔顿：《理论之后》，商正译，商务印书馆2009年版，第45页。

⑤[英]伊格尔顿：《马克思为什么是对的》，李杨等译，新星出版社2011年版，第208页。

⑥[英]伊格尔顿：《马克思为什么是对的》，李杨等译，新星出版社2011年版，第219页。

命时代开启。"生活的意义将作为根本的因而是革命的问题被提出。"①
莫兰"努力开采马克思主义这个根基中的生产、弗洛伊德主义这个根基中的心灵、基督教这个根基中的爱情、科学这个根基中的新科学主义。它们可能构成人本政治的几个根基"②。生产、心灵、爱情、新科学主义构成人本政治的根基,"并使革命的追求重新起动",并作为一种巡游、发展、革命的政治代替马克思主义的激进革命。此外,吉登斯还提出气候变化的政治,美国学者科尔曼提出生态政治方案,等等。

四是,法国学者列斐伏尔转向日常生活的微观革命,成为后现代政治哲学的重要理论先导。列斐伏尔把马克思主义的全面革命实践视为乌托邦,把日常生活批判视为现代社会变革的中心问题,从而转向日常生活批判的微观革命。在他看来,日常生活既是博弈场所,也是全部利益所在,而且由于"政治生活压碎了日常生活、经济生活和现实的个人生活"③。
"日常生活已经包含了和构成了政治生活批判,因为日常生活批判就是政治生活批判。"④日常生活批判理论试图通过批判至日常生活的底层,进而达到对广大的社会和阶级力量的历史理解,起到一种以小见大、以小博大的革命效果。一方面,马克思"全方位的思想"、总体性的理论所构想的宏大社会革命理论、全面革命实践已成为乌托邦。马克思在《资本论》中构造了"一个模型""一个抽象的资本主义社会"及两大对立的阶级——无产阶级和资产阶级。通过对这个模型及其结构的科学分析与综合、辩证批判,马克思预测伴随资本积累与无产阶级贫困化的辩证历史发展,"经济积累过程以日趋猛烈的方式释放出来。革命的浪潮汹涌澎

---

①[法]莫兰:《人本政治导言》,陈一壮译,商务印书馆2010年版,第28页。
②[法]莫兰:《人本政治导言》,陈一壮译,商务印书馆2010年版,第48页。
③[法]列斐伏尔:《马克思主义的社会学》,谢永康、毛林林译,北京师范大学出版社2013年版,第93页。
④[法]列斐伏尔:《日常生活批判》全三册,叶齐茂、倪晓晖译,社会科学文献出版社2018年版,第86页。

湃"①。这样，资本主义社会的丧钟就敲响了，国家开始消亡，全面革命的实践与理论就完成，但现实发展的情况却是"发达工业化国家一直都没有发生革命。资本主义已经围剿了革命"。列斐伏尔说："现在看来，全面的革命实践似乎是乌托邦。实际上，它的确是乌托邦的。"②在他看来，伴随发达资本主义国家资本积累、重工业与强大军队的发展，科学技术需要与变革走上了时代发展的前台，发达资本主义国家已不具备革命的主客观条件，群众革命运动的自发性纯粹是一个幻觉，需要以新的群众运动的理论促进革命观念的转变。另一方面，马克思主义却是有效批判改造与重建日常生活的建设性工具。他说，"只有马克思主义，也只有马克思主义，可以对生活展开有效的、建设性的批判"③。因为，在马克思的社会革命理论中含有两个改造日常生活的计划："第一个计划是道德秩序计划"；"第二个计划是审美性质计划"④。这两个计划居于乌托邦和现实之间，都意味着一个完备的革命实践，即以之改造日常生活既可以保留马克思主义社会革命理论的理想性革命性，又可以使马克思主义社会革命理论变为现实。总之，普罗米修斯式的社会理想、技术乃至哲学的乌托邦"必须以日常生活的名义去克服"，把"改造日常生活作为革命目标"。因为，批判改造日常生活可以质量渐进实现革命所无法实现的目标；批判改造日常生活通过建立新的不同的社会空间与社会时间、社会关系存在方式与新的体制，来摆脱现存秩序的模式，产生不同的生活途径；批判改造日常生活作为革命目标还可以通过思考、诗歌等不同思想形式完成对日常

---

①[法]列斐伏尔：《日常生活批判》全三册，叶齐茂、倪晓晖译，社会科学文献出版社2018年版，第515页。

②[法]列斐伏尔：《日常生活批判》全三册，叶齐茂、倪晓晖译，社会科学文献出版社2018年版，第442页。

③[法]列斐伏尔：《日常生活批判》全三册，叶齐茂、倪晓晖译，社会科学文献出版社2018年版，第209页。

④[法]列斐伏尔：《日常生活批判》全三册，叶齐茂、倪晓晖译，社会科学文献出版社2018年版，第266-267页。

生活的创造、质的飞跃。①

3.后现代政治哲学批判《资本论》革命理论的三种样态

自20世纪60年代末以来，后现代政治哲学思潮主要在法国及美国逐渐孕育，产生了福柯、德里达、德勒兹、利奥塔、鲍德里亚、詹姆逊、罗蒂等后现代政治哲学家，以及自称为"建设性后现代主义"的格里芬。他们以不同理论方式与话语体系解构批判现代西方政治哲学与马克思政治哲学，他们对《资本论》的现代性批判思想有不同程度的理解与认同，但他们都毫无例外地以各种理论方式批判马克思主义的社会革命理论。就他们批判《资本论》革命理论的样态来说，大体上可以划分为三种：替换、消解、否定。

（1）福柯、德里达、德勒兹、利奥塔走向微观革命的后现代政治哲学

他们都认同马克思对政治解放理论的现代性批判，并借用《资本论》的概念话语对现代西方社会政治展开新的批判。作为马克思社会政治哲学隐性继承者的福柯，十分赞赏马克思对现代性社会政治的批判方法，在《规训与惩罚》一书中更是借用《资本论》中的大量概念与话语展开对现代社会权力的批判，来说明现代社会在劳动和军事领域中以纪律、效率机制对人驯服的机制是如何产生的。进而，他批判权力的"全景敞视主义"不仅在工厂、监狱存在，而且在医院、学校乃至个人的性生活等私人生命活动的领域都普遍性地存在，演变成为一种具有普遍性强制的政治技术，严重威胁个性自由。

作为马克思精神的独特守候者的德里达，与马克思在对政治解放理论的现代性批判向度上保持一致，并在马克思之后激进批判、解构当代资本主义的社会政治问题以及全球秩序中的霸权主义，要为一切受压迫的人、

---

①[法]列斐伏尔：《日常生活批判》全三册，叶齐茂、倪晓晖译，社会科学文献出版社2018年版，第674—675页。

受害人说话，要向读者交回属于他们自己的诠释解构的权力①。马克思在《资本论》中深刻批判并辛辣嘲讽了近代自由竞争资本主义的所谓"美妙图景"。德里达在《马克思的幽灵》中也深刻批判并辛辣嘲讽了全球化进程中当代资本主义"新世界秩序"的所谓"美妙图景"——"十大祸害"②。

从对资本主义的现代性批判上来看，德勒兹几乎与马克思走到了一起。德勒兹认为，所谓自由资本主义实则是一个由资本和市场法则普遍控制的社会，"一个疯狂地制造财富和苦难的工厂"③，压制着大多数人的欲望，制造了"精神分裂症"。他批判资本就是"资本主义的无组织身体，或者恰当地说是资本主义存在的无组织身体"④，实则是在以新的话语重复马克思《资本论》对现代国家这种新型奴隶制的批判："罗马的奴隶是由锁链，雇佣工人则由看不见的线系在自己的所有者手里。他的独立性这种假象是由雇主的经常更换以及契约的法律拟制来保持的。"⑤德勒兹借用马克思的政治经济学批判，并结合弗洛伊德的力比多经济学，模仿马克思对资本主义生产阶段的划分，把现代资本主义的欲望生产分为对接、登陆、消费三个阶段；他借用马克思剩余价值、资本积累理论，认为剩余价值产生于不变资本与可变资本之解码流的契合，是不变资本与可变资本微分关系的剩余生成。受《资本论》地租、利润、税收理论的影响，他认为国家就是一种捕获机器，是对生产、劳动和金钱的捕获。追随马克思关于资本原始积累的分析，他说："说暴力要归结于生产方式，这甚至也是不充分的。马克思已经在对资本主义的分析之中揭示了这一点：存在

---

①Derrida, Eperons. Les styles de Nietzsche.Paris.1978.pp.27-28.

②[法]德里达：《马克思的幽灵——债务国家、哀悼活动和新国际》，何一译，中国人民大学出版社2008年版，第78-81页。

③[法]德勒兹：《哲学与权力的谈判——德勒兹访谈录》，刘汉全译，商务印书馆2000年版，第197页。

④Deleuze and Guattari,Anti-Oedipus:Capitalism and Schizophrenia,University of Minnesota Press,Minneapolis,1983.p.10.

⑤《马克思恩格斯全集》第四十四卷，人民出版社2001年版，第662页。

着一种必然通过国家而运作的暴力，它先于资本主义生产方式，构成了'原始积累'，并使得此种生产方式自身得以可能。……这样一种暴力，它呈现为已经完成了的，尽管它们每一天都在被重新激活。"①他还借用《资本论》及其手稿对资本全球化、世界市场及其与国家共谋关系的论述，在《千高原》一书中结合跨国公司等组织的发展现状，说明资本全球化与世界市场的当代发展状况，阐明资本主义市场经济与国家政权的矛盾统一关系，进而阐发了其政治哲学的大型"解域化"与"辖域化"的矛盾统一关系。

利奥塔也把资本主义看作一个过程性存在，并批判了现代乃至当代发达资本主义社会的新危机，指认当代发达资本主义社会新危机是知识危机、知识合法化的危机。他反思现代性社会政治理论与实践的困境，批判现代宏大叙事的正义论模式，重叙了现代社会政治的合法性问题。

他们都不同程度地远离了马克思人类解放的宏大理想，不赞同马克思以阶级斗争与社会革命实现人类解放的路径。福柯拒绝、远离、批判历史唯物主义的社会革命与阶级斗争理论。他说："要以最大的诚心去了解革命是否是一种需要。但是对这个可怕的鼹鼠窝进行探险的时候，政治可能遇到塌方的危险。""也许我们正在经历政治的终结。因为政治这个领域需要革命来打开它，如果革命的问题不再以以往的形式提出来，政治就有湮灭的危险。"②这表明，他除了对革命的游移之外，更多的是对革命的拒绝；他认为革命与政治终结似康德的二律背反，就是说，马克思试图以无产阶级社会政治革命这场最后的大决战终结、消灭政治的理性企图是无法确证的，也许政治永远不会终结，不能寄希望于马克思人类社会解放的

---

①[法]德勒兹、加塔利：《资本主义与精神分裂（卷2）：千高原》，姜宇辉译，上海书店出版社2010年版，第646页。

②包亚明主编：《权力的眼睛——福柯访谈录》，严锋译，上海人民出版社1997年版，第46页。

乌托邦，只能在政治国家中与权力进行永远不断的斗争。而试图砸碎旧锁链而彻底挣脱所有锁链的阶级"斗争"是不可取的、应被"忽略了"①。

德里达以守候马克思政治哲学理想性、弥赛亚性的名义，反对人类解放确定的理想性、弥赛亚主义。他认为，应该把固定在马克思精神遗产上的非遗产拆解下来，如固定在马克思精神遗产上的辩证法、无产阶级专政的国家机器，"固定在它的有关劳动、生产方式、社会阶级等基本概念中"②。

在德勒兹后现代政治哲学中，特别难以找到像马克思那样对人类社会政治进步理想的明确宣告。他反对马克思对必然生成美好未来的暴力革命的呼唤，声称包括马克思在内的人们的革命观念是含混的，"革命的观念自身就是含混的；当它指向一种国家形态的转化之时，它是西方的；而当它构想着国家的毁灭和废黜之时，它又是东方的"③。继而，他认为人们应区分"历史中的革命的前途和人们的革命的生成"④，前者的前途是黯淡无光的，后者是人类的唯一机会。就是说，其实他不赞同历史唯物主义的社会革命，只对偶然自发的人的革命生成、改造新人寄予希望。

利奥塔认为马克思人类解放的宏大叙事不可信。他怀疑批判马克思实现人类解放的中介与手段；不相信通过阶级斗争与暴力革命就能够一劳永逸地消灭异化劳动、消灭旧分工，消灭私有制、消灭阶级、消灭国家、消灭宗教。他说："今天，我们知道十月革命在马克思主义的神盾下，只不过——任何革命都只能和将只能如此——捅开了同一个伤口。定位和诊断可以改变，但在这些重写中出现的总是同一种病症。马克思主义者曾经以

---

① 包亚明主编：《权力的眼睛——福柯访谈录》，严锋译，上海人民出版社1997年版，第47页。

② [法]德里达：《马克思的幽灵——债务国家、哀悼活动和新国际》，何一译，中国人民大学出版社2008年版，第85页。

③ [法]德勒兹、加塔利：《资本主义与精神分裂（卷2）：千高原》，姜宇辉译，上海书店出版社2010年版，第555页。

④ [法]德勒兹：《哲学与权力的谈判——德勒兹访谈录》，刘汉全译，商务印书馆2000年版，第194-195页。

为已经为人类的非异化工作过，然而人的异化又一次重复，只是稍稍换了换地点。"①这就是说着许多后现代政治哲学家共有的话语：砸碎的只是旧锁链，获得的只是新锁链。

他们以不同的概念话语方式走向了后现代的微观革命范式。福柯后现代政治哲学在总体上远离了马克思，走向要永远不断地对微观权力领域进行批判与斗争，以获取非理性主体的、个性多样的自由与权利。福柯以微观的自主斗争对马克思阶级斗争与社会革命理论模式的替代背后，隐藏着他对马克思以经济分析权力理论思维模式的拒绝与批判。对福柯来说，权力是其政治哲学的基石，其最重要的功能是象征与惩戒，"生产功能几乎为零"②。德里达后现代政治哲学采取了对一切进行解构的策略，尤其要使马克思的批判精神和现实的政党政治分离开来。这样，马克思的批判精神的在场方式，就只能存在于像德里达这样带有政治色彩的激进化的做法——解构的策略性言词或者说语言的自由游戏之中了。自视为概念劳动者的德勒兹对现代政治哲学政治解放与人类解放的理性概念话语非常不满，他创造了政治哲学新概念界域与解域。界域是国家权力这个抽象机器通过微观具体的规则对人的控制；解域是人逃离或摆脱微观具体的规则对人的控制，即对马克思社会革命与人类解放概念的替换。"解域"试图通过差异的自由、身体的自由、欲望的自由来摆脱现代性社会政治权力对人的微观控制与束缚，即微观的小"解域"。进而，通过"游牧政治"在"千高原"上与社会控制权力展开普遍的游击战，他希望生成普遍的大"解域"。

（2）鲍德里亚与罗蒂走向彻底反革命的后现代政治哲学

在后现代政治哲学家族中，从修改马克思的政治经济学批判入手，逐

---

①[法]利奥塔：《非人——时间漫谈》，罗国祥译，商务印书馆2000年版，第75页。
②包亚明主编：《权力的眼睛——福柯访谈录》，严锋译，上海人民出版社1997年版，第164页。

步走向彻底颠覆马克思主义政治经济学及其社会革命理论的典型是法国后现代思想家鲍德里亚。作为一个后马克思主义学者，鲍德里亚早期思想曾经历了一段受马克思政治经济学批判思想影响的时期。在此阶段，鲍德里亚从其老师列斐伏尔的微观日常生活批判理论视域出发，主要依据马克思对商品社会及其异化的分析，并借鉴巴特符号学的分析方法，而展开对现代性社会政治的批判。在1968年《物体系》一书中，他对现代社会日常生活物品的层级体系、人的阶层及其所归结的文化符号系统展开分析研究，揭示现代社会物欲文化所催生的超前、奢侈消费，进而批判人被物品及其背后的资本所奴役，即人被"普遍符码"①化而导致自由的丧失。同时，《物体系》还提出物品使用价值的内在功能被交换价值符码化为外在的身份等级的标识，而且成为一种"模范的意识形态"②，即现代性文化意识形态的操控体系。这也为《消费社会》《符号政治经济学批判》的创作与思想转向埋下了伏笔。

在1970年的《消费社会》一书中，一方面，鲍德里亚在马克思政治经济学批判思想影响下，进一步批判现代资本主义社会生产力加速发展的神话，即在"为生产而生产的神奇目的数字化了的逻辑"支配下，物质财富、商品与服务等不断快速增长，由此形成了惊人的丰盛与消费现象，结果出现了一个主体慢性堕落、完全异化的以消费逻辑为主导的社会。另一方面，他认为在这个由编码、符号秩序所主导的、极度不和谐的消费社会，实质平等的革命追求被转换为物质财富的使用价值及需求与满足原则的人人平等，实质民主的革命追求被转换为消费电视、汽车和音响等表面民主以及法律意义上的形式民主，消费的编码驯化暴力革命进入到福利革命的新游戏规则中。他说：消费社会的"福利革命"成了资产阶级革命"未能（或未愿意）从根本上加以实现的革命的遗嘱继承者或执行

---

① [法]鲍德里亚：《物体系》，林志明译，上海人民出版社2019年版，第208页。
② [法]鲍德里亚：《物体系》，林志明译，上海人民出版社2019年版，第168页。

者"。"在社会主义国家中,人们也能看到'福利革命'替代社会政治革命。"①持同样看法的还有日本学者柄谷行人,他也认为"一旦形成了消费社会,则旧有的阶级斗争就无效了,这是理所当然的事"②。

从中可见,鲍德里亚通过对消费社会的批判分析,已开始对马克思政治经济学批判进行修改,认为马克思试图通过社会政治革命来解决消费社会这一现代性问题的方案已落空。但此时的鲍德里亚还保留着马克思政治经济学批判与法国1968年学生造反运动的一些革命性理论与实践镜像,也还保留着一些彻底实践变革现代性社会的不确定性希望。他说:"我们期待着剧烈的突发事件和意外的分化瓦解会用和1968年的五月事件一样无法预料但却可以肯定的方式来打碎这白色的弥撒。"③

因此可以说,鲍德里亚早期有些思想还处在马克思政治经济学批判的框架内。如波斯特就认为,鲍德里亚早期"对资本主义商品经济的批判基本上仍是在马克思主义政治经济学和结构主义的大框架中进行的"④。戈特迪纳在《客体系统与日常生活的商品化:早期的波德里亚》一文中分析了鲍德里亚在20世纪60年代末70年代初试图把马克思主义和符号学融合在一起的理论尝试,他说:"波德里亚展示了在日常生活的改变中体现出的相对于经济变化(在这里被概念化为现代性的运动)的力量,并以此为他超越马克思主义(后来他确实成功做到了)奠定了基础。……《客体系统》是在唯物主义的符号学方面的一个典型尝试。"⑤鲍德里亚也曾在总

---

①[法]鲍德里亚:《消费社会》,刘成富、全志钢译,南京大学出版社2008年版,第20-30页。

②[日]柄谷行人:《迈向世界共和国》,墨科译,台湾商务印书馆2007年版,第162页。

③[法]鲍德里亚:《消费社会》,刘成富、全志钢译,南京大学出版社2008年版,第203页。

④Mark Poster, Jean Baudrillard. Selected Writings, A Introduction, Standford: Standford University Press,1988.

⑤[美]凯尔纳编:《波德里亚:一个批判性读本》,陈维振等译,江苏人民出版社2005年版,第41页。

结自己思想历程时说，他在70年代初、40岁时"是乌托邦主义者"①。当然，他绝没有成为一个真正的马克思主义者。

以1972年出版的《符号政治经济学批判》一书为标志，鲍德里亚走出马克思政治经济学批判，开始以其符号政治经济学的一些概念话语替换马克思的政治经济学批判及其社会政治革命理论。鲍德里亚在开篇就点明了其符号政治经济学有社会经济与政治双重分析批判用意。他要通过对操持（pratique）消费物的"符号功能与阶级逻辑的分析"，来批判其所"附有的意识形态的政治功能"②。因为，现代社会对不同物的操持是划分不同阶级或阶层的标识，物的使用价值已被更根本的符号交换价值所超越。进而，他批判现代社会的"炫耀性消费"、消费的极度异化，揭示象征交换与符号消费已取代宗教、现代的自由平等民主等观念而成为一种普遍性、普适性的价值体系。他说："消费看上去曾经是一种普适的价值体系，但实际上它不过是一种制度、一种道德而已。"③因为物没有了政治经济学意义上的使用价值与交换价值，只有象征性交换价值与符号价值，物的操持运作与等价的逻辑已被不确定、差异性的逻辑所替代主宰，器具、商品的交换与消费让位于象征、符号的交换与消费。由此，当代资本主义社会同劳动力的自由买卖及劳动力形式上的解放，以及抽象的消费自由与共存共生，当代社会的劳动、需要与消费彻底跌入到享乐主义的幻象之中。其社会政治结果是，象征交换与符号消费体系变成当代社会的新权力机制，"从不存在爆发性的革命，而只有一种受控的解放，一种获取最大利润的变革"④。与马克思在政治经济学批判中揭批商品拜物教、货币

---

①[法]波德里亚：《冷记忆 2》，张新木、王晶译，南京大学出版社2009年版，第113页。

②[法]鲍德里亚：《符号政治经济学批判》，夏莹译，南京大学出版社2009年版，第1—2页。

③[法]鲍德里亚：《符号政治经济学批判》，夏莹译，南京大学出版社2009年版，第55—56页。

④[法]鲍德里亚：《符号政治经济学批判》，夏莹译，南京大学出版社2009年版，第93页。

拜物教的方式一样，鲍德里亚认为自己以符号政治经济学的独特方式揭批当代社会已彻底变成符号拜物教的社会，即一个由符号统治的社会。但与马克思消灭私有制的经济基础、炸毁政治上层建筑的社会政治革命方式不同，鲍德里亚认为，当代符号拜物教社会矛盾问题的解决需要新人道主义的"无意识的革命""文化革命"，"只有在理论的和实践的整体革命中，才能消解符号和价值，恢复象征性。符号应该被焚烧！"，"这种解放只是工业社会转变为我们所谓技术文化的结果，也就是冶金技术社会转变为符号技术社会的结果"①。

从中可见，象征交换、符号价值已替换了马克思的使用价值与交换价值，文化革命、符号革命已替换了马克思的社会政治革命，符号技术已取代了马克思所说的科学技术这个万分危险的革命家。对此，波斯特在《批判理论与技术文化：哈贝马斯与波德里亚》一文中认为，"马克思主义因为无法破解商品的符号学，因而变成就有'意识形态'的特点，而正是在这一点上，波德里亚的加入使得历史唯物主义得到丰富和发展，并使其可以适应高级资本主义的形势。……在《批判》一书中，波德里亚的重点是放在修正马克思的观点上，而不是取代马克思。但是后马克思主义的批判理论的种子早已经播下了"②。我国学者张一兵认为，"1972年完成并出版的《符号政治经济学批判》一书，可以看作鲍德里亚从后马克思语境中以叛逆的姿态，向反马克思主义的逻辑通道的最早出走"③。仰海峰也认为，鲍德里亚把使用价值与交换价值的区分等同于符号的所指与能指的区分，试图以符号政治经济学批判消费社会意识形态，取代马克思政治经济

①[法]鲍德里亚：《符号政治经济学批判》，夏莹译，南京大学出版社2009年版，第219、253页。

②[美]凯尔纳编：《波德里亚：一个批判性读本》，陈维振等译，江苏人民出版社2005年版，第109页。

③张一兵：《反鲍德里亚：一个后现代学术神话的祛序》，商务印书馆2009年版，第7页。

学批判，离开了马克思。①

　　如果说《符号政治经济学批判》一书还有马克思政治经济学批判的一些影子，其符号消费思想对马克思政治经济学批判还有所补充，并为马克思主义体系增添了现代性社会政治批判的文化和符号学维度，那么从1973年出版的《生产之镜》一书开始，则标志着鲍德里亚与马克思主义的彻底决裂，走向了反马克思政治经济学批判及其社会政治革命的理论道路。

　　在《生产之镜》一书中，鲍德里亚从批判解构生产劳动概念入手，试图颠覆马克思主义政治经济学批判及建筑在其上的社会革命理论。《生产之镜》的序言戏仿《共产党宣言》的开篇句来描述马克思主义："一个幽灵，一个生产的幽灵在革命的想象中徘徊。它到处支持着没有约束的生产浪漫主义。"②运用拉康的镜像理论，鲍德里亚把马克思及近现代西方政治经济学理想的生产主义视为一面"生产之镜"。人们正是通过这面不停运转的生产之镜来认识客观世界，以及生产、劳动、价值和意义的内容。但在此幻觉认识中，人的生产劳动及其价值和意义的形式却被丢弃了，"马克思没有对生产形式进行根本分析，对表现形式他也没有做出更多的分析"③。就是说，马克思只对生产劳动的内容进行了批判分析，并没有对生产劳动的形式进行批判分析。因此，马克思对近代西方政治经济学的批判分析不彻底，其超越西方政治经济学的基础性概念及其社会政治革命理论是必须加以质疑批判的。他说："是什么公理保证着从生产力或生产方式的辩证起源中生发出全部革命理论？""将生产力的解放混同于人的解放：这就是革命的公式或政治经济学自身的公式？……这些支配着我们的巨大隐喻体系正是政治经济学的神话，它再次表明，一代代革命者被

---

①仰海峰：《鲍德里亚符号政治经济学批判的一般理论建构》，《江苏行政学院学报》2003年第4期。

②[法]鲍德里亚：《生产之镜》，仰海峰译，中央编译出版社2005年版，"序言"第1页。

③[法]鲍德里亚：《生产之镜》，仰海峰译，中央编译出版社2005年版，"序言"第5页。

这种政治经济学概念的毒素所感染，甚至在他们的政治激进主义中也是如此。"①由此质疑批判开始，他对马克思政治经济学批判的生产劳动概念、历史唯物主义基本原理及社会政治革命理论展开了颠覆。

《资本论》及其手稿把生产劳动作为人类最基本的实践活动，把劳动与资本的关系视为现代社会体系赖以旋转的轴心而展开分析，批判资本逻辑主导下的异化劳动、雇佣劳动，阐明通过社会革命变革资本主义生产方式来实现劳动解放与人类解放。对此，鲍德里亚提出："正是生产的概念，需要进行根本的批判。"②在他看来，《资本论》及其手稿没有彻底批判生产劳动本身，非但没有实现对资本主义社会及其政治经济学的批判超越任务，反而"有助于资本的诡计"③，成了资本主义社会及其政治经济学的共谋。如凯尔纳在《绪论：千年末的让·波德里亚》一文中所理解，波德里亚声称："马克思主义将生产放在生活的中心地位，因此将社会的资本主义组织自然化了。"④

因为，其一，现代资本主义社会体系使自身统治权力合理化的基石便是生产劳动，马克思异化劳动批判的不彻底性体现在使人们相信自己作为雇佣劳动者时是被异化的，而通过自己的劳动创造财富时是"没有异化的"。其二，在对资本逻辑的激进分析批判中，马克思把源自近代西方启蒙理性的历史进步观念"转译为物质生产的逻辑和生产方式的历史辩证法"，以此理性主义的宏大普遍虚拟经济—政治—社会模式来勾画整个人类历史发展，结果导致"他用来反对资本秩序的分析工具，正是资本精心阐述的最巧妙的意识形态幻象"⑤。其三，马克思《资本论》对劳动的哲

①[法]鲍德里亚：《生产之镜》，仰海峰译，中央编译出版社2005年版，第1—2页。
②[法]鲍德里亚：《生产之镜》，仰海峰译，中央编译出版社2005年版，第3页。
③[法]鲍德里亚：《生产之镜》，仰海峰译，中央编译出版社2005年版，第12页。
④[美]凯尔纳编：《波德里亚：一个批判性读本》，陈维振等译，江苏人民出版社2005年版，第7页。
⑤[法]鲍德里亚：《生产之镜》，仰海峰译，中央编译出版社2005年版，第14页。

学思考令人含混费解，中了资产阶级"审美的和人道主义的毒素"、缺乏"革命的想象力"①，无法走出近代西方唯心主义哲学关于必然与自由的游戏。他认为，马克思对劳动的伦理学与非劳动的美学展开含混不清的辩证论说。从伦理学层面来说，劳动伦理是资本主义和社会主义的共同意识形态形式，马克思把劳动看作价值与目的本身、绝对命令、自然必然性，在清算资产阶级劳动功利伦理学的同时，又保留了资产阶级人道主义的毒素。从美学层面来说，马克思继承了资产阶级审美的毒素，把劳动解放视为异化劳动的克服、非劳动的美学或游戏即自由，严重缺乏革命的想象力，其思想的精髓并未超越资产阶级美学。因此，马克思对劳动的含混哲学思考将永远走不出近代西方哲学、资产阶级所设定的关于"必然与自由的问题式"，即无法实现劳动解放、人类解放。因此，"为了发现超越经济学价值的领域（实际上这是唯一的革命前景），就必须打破生产之镜，因为在这面镜子中反映着整个西方的形而上学"②。

进而，鲍德里亚认为，马克思对政治经济学的批判并不根本，反而再生产出政治经济学体系的基础，带来的是"自我侮辱"，其错误的根源在于辩证的唯意志论、"生产力的辩证唯心主义"。由于马克思采纳了普罗米修斯和浮士德的永恒超越观念，把人类社会进化发展视为合乎自然规律的过程，把"全部革命的希望都奠基在生产力的普罗米修斯神话上，但这种神话处于政治经济学的时空中"③。此外，马克思主义还把生产方式、阶级斗争理论普遍用于考察整个人类历史，充满了由意志支配的对未来自由解放的幻想。而在现实层面上，由西方文化自身矛盾所导致的世界范围内的经济与政治帝国主义，在所有现代资本主义和社会主义的西方国家都普遍实行着，这也佐证着马克思主义的非现实性。

①[法]鲍德里亚：《生产之镜》，仰海峰译，中央编译出版社2005年版，第21页。
②[法]鲍德里亚：《生产之镜》，仰海峰译，中央编译出版社2005年版，第29页。
③[法]鲍德里亚：《生产之镜》，仰海峰译，中央编译出版社2005年版，第43页。

　　而且，马克思的社会政治革命理论已经过时，必须对之进行理论的革命。在鲍德里亚看来，当代资本主义社会不断调整社会关系所带来的新变化，证明了历史唯物主义基本原理与社会革命理论过时了。他说："难道不是社会关系的生产决定着物质再生产的方式（生产力和生产关系的发展）吗？""马克思主义关于革命合理性的分析，既不能解释现代社会，也不能解释原始社会。"①现代社会生活的变迁，还导致无产阶级与马克思主义理论开始渐行渐远。他还荒谬地提出马克思并不是为工人写作的，因为在马克思眼里工业资产阶级才是革命的。自1848年革命高潮过后，马克思的迫切革命想象及对即将到来的激进共产主义期盼，逐渐变成了需要经过很长历史阶段的辩证发展才能变为现实的深奥哲学乌托邦，"在《资本论》中，人们从革命的乌托邦走向了完全的历史辩证法，从直接的激进的反抗走向了对情境的客观思考"②。在无产阶级斗争的影响下，资本主义社会体系通过长期自我革命，逐渐走向必然的成熟，"革命被无限制地延期了"，共产主义想象不是被现实原则的符码下变成"一种升华和希望的共产主义"，就是被以不断更新的未来的名义变成"当下的牺牲以及永久的革命"③。只有1968年5月法国学生与知识分子的造反运动才是真正的革命，因为，这些真正的革命者以象征性的言说来反对当代社会无限制的再生产幻象及其权力体系。

　　既然马克思主义政治经济学仍然处于近现代政治经济学的形式之中，已不能对当代社会进行批判分析，其映照资本主义社会的生产之镜及社会革命理论过时了，就需要以新的政治经济学批判对之进行变革。为此，鲍德里亚要打碎马克思主义的生产之镜，以符号政治经济学批判的新构镜，

―――――――――

　　①[法]鲍德里亚：《生产之镜》，仰海峰译，中央编译出版社2005年版，第129、138-139页。

　　②[法]鲍德里亚：《生产之镜》，仰海峰译，中央编译出版社2005年版，第147页。

　　③[法]鲍德里亚：《生产之镜》，仰海峰译，中央编译出版社2005年版，第148页。

走向以象征交换宣告马克思及一切现代性社会政治叙事"终结""死亡"的理路。他说:"沿着马克思革命活动的足迹,我们必须走向根本不同的层面,超越政治经济学批判,使政治经济学的最终消解成为可能。这个层面就是象征交换及其理论。正如马克思想到必须扫清政治经济学批判的道路,才能完成法哲学批判一样,这个领域的根本变革,首先就要批判全部意识形态范围内能指与符码的形而上学。由于还没有更好的术语,我们称之为符号政治经济学批判。"[1]

1976年的《象征交换与死亡》是《符号政治经济学》与《生产之镜》的综合,也是系统批判马克思及近现代西方政治经济学的大全,彻底走向颠覆马克思社会政治哲学革命理论的不归路。鲍德里亚认为,当代社会,夸张的生产增长已至极限,没有人再相信增长的无限性了,符号形式征服了劳动,使其变成了劳动符号仪式。无论是马克思通过价值规律所开辟的激进社会革命理路,还是精神分析通过欲望的力比多所开辟的心理革命理路,都因走向普遍化的符码操纵而丧失有效性、过时了,重新成为"遵守法则的革命"[2]。继而,一种不再与革命、历史规律、欲望解放等意识形态有关的新型造反,一种在各处都是毁灭和死亡的想象形式,即象征的形式、仿真原则取代了以往的一切社会政治革命观念,"形而下学"的象征性交换与暴力成为反对超级现实世界的唯一策略。

当代消费社会,生产的主导地位已被消费所取代,符号确定性所指的主导地位已被符号不确定性的能指所取代,真实死亡了;马克思及近现代政治经济学所论说的劳动与生产终结了;马克思主义关于交换价值与使用价值、资本与劳动、生产力与生产关系的"整个生产辩证法崩溃了"[3]。伴随整个符号古典时代、生产时代的终结,马克思主义关于商品生产、价

---

①[法]鲍德里亚:《生产之镜》,仰海峰译,中央编译出版社2005年版,第34-35页。
②[法]鲍德里亚:《象征交换与死亡》,车槿山译,译林出版社2006年版,第1页。
③[法]鲍德里亚:《象征交换与死亡》,车槿山译,译林出版社2006年版,第17页。

值规律、剩余价值、生产方式的政治经济学理论过时了，以之为基础"废除商品价值规律"的革命要求也随之过时了，革命被资本无处不在的隐蔽统治终结了，未来不会再发生革命了。

如福柯所说现代社会是一个监控社会，鲍德里亚说当代社会生活的各微观空间场域与所有时刻都处于资本工厂的控制之下，工厂与劳动的普遍化导致生产劳动到处都在也到处都不在，即生产劳动已死，更导致反抗资本统治的阶级斗争丧失了确定性的形式、明确的斗争对象，作为政治"几何场所"的阶级斗争完全终结了。对此，诚如有学者所理解："马克思的政治经济学批判鼓动人们进行阶级斗争，而不知道当代社会真正的斗争对象是什么。"① 曾经作为代表工人权利的政党和工会组织的丧钟也敲响了，因为它"却以资方和政府授权的形式转而反对工人"②。无产阶级已分化、堕落、死亡，已彻底丧失了阶级与革命意识，当前无动机目的、无政治性的"为罢工而罢工"，就是对"为生产而生产"的回应，一切斗争都围绕着创造与保护就业的社会性福利问题而旋转。以往无产者反抗资产者剥削奴役的阶级斗争，已被当前劳动者为赢得"正常人"尊严身份权利的反种族性别歧视斗争所替代，而且"劳动者站在资产者一边：即站在人类这边，站在正常人这边。这个社会的基本法不是剥削法，而是正常性法典，这是真的"③。当代政治权力以越来越多"馈赠"的方式更全面压制和奴役社会，并以自己的目的和方式决定着社会的生存与死亡，个体"自我摧毁"、社会集体拒绝权力的"赏赐"是唯一可能让权力崩溃的"绝对武器"④。

从根本上说，革命的基础是被资本通过"价值结构的革命"而摧毁终

---

①王晓升：《走出后现代社会困境：〈象征交换与死亡〉导读》，社会科学文献出版社2016年版，第64页。

②[法]鲍德里亚：《象征交换与死亡》，车槿山译，译林出版社2006年版，第31页。

③[法]鲍德里亚：《象征交换与死亡》，车槿山译，译林出版社2006年版，第36页。

④[法]鲍德里亚：《象征交换与死亡》，车槿山译，译林出版社2006年版，第59页。

结的。这个所谓"价值结构的革命",依据的是鲍德里亚象征交换、符码逻辑理论的核心——三级仿象理论与"价值的结构规律"。为此,他预设了关于仿象等级与价值规律历史变化的理论,认为自文艺复兴以来,仿象与价值规律的历史变化依次经历了三个等级:第一级仿象,即仿造是从文艺复兴到工业革命的古典时期的主要模式,依赖的是价值的自然规律;第二级仿象,即生产是工业时代的主要模式,依赖的是价值的商品规律;第三级仿象,即仿真是目前这个受代码支配的阶段的主要模式,依赖的是价值的结构规律。[①]对于三级仿象及其对应的所谓价值规律,鲍德里亚并没有加以严肃的论证,尤其是其用来展开现代政治经济学批判及现代性社会政治批判的独门武器——"仿真"阶段的"价值的结构规律",也只是以意象的方式、独特的语言加以描述。这种带有主观臆想、游戏色彩的新颖言说,在一定程度上揭示了生产随历史的现象级变化、影响价值变动的主观因素,说明了符号由确定性、强制向不确定性、解放的历史前行。在此基础上,他试图说明"革命的黄金时代"随着"资本的黄金时代"的终结而终结[②],传统与现代决定论和生产的形而上学被"非决定论和代码的形而上学"所取代,当代社会已进入符号生产、符号消费、符号绝对统治的时代。他要以此展开对现代性社会政治符号的绝对统治与全面控制权力的批判,即对资本主义新控制秩序的新文化批判。以此观之,两党轮流执政的先进民主制、代表制、左派或右派、民意调查等现代性社会政治统统不过是符号政治游戏;从柏拉图、赫拉克利特到黑格尔与马克思所"预设的伦理政治理论",都是意识形态的一种真正暴力,都如尼采所说,是应该被打倒的所谓信仰真实世界的假设。今天在社会生活各领域都吸收了超级现实主义的仿真维度,可谓仿真胜生产、虚拟胜现实,"仿真原则战胜了

---

①[法]鲍德里亚:《象征交换与死亡》,车槿山译,译林出版社2006年版,第62页。
②[法]鲍德里亚:《象征交换与死亡》,车槿山译,译林出版社2006年版,第77页。

现实原则和快乐原则"①。捷克人改变布拉格街道的名称来迷惑俄国人，与西方城市年轻人以涂鸦运动干扰城市信号系统、打乱呼号秩序一样，"是相同的游击战"②。

不过，鲍德里亚所杜撰的"价值的结构规律"其实是对近现代西方政治经济学主观价值论的一种新称谓、新翻版，与法国小资产阶级社会主义者蒲鲁东的构成价值论类似，不过，鲍德里亚则完全离开交换价值的客观基础，把象征交换、符号交换的主观性夸大到极致，变成了一种彻底的主观价值论。其"价值的结构规律"是对古典政治经济学价值理论的庸俗化反叛，把现代西方政治经济学主观价值论推演到极致而出现的反向结论，更是对马克思劳动价值论、剩余价值论及其社会革命理论的反动。诚如赛德曼所说，鲍德里亚关于政治经济学的系列著作"旨在对马克思主义加以修正，最终却转而实施颠覆"③。因此，把鲍德里亚从对资本逻辑的批判转向对资本逻辑的表象——符号逻辑的批判，视为"对马克思《资本论》的更新与发展"④的解读是不妥当的。

跟随鲍德里亚"价值的结构规律"，进入其构镜的符码仿真时代新视域，仿佛就进入到现代时尚或符码的仙境，以及充满符号消费诱惑的现代性幻象之中。在此，马克思主义阶级斗争与社会革命的道德秩序，以及全部政治秩序统统被腐蚀消除了。与马克思主义社会政治革命理论相互串通，当下精神分析的潜意识性革命只能"通过幻想成为革命主题"，都属于理性主义的因果性扭曲想象，也都在会日益合理化的社会体制审查面前变成欺骗性的符号象征。而当代社会最重要的斗争不是阶级斗争，而是如

①[法]鲍德里亚：《象征交换与死亡》，车槿山译，译林出版社2006年版，第101页。
②[法]鲍德里亚：《象征交换与死亡》，车槿山译，译林出版社2006年版，第108页。
③[美]塞德曼：《有争议的知识——后现代时代的社会理论》，刘北成等译，中国人民大学出版社2002年版，第147页。
④王庆丰、蔡垚：《符号逻辑批判——鲍德里亚对马克思〈资本论〉的更新与发展》，《华南师范大学学报》（社会科学版）2018年第4期。

何摆脱"符号控制"的斗争，为此，就要理解符号控制即仿真的象征性质，并按照象征交换的原则把它摧毁。

仿真时代的新视域，象征交换与符码逻辑的新解构批判武器，会发现当代国家政权的绝对控制与统治形式，即对人的生命的生存与死亡的全面绝对控制；还会发现与当代国家政权展开斗争的既往各种方式方法统统无效，唯有以象征操作的方式把生命权这一个人神圣权利的完美形式归还死亡，才能摆脱现代性社会的符码统治。他说："让生命失去死亡，这就是经济操作本身——这是残余的生命，它从此可以用价值操作和计算的术语解读。……把生命归还死亡，这就是象征操作本身。"[1]在他看来，正像教会通过对想象的死亡领域的管理而建立了自己的权力，当代资本与"国家正是通过对作为客观来世的生命的管理而建立了自己的权力"[2]。这在马克思主义、共产主义那里同样如此，因为，从笛卡尔、康德与马克思对自由解放的理性思辨，到弗洛伊德、赖希的马克思主义非理性欲望解放的自由幻想，都遵循着相同的进步解放幻想与生产积累永恒性空想，都是同样的资产阶级问题。

从涂尔干到福柯，都曾通过讨论自杀来批判现代社会对人的生命权的深度全面控制。鲍德里亚继续批判指出，人没有自由支配自己生命与死亡的权利，只能在社会批准下生存或死亡，现代社会的健康医疗保障计划甚至就是对偶然性的生物学死亡自由的控制，这仿佛是美国的"自杀汽车旅馆"的历史。其实，现代医疗技术延长生命只是一种科学的幻想，只是在制造一些非生产的苟活者，更是"巩固对生命和死亡的全部控制"[3]。现代整个技术文化正创设一种人为的死亡环境，安全成了社会控制的最坏形式。"任何摆脱这种国家垄断的死亡或暴力都具有颠覆性——这是废除权

---

① [法]鲍德里亚：《象征交换与死亡》，车槿山译，译林出版社2006年版，第183页。
② [法]鲍德里亚：《象征交换与死亡》，车槿山译，译林出版社2006年版，第203页。
③ [法]鲍德里亚：《象征交换与死亡》，车槿山译，译林出版社2006年版，第248页。

力的预兆。"①他还别出心裁地指出现代社会禁止自杀"与价值规律的出现是一致的",正像每个基督徒都是一个需要拯救的灵魂那样,每个人都是一点资本,自杀则是对资本和价值削减及现代社会价值观念的反抗。如同德波在《景观社会》中所描绘,当代社会人类变成了自己的观赏对象,被目的性的、非政治化的、激进政治美学的意识形态狂热理论景观所眩晕,其实,人类永远都无法消灭资本、消灭国家、消灭政治,将永远生活在被管制与统治之中,"只有死亡才能终结政治经济学"②。对此,波斯特在《批判理论与技术文化:哈贝马斯与波德里亚》一文中的理解是表面性的,他认为鲍德里亚"得出的令人沮丧的结论就是,只有死亡才能摆脱编码,只有死亡才是一种既没有任何对等的回报,又没有价值交换的行为。死亡标志着符号的固有可逆转性,这是一种真正意义上的象征行为,可以蔑视拟像、模型和编码构成的世界"③。我国也有学者误解说,这使鲍德里亚最终在革命路线上走向消极的象征交换理论,即采用"暴死"的方式来抵抗抽象劳动的符号化及其对人的控制。④诚然,死亡是符号对人统治的终结,但鲍德里亚绝不是在鼓动自杀,而是在以极端的方式争取生命权这一神圣的最重要的权利,即通过象征操作、象征交换赢得生命与死亡的权利,以此终结政治经济学所布下的符号统治之网,颇有一种向死而生、置之死地而后生的味道。

面对符号全面绝对统治的现代性困境问题,鲍德里亚给出的是符码仿真时代向死而生的语言文化造反策略。遵从海德格尔语言是存在之家、维

---

①[法]鲍德里亚:《象征交换与死亡》,车槿山译,译林出版社2006年版,第248—249页。

②[法]鲍德里亚:《象征交换与死亡》,车槿山译,译林出版社2006年版,第265页。

③[美]凯尔纳编:《波德里亚:一个批判性读本》,陈维振等译,江苏人民出版社2005年版,第111页。

④何云峰、王绍梁:《鲍德里亚缘何误解马克思的劳动理论》,《北京大学学报》(哲学社会科学版)2021年第6期。

特根斯坦把语言视为现代哲学本真问题的教导，为彻底终结政治经济学及其价值法则，鲍德里亚把诗歌语言符号作为终极造反策略。他说："语言领域也存在着象征交换模式，这一模式似乎是反政治经济学的核心，是消除价值和法则的场所：这就是诗歌语言。"①因为，符号已成为现代性社会新主宰，当代社会文明文化中一切固有的区分对立及划分标准，"都在我们这种图像和符号的系统中消失了"。马克思主义通过政治经济学辩证批判所建立的对革命的客观社会分析，"是徒劳无功的整体化——科学靠这种区分而生存，随着这种区分的死亡而死亡"。"这也是辩证唯物主义和历史唯物主义的终结。"②现代性符号造成的幻觉、幻象谋杀了实在，"影像不再能让人想象现实，因为它就是现实。影像也不再能让人幻想实在的东西，因为它就是其虚拟的实在"③。处于危机中的马克思主义与精神分析的主体性哲学只有被言语粉碎之后，才能建立一种彻底的理论，也只有依靠诗歌语言才能走出仿真符号逻辑的统治。

毫无疑问，鲍德里亚彻底走向了反马克思主义政治哲学的理论道路，然而他却在同现代性虚拟幻象符号的理论批判斗争中真正彻底迷失了批判斗争对象与方向。因为，他始终没理解现代性虚拟幻象符号不过是《资本论》及其手稿所揭批的资本与劳动的矛盾运动所呈现的时代景观而已。最终，他自己跌入了语言文化造反的超真实乌托邦虚拟幻象符号之中，成了一个与虚拟幻象符号的风车大战的后现代版的堂吉诃德。

与鲍德里亚站在同一立场上，反对马克思社会革命理论的还有美国后现代政治哲学家罗蒂。贫穷而不幸的人是马克思的"客户"（罗蒂语），罗蒂要代表那些未被马克思代表的"客户工作"（罗蒂语）。在罗蒂看来，马克思最擅长的是经济学，其对早期资本主义的批判是合理的、正确

---

①[法]鲍德里亚：《象征交换与死亡》，车槿山译，译林出版社2006年版，第269页。
②[法]鲍德里亚：《象征交换与死亡》，车槿山译，译林出版社2006年版，第304-305页。
③[法]博德里亚尔：《完美的罪行》，王为民译，商务印书馆2000年版，第8页。

的，对资本主义社会政治的改良具有警示作用。他说："马克思主义者在一件事情上是正确的：核心政治问题是富人和穷人的关系问题。"①但是，当代资本主义的发展已使马克思主义乌托邦的光荣梦想过时，马克思主义社会政治哲学实现其乌托邦理想的方式、方法已成为像纳粹那样的自由主义的敌人。他认为，马克思、恩格斯试图以革命党人的计划根本变革资本主义社会的宏大理论，宣扬阶级斗争、暴力革命与消灭私有制，而不是试图进行零碎改革，使用哲学革命与意识革命术语。因此，必须摆脱马克思主义"结束非正义的大理论方法"，而采用"小的实验方法"②，"不同专业的成员可以在特定时候对特定项目提供零星的忠告而为改革主义的社会民主政治服务"③。罗蒂建议，当今西方民主国家中的左派激进主义者如女权主义者等应当停止讨论"反对资本家的斗争"，而像拉克拉、墨菲、瑞安等美国左派激进主义者那样，"满足于社会民主制度"，寄希望于"一种带有人类面孔的福利资本主义"，"领会弗朗西斯·福山在其名篇《历史的终结》中提出的见解"，不能"渴望总体的革命"，"除了尝试通过再分配由市场共同体创造的剩余价值从而产生资产阶级民主福利国家和在那些国家公民中间平等化生活机遇以外，在左派面前已经没有别的前景可言"④。因此，在理论上应摒弃对未来的任何精确构想的形而上学，必须从实用主义原则出发构建自由主义的乌托邦；在现实中树立好美国社会政治模式普适性的样板，重振美国梦、美国精神，以实际效果引领整个世界人权政治的发展。与鲍德里亚类似，罗蒂反对用柏拉图—黑格尔—马克思主义的"大写的哲学"来论证启蒙政治理想与人类解放，坚持以非理性主义的"小写的哲学"来论证启蒙政治理想，即用非理性主

①[美]罗蒂：《后形而上学希望》，张国清译，上海译文出版社2009年版，第329页。
②[美]罗蒂：《真理与进步》，杨玉成译，华夏出版社2003年版，第201页。
③[美]罗蒂：《后哲学文化》，黄勇译，上海译文出版社2009年版，第43页。
④[美]罗蒂：《后形而上学希望》，张国清译，上海译文出版社2009年版，第336-337页。

义的诗歌、文学等接替近代理性主义哲学来进行启蒙政治论证。在罗蒂生前的自选论文集中，他也同意并采用利奥塔意义上的"后现代主义"，把自己希望捍卫、实现的北大西洋民主制度的政治哲学理论直接称为"后现代主义的资产阶级自由主义"①。

（3）詹姆逊对《资本论》的非政治革命性解读

在后现代政治哲学的思想谱系中，当代美国最具代表性的后马克思主义理论家与评论家詹姆逊对马克思主义的理解独树一帜。解构主义评论先驱、美国著名文学批评家希利斯·米勒高度评价"詹姆逊和他同事的著作代表着今日美国人文科学研究的方向"。从文化语境来看，詹姆逊把现代性等同于资本主义，把美国视为当代资本主义最发达、最凶残的形式，试图以"乌托邦的欲望全面代替现代性的主题"，进而为反现代性文化霸权提供新的"治疗建议"②。詹姆逊对《资本论》的重读，就充分体现了其现代性社会政治批判的文化语境及其后现代解读模式。他提出《资本论》（第一卷）"不是一部关于政治的书，甚至不是一部关于劳动的书。它是一部关于失业的书"，并自称其对《资本论》的再现理解也只是后现代"认知测绘和意识形态构建中的一个基本操作"③。

众所周知，《资本论》是马克思主义政治经济学的划时代经典著作，它虽然可以从哲学、政治学、科学社会主义等多维学术视野去解读，但却不是政治学著作、哲学著作等。就是说，詹姆逊对《资本论》的再现所提出的问题似乎不是一个有学术理论价值的问题，他为什么却把这个不是问题的问题当成了问题而展开阐释论说呢？如果说詹姆逊想证明《资本论》的时代价值——一部关于失业的书，那其著作全篇为什么没有对此展开详

①[美]罗蒂：《后哲学文化》，黄勇译，上海译文出版社2009年版，第184页。

②[美]詹姆逊：《单一的现代性》，王逢振、王丽亚译，天津人民出版社2005年版，第178页。

③[美]詹姆逊：《重读〈资本论〉》，胡志国、陈清贵译，中国人民大学出版社2013年版，第2、4页。

细论证呢? 年近九十的詹姆逊再现《资本论》的理论企图、目的与意义到底是什么? 要解答这些问题, 就得跟随詹姆逊《重读〈资本论〉》的论证, 结合他对马克思主义的理解而寻找答案。

首先,《资本论》第一卷中没有政治革命性的内容。通过对《资本论》第一卷七篇二十五章内容的考察, 詹姆逊认为马克思并没有阐述政治与革命的问题。他把《资本论》第一卷第一篇前三章理解为商品货币诸范畴的游戏, 即在从商品使用价值、价值、交换价值、价值形式的演变到货币的本质和职能诸范畴的漫长逻辑推演过程中, 马克思通过强调劳动者自由支配时间, 只是流露出"劳动将变为审美活动"的"一丝乌托邦色彩", 并没有提到无产阶级政治斗争与革命。对此, "很多阐释《资本论》的政治斗争都提出了系统和人孰先孰后这一明显哲学或形而上学的问题, 那是决定主义和自由意志之间的哲学争论在马克思问题上的翻版"①。在他看来,《资本论》研究的对象是资本积累,《资本论》中的"革命"一词总是指向技术革命, 只是在偶尔跑题的时候"注意到工人组织可能增强政治抵抗的力量", "此外, 几乎没有提到无产阶级政治"②。《资本论》第一卷第一篇论证过程中有三个高潮: 第一个高潮是"物化理论"或"商品拜物教", 第二个高潮是关于过去与未来完全不同的社会形态及生产方式的短暂论述, 第三个高潮是货币理论, 其中都没有政治与革命的明确信息。对于第二个论证高潮, 他解释说: "如果有人想在《资本论》中发现政治训导, 听到革命号召——那种完全转变或取代目前资本主义生产方式的革命——那么这仍然就是最重要的时刻。"但是, 第二个高潮却是来自其他星球的一股微弱而含混的政治与革命信息, 即

①[美]詹姆逊:《重读〈资本论〉》, 胡志国、陈清贵译, 中国人民大学出版社2013年版, 第22页。

②[美]詹姆逊:《重读〈资本论〉》, 胡志国、陈清贵译, 中国人民大学出版社2013年版, 第28-29页。

"来自资本主义系统及其似乎无懈可击的封闭结构之外"①。用其在《晚期资本主义的文化逻辑》一书中的话说，这股微弱的政治与革命信息来自"实现未来或乌托邦生产模式，这种乌托邦生产模式试图从我们今天的霸权主义生产模式中脱颖而出"②。

詹姆逊把《资本论》第一卷第二至七篇第四至二十五章理解为以"对立面的统一"的表达方式，推演论证了货币转化为资本、绝对剩余价值与相对剩余价值的生产、工资、资本积累、原始积累等问题，其间隐含或突然出现的政治与革命观点被对立统一的严谨论证自我否定了。其一，第三篇第八章（詹姆逊书中误以为是第十章）结尾高潮部分对《资本论》"不是一本政治书"的观点提出了似乎有力的反驳。因为资本家通过绝对剩余价值的生产方法对工人进行残酷压榨，所以马克思号召工人"必须把他们的头聚在一起，作为一个阶级来强行争得一项国家法律，一个强有力的社会屏障，使自己不致再通过自愿与资本缔结的契约而把自己和后代卖出去送死和受奴役"③。但马克思很快又在第四篇相对剩余价值生产中，"描述了资本在这种法律通过之后采用的一些方法，这些方法甚至能够保证获得更多的剩余价值。由此，这一部分自我否定地宣称了第十章所说的政治只是工联主义的策略而非革命的策略"④。其二，第十一章协作是马克思关于历史和生产的最洪亮的宣言，是将其解读为关于形而上学人性论的时刻。"这是个人和个人主义范畴被扫地出门、被集体和集体主义范畴替代（或被提升为集体和集体主义）的时刻。"⑤但是，

①[美]詹姆逊：《重读〈资本论〉》，胡志国、陈清贵译，中国人民大学出版社2013年版，第34页。

②[美]詹明信：《晚期资本主义的文化逻辑》，张旭东编，陈清侨等译，生活·读书·新知三联书店2013年版，第156页。

③《马克思恩格斯文集》第五卷，人民出版社2009年版，第349页。

④[美]詹姆逊：《重读〈资本论〉》，胡志国、陈清贵译，中国人民大学出版社2013年版，第40页。

⑤[美]詹姆逊：《重读〈资本论〉》，胡志国、陈清贵译，中国人民大学出版社2013年版，第41页。

《资本论》讨论的主题不是人，而是资本主义系统，马克思所讨论的"集体协作"批判指向的是把分工作为绝对现象的新斯密主义和蒲鲁东等经济学家，"集体性在这里具有本体论的优先性；随着资本主义对集体性的发现与发展，马克思主义关上了对更简单、更具人性的生产方式的所有怀旧式回归的门"①。其三，在第十三章机器和大工业中，马克思描述了伴随资本主义机器大工业的发展，工人阶级境况更加悲惨。"《资本论》余下部分越来越重点论述的观点——那么还必须说，阶级斗争本身，即工人自己更清晰、更自觉的反抗，也在促使资本主义生产力不断进步。"②但是，《资本论》在余下篇章中却没有继续讨论阶级斗争问题，而是再次回到对资本主义系统中的资本积累辩证法、劳动后备军等问题的讨论上来。其四，《资本论》以"隐含的"方式预报了雇佣劳动资本主义生产方式世界扩张的极限，"但它也说明，资本主义系统自身有必要对它的近期发展发出不断更新的警告（'我死后哪怕洪水滔天！'）"③。总之，《资本论》对资本主义系统的分析不是述诸纯粹感觉感伤的发作、煽动性的话语，也不同于第二国际"将马克思主义的资本主义分析堕落为康德式的对资本主义进行伦理判断"，而是"述诸严格论证"④。因此，《资本论》中没有对政治与革命问题的严格论证。

进而，詹姆逊尤其以"历史作为尾声"的专章，对《资本论》第一卷第七篇第二十四章第七节具有政治革命性的历史预言展开分析，认为其是在主要论证任务完成之后具有独立完整性的补记与尾声，一次"更重要的

---

①[美]詹姆逊：《重读〈资本论〉》，胡志国、陈清贵译，中国人民大学出版社2013年版，第42页。

②[美]詹姆逊：《重读〈资本论〉》，胡志国、陈清贵译，中国人民大学出版社2013年版，第46页。

③[美]詹姆逊：《重读〈资本论〉》，胡志国、陈清贵译，中国人民大学出版社2013年版，第53页。

④[美]詹姆逊：《重读〈资本论〉》，胡志国、陈清贵译，中国人民大学出版社2013年版，第56页。

断裂"①。众所周知，马克思在此关于少数剥夺者被人民群众剥夺、消灭资本主义私有制、重建个人所有制的思想具有明显政治革命性，是在对资本主义生产方式科学批判分析基础上得出的革命性政治性结论，也是《资本论》第一卷的有机重要组成部分，更是对《共产党宣言》中曾阐述的自由人联合体社会历史理想的丰富发展。

对此，一方面，詹姆逊也认识到马克思关于剥夺者被剥夺的预言，是对资本结构分析的结果，以"英雄高潮和田园高潮"的方式预言了资本主义制度及其价值规律的终结，即"前历史的终结"，更是无尽未来的新开端，以及所有社会主义革命主张的理论基石；另一方面，詹姆逊却认为马克思在此陷入了社会革命的客观必然与主观意志的两难选择与断裂之中，"马克思主义政治传统中存在已久的宿命论和唯意志论的张力——等待时机成熟和通过积极介入引发渴望的系统危机之间的张力——深刻写在了马克思本人的《资本论》中。"②因为，根据《资本论》的科学严谨论证，社会政治革命还需要漫长艰苦的自然历史过程，"马克思主义想象中的那种社会主义或共产主义转型，只是在世界市场和普遍商品化出现在地平线上的时候，才能真正提上日程"③。不过，他也认为《资本论》对资本主义"创造性破坏"系统的批判分析，以及对未来人类解放的历史激情，把革命的政治学与"未来诗学"结合起来，为今天左派的"话语斗争"提供了未来主义与激情的思想资源。

其次，对《资本论》第一卷的三维透视也没发现政治革命性内容。通过对《资本论》第一卷中的时间、空间与辩证法三个维度的专门透视，詹

①[美]詹姆逊：《重读〈资本论〉》，胡志国、陈清贵译，中国人民大学出版社2013年版，第58页。

②[美]詹姆逊：《重读〈资本论〉》，胡志国、陈清贵译，中国人民大学出版社2013年版，第69页。

③[美]詹姆逊：《重读〈资本论〉》，胡志国、陈清贵译，中国人民大学出版社2013年版，第71页。

姆逊确认其中没有政治革命性的内容。通过对《资本论》第一卷中劳动时间、生产时间、工作日等的考察，他认为马克思在时间维度上主要批判了资产阶级经济学家的历史终结论，即关于资本主义永恒论的谬论，但并没有对意识形态问题展开论述，因为那是《资本论》第四卷《剩余价值理论》的任务。此外，他反对把马克思主义视为生产主义或生产的意识形态，正如他在《晚期资本主义文化逻辑》一书中所说，马克思主义的生产方式"这个主导符码并不像人们有时所认为的那样是经济学或者狭义上的生产论，或者作为局部事态/事件的阶级斗争。马克思主义的主导符码是一个十分不同的范畴，即'生产模式'本身"①。在列斐伏尔、哈维空间理论的影响下，通过对《资本论》第一卷关于机器大生产、一般规律等章节的空间维度考察，詹姆逊解读说，"对马克思来说，未来的工厂，资本主义之外的乌托邦生产空间，应该被看做也是生产、建构主体的空间，以及方方面面的教育的基本场所"②。即使马克思把时间作为发展空间的辩证论说，也与政治革命无关。通过对《资本论》第一卷中辩证法的考察，詹姆逊一方面高度肯定辩证法在《资本论》中的逻辑和科学运用，另一方面避开《资本论》关于辩证法本质"是批判的和革命的"③著名论断。他只是解释说，资本主义是一个历史现象，而作为一次内在历史辩证法实现的"《资本论》是一个独特的历史事件，这构成了它的辩证法"④。这样，《资本论》就对巨大复杂的资本主义系统作出了科学的逻辑的批判分析，既避免了对资本主义的朴素道德指责，又成功抵制了对资本主义作出

---

①[美]詹明信：《晚期资本主义的文化逻辑》，张旭东编，陈清侨等译，生活·读书·新知三联书店2013年版，第119—120页。

②[美]詹姆逊：《重读〈资本论〉》，胡志国、陈清贵译，中国人民大学出版社2013年版，第94页。

③《马克思恩格斯文集》第五卷，人民出版社2009年版，第22页。

④[美]詹姆逊：《重读〈资本论〉》，胡志国、陈清贵译，中国人民大学出版社2013年版，第110页。

简单主观肯定或否定的政治选择。因此，《资本论》辩证方法的成功运用，只关乎科学与逻辑，与革命、道德及政治叙事无关。

进而，詹姆逊总结得出《资本论》（第一卷）没有政治结论的政治结论。詹姆逊深知，一百多年来，人们普遍认为《资本论》是一部"工人阶级解放的圣经"，而作者马克思集革命家与思想家为一身，又书写过《共产党宣言》等著名政治理论基础的著作，因此，说《资本论》没有政治结论，不是一部政治著作，这是需要解释的悖论。对此，他总结了如下理由：其一，《资本论》的论说不符合政治的内涵标准。按政治的含义来说，政治分为政治理论与纯粹政治，前者体现为宪法理论，宪法是阻止革命、反对革命的构建的；后者是关于政治行动策略的。以此标准衡量，《资本论》第一卷政治维度缺失，不属于政治著作，不过其经济与政治的断然分离倒是成为其巨大的原创力量之一。他说，《资本论》第一卷没有关于更完美社会制度图景的政治理论化印迹，只有对"'自由生产者联合体'的乌托邦想象"，"这本书甚至没有从经济角度勾勒任何未来社会主义的图景的轮廓。……它预言了革命的突变，但没有给我们讲述太多关于突变的方式和结果的内容"①。其二，《资本论》属于马克思主义两套语言和编码中关于资本积累的科学语言编码。詹姆逊赞同柯尔施《马克思主义和哲学》的观点，认为《资本论》是马克思主义从哲学变为科学的典型著作。进而，他对马克思主义作出了二元论的阐释，认为马克思主义在效果上拥有两套可以互相转化、互相替代的基本语言，即阶级斗争与资本积累或价值规律两套语言和编码。同样作为思想家与政治天才的马克思与列宁一直都用政治的思维思考问题，都是最典型意义上的机会主义者，也都遵从马基雅维利的训导和榜样，再加之马克思主义是在马克思去世后由恩格斯创造的，所以，"我们应该把'马克思主义'理解为既是一种意识形

①[美]詹姆逊：《重读〈资本论〉》，胡志国、陈清贵译，中国人民大学出版社2013年版，第113页。

态，又是一种'科学'"①。在他看来，带引号的马克思主义的意识形态性与科学性不是共时性的，即前期著作是意识形态性的、有些著作是意识形态性的，成熟时期的《资本论》是非意识形态性、非政治性的。如果把带引号的马克思主义都视为意识形态与科学的统一，就容易导致对《资本论》文本的政治效应作出机会主义的夸大理解，进而衍生出许多实践性政治议程。其三，《资本论》是一部对资本主义系统进行总体化辩证分析的著作。以总体化、辩证的方法，《资本论》对空前巨大的资本主义系统进行了客观分析，没有对资本主义或共产主义系统的好坏作出判断，其分析悖论的创新点或辩证的创新点在于"结果被证明为封闭的资本主义开放系统"②。就是说，资本主义系统的开放性来自资本积累及帝国主义无休止的扩张动力，但其疯狂吸收一切的动力也是一个必然毁灭的过程，从而走向封闭与终结。当代资本全球化的发展证明，"资本主义系统空前巨大，绝对超乎人类之上，任何可以想象的形式的个人抵抗都奈何不了它"③。对此，他还十分认同华勒斯坦关于世界体系观点，认为"在一个特定时期，地球上只能有一种世界制度，因此我们过去认为是一种替代的制度其实只是一种反霸权政治的冲动"④。现时代，社会主义国家的解体，各种旧党派系统的消亡，除了资本主义体系，没有其他制度系统可供选择，乃至资本主义体系的批评家也只是寄希望于改良，只能让资本主义的不正义、不平等逐步减少。但是，"《资本论》的力量和构架成就无疑说明，这种'不正义、不平等'与资本主义总体系统在结构上是一致的，并且永

①[美]詹姆逊：《重读〈资本论〉》，胡志国、陈清贵译，中国人民大学出版社2013年版，第114页。

②[美]詹姆逊：《重读〈资本论〉》，胡志国、陈清贵译，中国人民大学出版社2013年版，第117页。

③[美]詹姆逊：《重读〈资本论〉》，胡志国、陈清贵译，中国人民大学出版社2013年版，第116页。

④王逢振主编：《詹姆逊文集》第3卷：《文化研究和政治意识》，中国人民大学出版社2004年版，第421页。

远不能被改良"①。其四，《资本论》所讨论的核心问题是失业。围绕马克思《资本论》第一卷第二十三章所论说的"资本主义积累的绝对的、一般的规律"及"产业后备军"②，詹姆逊把《资本论》解读为以"资本主义生产和失业相统一"组织起来的著作，坚信"失业在《资本论》中的基本结构性核心地位"③。他认为，马克思以非政治与非意识形态的方式论述了产业后备军、失业是资本主义系统，即资本积累及扩张的必然结果。在资本主义全球化扩张发展的新阶段，资本主义结构性失业不断加剧，产业后备军日益庞大。另外，把失业作为《资本论》的核心问题加以解读，可能提供另一新的"实践政治结论"。依据阿尔都塞在《论再生产》一书中的观点，马克思的思想范畴中还存在着统治范畴和剥削范畴的张力，资本主义生产方式主要是通过生产关系、剥削建立起来的，在此基础上再生产出社会政治统治。他认为，"对剥削的强调的结果是社会主义计划，而对统治的强调的结果是民主计划，后者是一种很容易而且经常被资本主义国家拉拢的计划和语言"④。而在现时代《资本论》所日益彰显全球性失业问题，是与剥削即"社会主义计划"紧密相连的，"就是建立一种新型的全球层次的转换政治学所要完成的任务"⑤。

詹姆逊对《资本论》非政治再现的启示。一方面，从詹姆逊对《资本论》的重读中，我们可以发现他综合运用马克思主义政治经济学批判、结构主义、符号学、阐释学及精神分析等多种解读模式与方法，并紧密结合

①[美]詹姆逊：《重读〈资本论〉》，胡志国、陈清贵译，中国人民大学出版社2013年版，第118页。

②《马克思恩格斯文集》第五卷，人民出版社2009年版，第742页。

③[美]詹姆逊：《重读〈资本论〉》，胡志国、陈清贵译，中国人民大学出版社2013年版，第119页。

④[美]詹姆逊：《重读〈资本论〉》，胡志国、陈清贵译，中国人民大学出版社2013年版，第120页。

⑤[美]詹姆逊：《重读〈资本论〉》，胡志国、陈清贵译，中国人民大学出版社2013年版，第121页。

当代全球化与资本主义发展变化的实际来阐发《资本论》的当代价值。他侧重从科学性角度理解《资本论》，坚持把《资本论》视为对资本主义系统产生、发展与灭亡必然历史过程的总体化科学批判分析，并试图从全球性失业与剥削的新角度阐发《资本论》的当代意义。他还坚持认为异化思想在从《1844年经济学哲学手稿》到《资本论》（第一卷）中一直发挥着理论建构与现代性批判的重要作用，并试图以此阐发马克思的"后哲学"思想，即詹姆逊在《单一的现代性》中曾经的理论企图，把"异化"一词转化"成为后期资本主义'文化批判'的一个重要内容"①。

　　另一方面，从詹姆逊对《资本论》的重读中，我们可以发现其对《资本论》是非政治与革命著作的理解与论证中，对《资本论》、马克思主义及现代社会政治发展等存在着错误理解，代表了当代后马克思主义学者对《资本论》的认知与错误理解。其一，说《资本论》不是政治著作意在告别宏大社会政治革命理论。《资本论》肯定不是政治著作，但其中充满了政治性与革命性，马克思《资本论》、政治经济学批判就是为无产阶级的阶级斗争与社会革命提供思想理论武器与行动指南的。但詹姆逊却以曲解的方式撇开或去除《资本论》、政治经济学批判中蕴含的政治性革命性内容，只阐释其关于生产方式、资本主义系统等方面的内容。詹姆逊虽然认同阶级与阶级斗争的存在，但却极力歪曲否认《资本论》中有关于阶级斗争与社会政治革命的内容。这种理解反映着詹姆逊对现代性社会政治发展道路的判断，是其告别宏大社会革命理论在解读《资本论》中的再现。他认为，由于资本主义系统的消亡是个历史过程，尤其是当代资本主义体系的强大，"人们普遍感觉到在当今世界的大部分地区，严格意义上的政治斗争变得越来越没有希望了"②。再加之，"现在绝大多数社会主义已经

────────────

①[美]詹姆逊：《单一的现代性》，王逢振、王丽亚译，天津人民出版社2005年版，第99页。

②[美]詹明信：《晚期资本主义的文化逻辑》，张旭东编，陈清侨等译，生活·读书·新知三联书店2013年版，第38页。

失败，而且与资本主义的现代性相比，它们都还处于初级阶段"①。在当代西方，从冷战到消费主义文化的扩展，导致了整个社会变革时期的终结，关于社会革命和社会变革的"宏大集体计划"的乌托邦思考②，即关于战争与革命的想象早已脱离了现实。因为世界战争会导致人类毁灭而不可能有阶级斗争，进而革命不可能，因此要告别阶级斗争与社会革命。

其二，说《资本论》不是政治著作是对马克思主义非整体性的理解。《1844年经济学哲学手稿》是马克思主义整体性的开端之作，作为"艺术整体"的《资本论》更是马克思主义整体性的典范力作。《资本论》集科学性与意识形态性、真理与价值、革命性与实践性等于一身，并为党赢得了科学上的彻底胜利的整体性著作，而詹姆逊却抛开了意识形态性、革命性与政治性，片面理解与再现了《资本论》。《资本论》集历史唯物主义哲学、剩余价值理论与科学社会主义于一身，而詹姆逊却否认其中的历史唯物主义哲学与科学社会主义内容，以所谓二元论的断裂再现了《资本论》。《资本论》不仅是马克思的智慧汗水结晶，还含有恩格斯的伟大协作与智慧，而詹姆逊却割裂歪曲了恩格斯与马克思《资本论》的内在理论联系，更是全面否定了苏联对马克思主义的贡献，从而以割裂整体性的方式再现了《资本论》及马克思主义。

其三，说《资本论》不是政治著作是对马克思主义理想信仰幻灭的再现。以《共产党宣言》《资本论》等为代表的马克思主义经典著作，深度全面批判了资本主义，展望了共产主义社会理想与人类解放的光明未来。自称对马克思主义的研究只是出于学术文化兴趣而非信仰或真理的詹姆逊，认同马克思政治经济学批判依然有活力、对现代性文化批判有效，其

---

①王逢振主编：《詹姆逊文集》第1卷：《新马克思主义》，中国人民大学出版社2004年版，第365页。

②[美]詹姆逊：《单一的现代性》，王逢振、王丽亚译，天津人民出版社2005年版，第175页。

关于资本主义发展经历了现实主义、民族主义、帝国主义、资本全球扩张等阶段的历史分期论也来自马克思主义。但是，他认为马克思主义已不适应晚期资本主义，反对马克思主义的社会政治历史进步论，指认共产主义是关于未来的半世俗化半宗教的美学与政治乌托邦，且已在现实中失效。詹姆逊只是偏爱"乌托邦这个字眼"，认为以政治解放为根基的布洛赫希望哲学与"解放神学"比"马克思主义的乌托邦形式"更有效。①

其四，说《资本论》是关于失业的著作走向后现代微观政治文化的生存策略。结合当代资本主义社会大众生活的实际状况，詹姆逊把《资本论》理解为一部关于失业的著作，避开对敏感而有风险的宏大社会政治革命性问题的直接讨论，即避开西方冷战自由主义所主导的意识形态的政治攻击风险，从而走向后现代微观政治文化解构与建构的生存策略。他认为，面对强大而无法变革的资本霸权及其"冷战自由主义"文化霸权的统治，出于生存策略考虑的西方知识界大多采用了笛卡尔的格言，即命运与秩序不可改变，只有思想能够自己支配。因而，他也采用后现代微观文化革命的叙事方式，得出《资本论》是一部关于失业、没有政治结论的著作的政治判断，从而开辟其后马克思主义的新"认知测绘"与"意识形态"建构，并以此批判解构单一现代性的西方文化霸权。他说："'认知绘图'实际上只不过是'阶级意识'的符码：它的意义仅在于提出需要一种新的和到目前为止还未想象到的阶级意识，同时它也反映了后现代中所暗含的那种新的空间性发展。"②"'反霸权'就可以理解为纯粹的上层建筑概念，即精心策划一整套新观念、对立的价值观、文化样式，在'符合'一种物质基础、一种社会基础这一意义上，它们或是现实的，或是预

①[美]詹明信：《晚期资本主义的文化逻辑》，张旭东编，陈清侨等译，生活·读书·新知三联书店2013年版，第26页。

②王逢振主编：《詹姆逊文集》第4卷：《现代性、后现代性和全球化》，中国人民大学出版社2004年版，第217页。

言性的。"①就是说，他发明创造"认知绘图"这种后现代主义的新语言游戏，是为了像葛兰西那样继续反文化霸权，更是为了构建后现代新的阶级意识，为未来新的阶级斗争做准备。

（4）还有自称建设性后现代主义的格里芬

他认为，随着现代科技、工业化与经济的发展，社会生活各领域日益为技术所控制，实用主义的道德文化盛行，暴力革命思想终结了。取而代之的是一种超越个人主义、民族主义、军国主义、人类中心论、男性中心论的有机主义的后现代精神开始出现。后现代精神非常推崇生态主义的绿色运动，"后现代思想是彻底的生态主义的"②。格里芬建设性后现代主义倡导一种开放的社会、创造的进化，并以之代替社会政治革命理论。

---

①[美]詹姆逊：《快感：文化与政治》，王逢振等译，中国社会科学出版社1998年版，第118页。

②[美]格里芬编：《后现代精神》，王成兵译，中央编译出版社1997年版，第227页。

第四章 政治经济学批判规范性
基础问题的论争

《资本论》把政治经济学批判、哲学批判与空想社会主义批判有机统一起来，实现了对现代资本主义社会经济、政治与意识形态的全面彻底批判，是马克思主义整体性的典范之作，完整地展现了马克思主义的本质特征与理论品格。马克思主义的政治经济学批判明晰合理，是事实判断与价值判断、真理原理与价值原则、理论性与实践性、理想性与现实性等完美结合的典范，可谓"大写的逻辑"与"大写的政治哲学"的统一。在《资本论》及其手稿中，马克思在对资本主义生产方式进行科学批判的同时，也深刻批判并超越了近代西方政治哲学的自由、平等、民主、正义与意识形态等政治解放观念，构筑起人类解放这一理想性与现实性相统一的规范性政治哲学。然而，自《资本论》问世以来，从欧陆到英美的国外学界却对马克思政治经济学批判的规范性问题，即对马克思政治哲学的基础性问题展开了持久的论争，由此展开各自的政治哲学言说。

一、科学性与道德原则的论争缘起

1843年夏，从批判黑格尔法哲学入手，马克思开启了政治经济学研究，并在恩格斯的直接触发下写作了《1844年经济学哲学手稿》。1845年，马克思写下了新世界观天才萌芽的第一个文件《关于费尔巴哈的提纲》，还与恩格斯共同创作出版了《神圣家族》。这些文本表明马克思已走出了黑格尔思辨的精神哲学，超越了费尔巴哈的人本学唯物主义，同时，其哲学、经济学与社会主义思想中还有人本主义思想的痕迹，把共产主义视为人道主义的完成。

至1846年夏，马克思和恩格斯已完成了政治经济学批判的前提性工作，即完成了《德意志意识形态》主要章节的写作，首次系统阐述了唯物史观的基本观点，论述了共产主义和无产阶级革命的理论，为政治经济学批判研究奠定了科学的世界观和方法论基础。从此开始，马克思的政治经济学批判研究及其对人类解放理想的论证不再述诸伦理道德的方式，不再以公平正义、自由平等的意识形态话语来批判旧世界、构建新世界，而是以新历史科学的新话语新方式展开批判性建构。马克思和恩格斯指出，共产主义者不拿利己主义和自我牺牲中任何一个反对另一个，"而是在于揭示这个对立的物质根源，随着物质根源的消失，这种对立自然而然也就消灭。共产主义者根本不进行任何道德说教，施蒂纳却大量地进行道德的说教。共产主义者不向人们提出道德上的要求，例如你们应该彼此互爱呀，不要做利己主义者呀等等；相反，他们清楚地知道，无论利己主义还是自我牺牲，都是一定条件下个人自我实现的一种必要形式"①。在1847年的《哲学的贫困》《道德化的批判和批判化的道德》两部作品中，马克思分别批判了蒲鲁东的哲学、经济学、社会主义思想仍处于19世纪40年代的粗糙形态与永恒公平正义的伦理论证之中，以及海因岑抽象空洞的道德说教与政治说教，并揭批了其抽象国家与正义观念的抽象人性论与历史观基础。在1848年的《共产党宣言》中，马克思和恩格斯指出，"法律、道德、宗教"在无产阶级看来"全都是资产阶级偏见，隐藏在这些偏见后面的全都是资产阶级利益"②。

1859年2月1日，马克思在致魏德迈的信中更是明确表达其政治经济学批判的目的："我希望为我们的党取得科学上的胜利。"③就是说，马克思要通过对政治经济学的科学研究，即通过科学阐发的劳动价值论、剩余

---

①《马克思恩格斯全集》第三卷，人民出版社1960年版，第275页。
②《马克思恩格斯文集》第二卷，人民出版社2009年版，第42页。
③《马克思恩格斯〈资本论〉书信集》，人民出版社1976年版，第143页。

价值论，在经济科学上彻底驳倒近代西方经济学及有产者的一切谬论；从而在政治上为工人阶级政党赢得科学上的胜利，为无产阶级革命解放事业提供客观的科学基础。也就是说，马克思政治经济学批判有着由真及善的双重属性追求，不是价值中立的科学判断，也绝非空泛的道德原则与价值规范的说教。

在1867年《资本论》第一卷德文版序言中，马克思进一步阐明"本书的最终目的就是揭示现代社会的经济运动规律"，"我决不用玫瑰色描绘资本家和地主的面貌。……我的观点是把经济的社会形态的发展理解为一种自然史的过程"①。马克思也同时预料到，由于《资本论》研究对象材料的特殊性及其对资本主义社会的猛烈全面客观批判，因此它自然会严重刺激某些人心中"最激烈、最卑劣、最恶劣的情感"，也自然会遭受到代表私人资本利益的反动势力的反对与攻击，但却无法阻挡劳资关系统一现代社会变革性变革的时代步伐。在此，马克思再一次表明自己的政治经济学批判与现代社会政治批判的统一性，其政治经济学批判具有科学判断与价值判断双重维度。

1873年1月24日，在《资本论》第二版跋中，马克思还指出对《资本论》方法的典型错误理解，即"一方面责备我形而上学地研究经济学""另一方面责备我""只限于批判地分析既成的事实"②。马克思比较认同1872年考夫曼《卡尔·马克思的政治经济学批判的观点》一文对《资本论》的一些正确理解，该文认为《资本论》"这种研究的科学价值在于阐明支配着一定社会有机体的产生、生存、发展和死亡以及为另一更高的有机体所代替的特殊规律。马克思的这本书确实具有这种价值"③。从当时德法学者对《资本论》的理解中，可以看到已出现对《资本论》的

---

① [德]马克思：《资本论》第一卷，人民出版社2004年版，第10页。
② [德]马克思：《资本论》第一卷，人民出版社2004年版，第19页。
③ [德]马克思：《资本论》第一卷，人民出版社2004年版，第21页。

哲学与实证主义两种对立的错误理解的思想倾向。因此，恩格斯在马克思去世后一年说，马克思理论活动的特点及方法，从来没有把其共产主义学说建立在"道德感""道德意识"上，而是建立在"经济学规律"的认识和论证上。

在1875年的《哥达纲领批判》中，马克思首次明确提出在资本主义社会和共产主义社会之间有一个政治上的过渡时期，首次明确区分了共产主义社会发展的两个阶段：共产主义社会第一阶段与共产主义社会高级阶段。共产主义社会第一阶段，是刚刚从资本主义社会中产生出来的，因此它在各方面都还带着它脱胎出来的那个旧社会的痕迹。在这个过渡时期、第一阶段上的共产主义社会是一个以生产资料公有为基础的社会，在社会总产品做了必要扣除的消费资料分配领域实行按劳分配，资产阶级权利原则——等价交换原则会占统治地位。因此，马克思说："在这里平等的权利按照原则仍然是资产阶级权利，虽然原则和实践在这里已不再互相矛盾，而在商品交换中，等价物的交换只是平均来说才存在，不是存在于每个个别场合。虽然有这种进步，但这个平等的权利总还是被限制在一个资产阶级的框框里。……某一个人事实上所得到的比另一个人多些，也就比另一个人富些……但是这些弊病，在经过长久阵痛刚刚从资本主义社会产生出来的共产主义社会第一阶段，是不可避免的。权利决不能超出社会的经济结构以及由经济结构制约的社会的文化发展。"①马克思对共产主义社会发展两个阶段的论述，是为了指明从共产主义社会第一阶段向高级阶段发展的历史必然性与超越性正义。马克思对拉萨尔主义提出的"平等的权利"和"公平的分配"问题的批判性论断，是为了说明这些问题在某个时期曾经有一些意义，而现在已经变成陈词滥调的见解；是为了说明在所谓分配问题上大做文章并把重点放在它上面，那也是根本错误的。因为，

---

①《马克思恩格斯文集》第三卷，人民出版社2009年版，第434—435页。

消费资料的任何一种分配，都不过是生产条件本身分配的结果；而生产条件的分配，则表现为生产方式本身的性质，是生产正义决定了分配正义。因此，社会主义主要不是围绕着分配问题兜圈子，不要"开倒车"。因此，马克思反对在过渡时期使用"消除一切社会的和政治的不平等"这一不明确的语句，认为应当改成："随着阶级差别的消失，一切由这些差别产生的社会的和政治的不平等也自行消失。"[①]从平等到消灭阶级、消灭阶级差别，从分配正义到生产正义，这是马克思对资产阶级权利的狭隘眼界的真正超越，更是马克思主义政治哲学的坚实科学基础。

二、伯恩施坦道德化解读与考茨基实证化解读之争

对《资本论》的道德原则与科学性进行二元对立理解，正式肇始于第二国际的修正主义者伯恩施坦与正统派考茨基。伯恩施坦把马克思主义道德化、康德化，正统派考茨基及希法亭则把马克思主义实证化、科学化，他们割裂了作为科学与价值整体统一的马克思主义体系。

19世纪末20世纪初，一种小资产阶级的社会主义——新康德主义的伦理社会主义产生，它把康德视为社会主义的奠基人，赞同"人是目的，不是手段"的绝对道德命令，把社会主义视为自在之物、一种彼岸世界的理想。1890年后，在新康德主义影响下的伯恩施坦开始对社会主义进行道德伦理论证，成为对马克思主义进行二元对立理解的始作俑者。他否认马克思历史唯物主义、劳动价值论与剩余价值论的科学性与客观真理性，并试图对科学社会主义的内涵进行重构，宣扬伦理的社会主义。他宣称，真正的科学必须建立在充足的经验之上，而马克思所提出的科学社会主义理论却是一种未来的形态，是缺乏经验支撑的，故此不能称为科学。他说，马克思主义的"未来发展的全部理论，纵然是十分唯物主义的，到底也必然

---

①《马克思恩格斯文集》第三卷，人民出版社2009年版，第442页。

带有空论色彩"①。以伯恩施坦为代表的改良主义者把道德观念视为"实在的东西"，认为"道德是一个能够起到创造作用的力量"②，提出应从道德原则的角度来定义社会主义，把社会主义理解为要实现自由、平等、公正、仁爱等道德伦理要求的运动，从而完全回避并消解了社会革命，以及消灭私有制这一科学社会主义的基本特征，也否定了马克思主义的科学性。

与伯恩施坦截然不同，考茨基在对《资本论》进行阐释宣传的过程中，强调马克思主义的实证科学性。为批判康德伦理学及当时流行的伦理社会主义思潮，他在1906年出版的《伦理学与唯物史观》一书中强调马克思科学社会主义的科学性、排斥伦理性，认为科学社会主义只与认识必然性有关，是一种经验的科学，无所谓道德与不道德，科学社会主义的道德目标已转变为经济目标。由此，考茨基在社会达尔文主义庸俗进化论影响下，逐渐形成对《资本论》、马克思主义理解的机械经济决定论。

德国马克思主义理论家梅林坚持马克思主义科学性与价值原则的统一，批判当时流行的新康德主义的伦理社会主义思潮，同时也批判对马克思主义进行非道德性理解的错误观念。他认为，一方面，康德关于人是目的而不是手段的思想主张是自由主义的伦理依据，而马克思关于人的自由全面发展的思想主张是科学社会主义的伦理依据，也就是说二者形似而神不似；另一方面，伦理道德并不是孤立存在的，它与经济、政治、阶级斗争有着某种联系。在1893年《伦理学和阶级斗争》一文中，梅林指出，"作为历史和经济研究者，马克思从未使用过道德概念，这就只是因为科学研究和道德说教完全是两回事"。但是"说作为'政治学家'的马克思从未考虑到……'感情用事'的东西，那就大错特错了"。马克思在其草拟的国际工人协会章程的最后宣称"国家工人协会以及一切隶属于它的团

①殷叙彝主编：《伯恩斯坦读本》，中央编译出版社2008年版，第194页。
②殷叙彝主编：《伯恩斯坦读本》，中央编译出版社2008年版，第194-195页。

体和个人，都承认真理、正义和道德是他们的相互关系和他们对待不分肤色、信仰和民族的一切人的基础"①。

　　为捍卫马克思政治经济学批判与科学社会主义的科学性，卢森堡针锋相对地批判了修正主义者伯恩施坦伦理社会主义的解说对马克思主义的歪曲。其一，卢森堡批判伯恩施坦述诸公平分配渐进实现社会主义生产方式的唯心史观空想。在卢森堡看来，马克思在政治经济学批判中进一步阐明了唯物史观的一个基本道理，即一定时代的分配方式不过是一定时代的生产方式的自然、合乎规律的结果，因此，只有变革和消灭资本主义生产方式、建立社会主义生产方式才能带来社会主义的分配。但是，伯恩施坦却与科学的唯物史观背道而驰，"他想反对资本主义的分配，并希望在这条道路上逐步带来社会主义生产方式"②。其二，马克思的剩余价值论为阶级斗争与社会主义变革提供了科学基础。她指出，马克思关于剩余价值、工资规律和产业后备军的精确理论给实际的阶级斗争提供了一个坚实的基础，满足了工人运动特有的理论需求，"剩余价值的形成就是对剥削的科学说明，还有，生产过程社会化的倾向就是对社会主义变革的客观基础的科学说明"③。其三，社会主义革命运动的不竭动力源泉来自马克思对历史发展规律的科学揭示，而非正义性。她说："难道是我们进行的事业的正义性使我们成为如此不可制服吗？宪章派和魏特林派的事业、空想社会主义派的事业同样是'正义的'，但是他们一碰到现存制度的反对就立刻统统失败了。如果说今天的工人运动不顾敌人的种种镇压行动仍旧战无不胜地抖动它的鬃毛，那么，这首先是因为它冷静地认识到客观历史发展的规律性，认识到这样的事实：'资本主义生产由于自然过程的必然性，造

---

①[德]梅林：《保卫马克思主义》，吉洪译，人民出版社1982年版，第308页。

②[德]卢森堡：《社会改良还是社会革命》，徐坚译，生活·读书·新知三联书店1958年版，第40页。

③[德]卢森堡：《卢森堡文选》，李宗禹编，人民出版社2012年版，第103页。

成了对自身的否定',也就是造成了对剥夺者的剥夺——社会主义革命。它通过这种认识看到了最终胜利的绝对保证,它从这种认识中不仅汲取了激情,而且也汲取了耐心,行动的力量和坚持的勇气。"①

为批判第二国际对马克思主义的康德主义解释,被恩格斯称为"严肃的马克思主义者"的意大利哲学家、政治家拉布里奥拉,在1894—1896年发表《纪念〈共产党宣言〉》《关于历史唯物主义》等卓越著作,捍卫马克思主义的科学性。他指出,《共产党宣言》"对哲学神话中的两位女神——正义和平等——没有一句赞扬或叹赏、崇拜或抱怨的言辞;……历史并不是建立在真实同虚假、正义同非正义的区别上"②;在1860—1870年间成熟起来的马克思主义的整个学说是对历史客观的整体的揭示。拉布里奥拉的学生、意大利哲学家克罗齐对马克思主义科学性与伦理价值作出了独特解读,他承认社会主义的伦理价值,否认历史唯物主义及马克思政治经济学的科学性。这种对马克思主义科学性与伦理价值的双重维度误解,既不同于考茨基对马克思主义的科学主义解读,也不同于伯恩施坦对科学社会主义的伦理学解读。

受到19世纪末以洛里亚、费里、屠拉蒂等为代表的意大利实证主义思潮的影响,葛兰西对马克思主义的理解也带有实证主义色彩。他认为,马克思并没有能免于19世纪是科学大发展的时代实证主义的"塞壬歌声",并在《反〈资本论〉的革命》一文中说,"马克思也沾染了实证主义的和自然主义的色彩"③。但从根本上说,葛兰西没有偏离马克思主义科学与价值整体统一的正确轨道,他在强调马克思主义哲学的科学性的同时,还指出马克思主义哲学、实践哲学"既是一种政治的哲学,也是一种哲学的

---

①[德]卢森堡:《卢森堡文选》,李宗禹编,人民出版社2012年版,第109页。
②[意]拉布里奥拉:《关于历史唯物主义》,杨启潾等译,人民出版社1984年版,第4页。
③李鹏程编:《葛兰西文选》,人民出版社2008年版,第9页。

政治"①。

　　为批判第二国际理论家对马克思主义的非整体性理解，匈牙利马克思主义理论家卢卡奇从马克思主义总体性视野出发，强调马克思主义的科学性与道德性的整体统一，谴责康德严格区分事实与价值假设的合理性，由此也批判了伯恩施坦的伦理社会主义与考茨基的经济决定论对马克思主义的错误理解。柯尔施发现第二国际理论家希法亭等对马克思主义的解说存在着科学性与价值性的分裂，"在希法亭看来，马克思主义是一种理论，这种理论在逻辑上是'科学的、客观的和自由的科学，并没有价值判断'"②。对此，柯尔施提出马克思与恩格斯理论发展有从哲学到实证的科学两个时期③，这两个时期的马克思主义都是总体一致的革命理论。他认为，马克思的《资本论》不仅是古典政治经济学最后的伟大著作，"同时也是革命的无产阶级的社会科学的第一部伟大著作"④。贯串整个《资本论》三卷中的论述与批判"最后归结为鼓动革命的阶级斗争"⑤。从总体上，柯尔施把马克思主义理解为革命的理论。

　　美国实用主义的马克思主义学者胡克在1933年的《对卡尔·马克思的理解》一书中认为，马克思主义是一种社会行动的哲学、社会革命的理论，强调马克思主义的阶级性、革命性与战斗性及无产阶级革命意识的能动作用，否定其科学性，既反对考茨基把马克思主义曲解为一种消极被动的经济决定论，又反对伯恩施坦对马克思主义的新康德主义解说。他认

---

　　①李鹏程编：《葛兰西文选》，人民出版社2008年版，第228页。

　　②[德]柯尔施：《马克思主义和哲学》，王南湜、荣新海译，重庆出版社1989年版，第26页。

　　③[德]柯尔施：《马克思主义和哲学》，王南湜、荣新海译，重庆出版社1989年版，第47页。

　　④[德]柯尔施：《卡尔·马克思——马克思主义的理论和阶级运动》，熊子云、翁廷真译，重庆出版社1993年版，第71页。

　　⑤[德]柯尔施：《卡尔·马克思——马克思主义的理论和阶级运动》，熊子云、翁廷真译，重庆出版社1993年版，第109页。

为，"马克思没有把《资本论》设想成对客观的、自然的政治经济学体系的一个推理性阐释，而是看成一个自认为是客观的体系的批判的——社会学的和历史的——分析，这怎么强调也不过分。……他的论旨表明，一种政治经济学体系，从根本上说来，总是一种阶级的经济学。一种暗含的价值判断成为一种横坐标，经济学分析的方程式就是依据这种横坐标写成的"①。"马克思主义既不是科学，也不是神话，而是一种实在主义的社会行动方法。"②"在《资本论》中，马克思的主要兴趣在于分析产生革命的阶级意识的条件和社会制度的机制。"③

二战后，对马克思主义的解释产生了两大相互对立的学术倾向：人本主义的马克思主义和科学主义的马克思主义。人本主义的马克思主义把人的自由全面发展当作核心问题，强调对资本主义进行全面批判，凸显对马克思主义的人道主义理解，拒绝"经济决定论"，如弗洛伊德学派、存在主义学派等。科学主义的马克思主义，则强调通过认真阅读马克思的文献来分析马克思主义，恢复它的科学本质，如结构主义、新实证主义、分析的马克思主义等。如意大利新实证主义的马克思主义的开创者德拉-沃尔佩则坚持对马克思主义的科学主义解读，他把《资本论》视为探讨经济社会规律的科学，马克思整个经济学与道德学说使用了科学的分析的辩证法即"科学辩证法"，不同于黑格尔"先验的抽象的辩证法"，"正是在历史—科学或关于历史的唯物主义科学这个特定意义上，我们在1857年《〈政治经济学批判〉导言》中发现了马克思第一次概括阐述的作为科学的经济学的认识论—科学的基础。这完全可以说是对马克思主义特有的道德的伽利略主义；也就是说，传统的'道德科学'实际上而且无一例外地

①[美]胡克：《对卡尔·马克思的理解》，徐崇温译，重庆出版社1989年版，第29页。
②[美]胡克：《对卡尔·马克思的理解》，徐崇温译，重庆出版社1989年版，第96页。
③[美]胡克：《对卡尔·马克思的理解》，徐崇温译，重庆出版社1989年版，第326页。

是最严格意义上的科学"①。马尔库塞也认为，自由、平等和正义是马克思《资本论》中的关键术语，《资本论》的经济理论不仅以《1844年经济学哲学手稿》《德意志意识形态》的"人道主义哲学为先导"，"而且也是这两部著作的人道主义哲学的完成。……马克思的理论却没有独立的伦理学，它只是要求实证人道主义伦理学的实现。依马克思所见，资本主义的经济乃是这种伦理学法典的厄运和否认，而废除这种经济乃是这种伦理学发展的先决条件"②。

随后，德拉–沃尔佩的学生科莱蒂对马克思主义的解读则摇摆于实证主义和黑格尔主义之间。哈贝马斯则认为马克思的政治经济学批判没有解决好理论理性与实践理性的关系，"以至于马克思主义理论的规范基础至今模糊不清。马克思主义的模糊内容不是被回避了，就是被遮蔽了，因而没有得到彻底的清理：被回避了，是因为马克思的社会理论分解成了社会研究和道德社会主义（阿德勒）；被遮蔽了，既是因为正统派用黑格尔来限定马克思（卢卡奇，柯尔施），也是由于马克思主义被等同于19世纪的自然主义发展理论（恩格斯、考茨基）"③。

三、阿尔都塞对《资本论》规范性基础的症候阅读

源于伯恩施坦与考茨基等关于马克思主义的道德原则与科学性关系的论争，柯尔施进一步在马克思主义与哲学和科学关系问题上的探讨深化了这一论争。自《1844年经济学哲学手稿》《德意志意识形态》于1932年首次公开问世以来，西方学界掀起了马克思人道主义研究的热潮，出现了青年马克思与老年马克思的对立论，以及人本主义的马克思与科学主义的恩

①[意]沃尔佩：《卢梭与马克思》，赵培杰译，重庆出版社1993年版，第197、199页。

②[美]马尔库塞：《苏联的马克思主义——一种批判的分析》，张翼星、万俊人译，中国人民大学出版社2012年版，第114页。

③[德]哈贝马斯:《交往行为理论：行为合理性与社会合理化》，曹卫东译，上海人民出版社2004年版，第148页。

格斯的对立论，马克思主义的整体性遭遇危机。德国哲学家布洛赫"以抽象心理的、人本主义的人道主义的精神来加以不正确理解的《1844年经济学哲学手稿》的内容绝对化，企图借以从人的心理特性和情感推演出人的历史的全部运动。……因此，整个马克思主义被他解释成跟马克思主义毫不相干的人本主义思想。这种情况使布洛赫的'希望'概念不可避免地同现代资产阶级非理性主义哲学的各种反动思潮结合起来"①。法国学者吕贝尔认为，马克思是人本主义者、空想社会主义者，在马克思思想中含有世界大同的乌托邦理想及使此理想实现的康德般的"绝对命令"。②

为回应马克思主义与哲学及道德意识形态的关系问题，列斐伏尔首先提出不能单纯地从经济学理论的角度来理解《资本论》，因为《资本论》"并非一本政治经济学的专著"③，更"不能把马克思主义降低成不过一个关于世界的良知"④。其次，他提出："我们必须在马克思的经济学和政治学中去重新发现马克思的哲学，马克思的哲学没有'被清除掉'；相反，马克思的哲学是一个契机，一个基本要素，只有在较高层面的实在中，马克思的哲学才会获得它的全部意义。"⑤因此，马克思既积极开创了意识形态批判，其思想理论又是意识形态的典型。

一方面，西方学界盛行的对马克思主义的人道主义解读，以及由此所引发的马克思反对马克思、马恩对立论等混乱矛盾解说，造成马克思主义

---

①[苏]巴日特诺夫：《哲学中革命变革的起源：马克思的〈1844年经济学—哲学手稿〉》，刘丕坤译，中国社会科学出版社1981年版，第18页。

②转引自黄楠森、庄福龄、林利：《马克思主义哲学史》第八卷，北京出版社1989年版，第366页。

③[法]列斐伏尔：《马克思主义的社会学》，谢永康、毛林林译，北京师范大学出版社2013年版，第10页。

④[法]列斐伏尔：《日常生活批判》全三册，叶齐茂、倪晓晖译，社会科学文献出版社2018年版，第167页。

⑤[法]列斐伏尔：《日常生活批判》全三册，叶齐茂、倪晓晖译，社会科学文献出版社2018年版，第163页。

理论整体性问题的危机。另一方面，西方学界对马克思主义规范性基础问题的论争，尤其是列斐伏尔对《资本论》、马克思主义规范性基础问题的理解，直接影响了阿尔都塞对马克思主义、《资本论》的症候式，即问题式阅读理解。为保卫马克思主义，阿尔都塞从对马克思主义的"认识论断裂"解说入手，"症候"式研究《资本论》及其手稿，对《资本论》的理论作出了哲学与科学相统一的"双重阅读"，捍卫了《资本论》及马克思主义的科学性。

1.阿尔都塞以"认识论断裂"说把马克思思想发展的总过程划分为断裂前的"意识形态"与断裂后的"科学"两大阶段、四小阶段

阿尔都塞认为马克思的思想发展过程中存在着"认识论断裂"，根据"这种'认识论断裂'把马克思的思想分成两大阶段：1845年断裂前是'意识形态'阶段，1845年断裂后是'科学'阶段"[①]。在此基础上，他把马克思思想发展的两大阶段各分为两小阶段。其中，把"意识形态"阶段划分成两个小阶段，即1842年前为《莱茵报》撰文的"理性自由主义的阶段"与1842—1845年间的"理性共产主义阶段"。把"科学"阶段划分成马克思的理论成长与成熟两个小阶段，即把1845年后到1855—1857年撰写《资本论》初稿前那个时期的著作——《德意志意识形态》《哲学的贫困》《共产党宣言》《工资、价格和利润》等，"叫作马克思理论成长时期的著作"，其中的《德意志意识形态》是马克思对其所抛弃的形形色色的意识形态总问题的评论、否定和批判；把1857年以后马克思的所有著作一概叫作成熟时期的著作。

从中直接可见，阿尔都塞的理解中存在着常识性的逻辑矛盾，即把马克思1865年的《工资、价格和利润》说成是1845—1855年期间撰写《资本论》初稿前的那个时期的著作。阿尔都塞以"认识论断裂"、以1845年为

---

①[法]阿尔都塞等：《保卫马克思》，顾良译，中央编译出版社2010年版，第16页。

界把马克思著作思想截然划分为"意识形态"与"科学"两个阶段是否合理稳妥，有无造成马克思主义意识形态性与科学性、价值判断与事实判断的分裂，这也是至今学界诟病阿尔都塞断裂解说的瑕疵之处。

从理论初衷来看，阿尔都塞对马克思主义"认识论断裂"解说，是为了保卫马克思主义的科学性及作为科学理论的"完整性"，也是为了回击把马克思主义早期著作思想与成长成熟时期著作思想都解释成意识形态、人道主义、人本主义的错误理解。如兰茨胡特和迈耶尔错误理解"《资本论》是一种伦理学的理论"；还有学者错误以为马克思"为了经济学而牺牲哲学，为了科学而牺牲伦理学，为了历史而牺牲人"；有学者认为青年马克思不是马克思，有学者担心马克思的完整性可能受到损害而感到恐惧，为坚决保卫整个马克思，他们宣称马克思是一个整体、"青年马克思就属于马克思主义"等。[①]在阿尔都塞看来，这些错误理解的要害在于没有区分马克思早期著作思想与成长成熟时期著作的"认识论断裂"，更是否认了以《资本论》为代表的马克思主义成熟时期著作思想的科学性。进而，这些错误理解不加区分地把马克思曾批判超越的意识形态、人道主义与人本主义思想作为马克思主义的整体组成部分，而加以错误的"保护"，实则是对作为科学的马克思主义完整性的歪曲与损害。

毫无疑问，阿尔都塞的理论初衷是好的，而且，其对马克思主义的"认识论断裂"解说还有着独特的理论贡献。其一，他坚持了马克思主义的科学性，且要坚定地维护作为科学的马克思主义的整体性；其二，他创新性地提出马克思早期思想发展中有一个"理性自由主义的阶段"，把马克思早期不成熟的思想与马克思主义区分开来；其三，他把马克思主义视为一种不断发展的理论，即经历了一个从不成熟成长到成熟的发展过程，与苏联学者拉宾关于马克思主义的"两个转变"解说有异曲同工之妙。而

---

①[法]阿尔都塞等：《保卫马克思》，顾良译，中央编译出版社2010年版，第35-39页。

且，阿尔都塞还把恩格斯、列宁、毛泽东的思想理论视为对马克思主义的不断发展，而不是制造马克思与恩格斯、列宁、毛泽东思想理论之间的矛盾对立。

2."症候"式研究《资本论》及其手稿，从哲学与科学双重视角回击对《资本论》所作的人道主义、伦理学归结

阿尔都塞注意到，自《资本论》出版问世以来，一方面"遭到资产阶级经济学家和历史学家从意识形态方面和政治方面彻底的围剿"，另一方面，从列宁到拉布里奥拉、普列汉诺夫、葛兰西、罗森塔尔、沃尔佩、列斐伏尔、奥地利马克思主义者等以哲学阅读的方式对《资本论》进行了科学捍卫。列宁曾在《哲学笔记》中指出以哲学方式读懂《资本论》的意义，认为马克思在《资本论》中把唯物主义的逻辑学、辩证法与认识论相统一应用于经济科学的研究，留下了《资本论》的逻辑，还特别指出："不钻研和不理解黑格尔的全部逻辑学，就不能完全理解马克思的《资本论》，特别是它的第一章。因此，半个世纪以来，没有一个马克思主义者是理解马克思的！！"[1]据此，阿尔都塞引申说：一个半世纪以来，没有一个人是理解黑格尔的，因为不钻研理解《资本论》，就不能理解黑格尔[2]。阿尔都塞高度评价列宁就是对《资本论》哲学阅读"最出色的榜样。他对《资本论》的哲学的理解使得他的经济和政治的分析的深刻性、严格性和尖锐性达到无与伦比的程度。……列宁使他的无与伦比的理论修养和哲学修养变成了政治"[3]。

在列宁等以马克思主义哲学方式阅读《资本论》思想的影响下，阿尔都塞反对单纯以经济学方式、教条主义地阅读《资本论》，更是为"反对

---

①《列宁全集》第五十五卷，人民出版社1990年版，第151页。

②[美]詹姆逊：《新版〈列宁和哲学〉导言》，载[法]阿尔都塞：《哲学与政治：阿尔都塞读本》，陈越编译，吉林人民出版社2003年版，第521页。

③[法]阿尔都塞等：《读〈资本论〉》，李其庆、冯文光译，中央编译出版社2017年版，第219页。

时刻威胁着马克思主义理论、并且今天在深深浸透着它的资产阶级和小资产阶级世界观，这种世界观的一般形式是：经济主义（今天的'技术统治'）及其'精神补充'伦理唯心主义（今天的'人道主义'）"①。

其一，他提出对《资本论》进行哲学与科学的双重阅读。他说："不借助马克思主义哲学就不能真正阅读《资本论》，而我们同时也应该在《资本论》中读出马克思主义哲学。如果这种双重的阅读，也就是不断从科学的阅读回复到哲学的阅读，再从哲学的阅读回复到科学的阅读。"②而且，通过只有借助马克思主义哲学才能深刻理解《资本论》的理论结果，就是说"历史唯物主义的理论前景在今天还有待于辩证唯物主义的深化，而辩证唯物主义的深化本身又取决于对《资本论》的严格的批判性研究"③。唯有如此，才能正确认识马克思主义哲学同《资本论》的关系、辩证唯物主义同历史唯物主义的关系，以及作为整体的马克思主义著作与现实历史的关系。

其二，唯有以"症候"式双重阅读《资本论》，才能发现马克思以全新方式所发动的哲学革命、科学革命，及其所创立的全新历史科学、新的哲学实践。阿尔都塞高度理解并认同恩格斯在《资本论》第一卷1886年英文版序言中对马克思政治经济学批判的评价，也认为剩余价值理论是对古典政治经济学的术语的革命、理论体系的革命④。虽然在《资本论》中的概念术语并未以直接的哲学话语形式出现，但阿尔都塞认为能读到马克思真正哲学的地方恰恰是在《资本论》中。他说："马克思主义是一种新哲

---

①[法]阿尔都塞：《哲学是革命的武器》，《马克思研究资料》1983年第5期。
②[法]阿尔都塞等：《读〈资本论〉》，李其庆、冯文光译，中央编译出版社2017年版，第79页。
③[法]阿尔都塞等：《读〈资本论〉》，李其庆、冯文光译，中央编译出版社2017年版，第81页。
④[法]阿尔都塞等：《读〈资本论〉》，李其庆、冯文光译，中央编译出版社2017年版，第165页。

学：实践哲学。马克思主义理论的核心是一门科学：一门完全与众不同的科学，但仍然是科学。马克思主义给哲学贡献的新东西，是一种新的哲学实践。马克思主义不是一种（新的）实践哲学，而是一种（新的）哲学实践。"①"归根到底，哲学和科学是同一匹布上剪下的衣料，二者都是理论，不过哲学是大写的理论而已。"②

其三，反对把《资本论》归结为伦理学、人道主义。马克思主义哲学及其本质特征体现在《资本论》的研究对象与古典经济学研究对象的差别之中，马克思的政治经济学批判研究既抛弃了实证观念，也抛弃了意识形态人本学。而古典政治经济学的研究是经验主义、还原主义、历史主义与人道主义。由于马克思主义是在认识论的断裂的基础上建立起来的，因此，"马克思主义是非人道主义和非历史主义"③。"把《资本论》归结为伦理学的构想是一种儿戏，因为这仅仅是以《1844年手稿》中的激进的人本主义作依据。"④"马克思主义之所以能够创立历史科学并写出《资本论》，只是因为他跟所有这些五花八门的人道主义理论企图进行了决裂。"⑤正如马克思在成熟时期的《瓦格纳笔记》中所说，其分析方法"不是从人出发，而是从一定的社会经济时期出发"⑥。

阿尔都塞认为，马克思的《资本论》并不包含关于阶级斗争、意识形态的一般理论，但马列主义的全新革命哲学呼唤以意识形态为先导的持久战。

---

①[法]阿尔都塞：《哲学与政治：阿尔都塞读本》，陈越编译，吉林人民出版社2003年版，第169页。

②[法]阿尔都塞：《保卫马克思》，顾良译，商务印书馆1984年版，第235页。

③[法]阿尔都塞等：《读〈资本论〉》，李其庆、冯文光译，中央编译出版社2017年版，第131页。

④[法]阿尔都塞等：《读〈资本论〉》，李其庆、冯文光译，中央编译出版社2017年版，第155页。

⑤[法]阿尔都塞：《哲学与政治：阿尔都塞读本》，陈越编译，吉林人民出版社2003年版，第213页。

⑥《马克思恩格斯全集》第十九卷，人民出版社1963年版，第415页。

阿尔都塞认为，马克思在《资本论》中只是"不断强调一个事实"：正是资本主义生产把工人群众集中起来，通过把劳动和日常生活的严酷纪律强加给他们，"从而强行给工人阶级上了阶级斗争的课程"，结果导致工人群众必然"在共同行动中反抗他们的雇主"①；科学阐述了经济实践与政治实践及其阶级斗争形式、法律形式、国家形式的关系，但"《资本论》本身并不包含阶级斗争理论、法律理论和国家理论"②。《资本论》并非传统意义上的哲学文本，而是一种对资本主义生产方式及其社会形态的结构进行科学考察的文本，"最终，是一种只讨论与阶级斗争有关的那种科学知识的文本"③。同样，马克思在《资本论》中讨论了各种意识形态，尤其讨论了庸俗经济学家的意识形态，"但并没有包含关于这些意识形态的理论，因为这种理论在很大程度上有赖于提出一种关于意识形态一般的理论"④。因此，《资本论》是科学的事实文本，并非虚无的意识形态文本。

说到底，马克思在《资本论》中所开创的全新哲学的实践是一种革命的哲学，即一种"理论层面的阶级斗争"，与政治斗争密不可分，是一种哲学的政治和政治的哲学的统一，它紧紧围绕着葛兰西所说的文化领导权，即"统治阶级意识形态领导权的问题"而展开斗争⑤。阿尔都塞一方面坚决批判意识形态的如同梦一般虚幻颠倒，认为意识形态没有自己的历

①[法]阿尔都塞：《哲学与政治：阿尔都塞读本》，陈越编译，吉林人民出版社2003年版，第215—216页。

②[法]阿尔都塞等：《读〈资本论〉》，李其庆、冯文光译，中央编译出版社2017年版，第359页。

③[法]阿尔都塞：《哲学与政治：阿尔都塞读本》，陈越编译，吉林人民出版社2003年版，第227页。

④[法]阿尔都塞：《哲学与政治：阿尔都塞读本》，陈越编译，吉林人民出版社2003年版，第348—349页。

⑤[法]阿尔都塞：《哲学与政治：阿尔都塞读本》，陈越编译，吉林人民出版社2003年版，第174—175页。

史，另一方面又把意识形态视为如同弗洛伊德的心理无意识一样的永恒存在，把人视为天生的意识形态动物，进而提出阶级斗争与统治阶级意识形态的斗争之火"永不会熄灭"①。因此，无产阶级取得政权，战胜资本主义国家机器的阶级斗争，"用毛泽东的正确提法（这个提法非常有力地概括了马克思和列宁的一些论点）来说，这场斗争只能是一场阶级的持久战"②。

通过对20世纪60年代法国、美国、苏联和中国等世界革命与发展形势的观察，阿尔都塞以马列主义革命的哲学为指导，认为帝国主义处于深刻的矛盾危机之中，深信时代发展将进入社会主义在全球取得胜利的世纪，国际无产阶级革命已提上议事日程，五十或者一百年之后，世界的面貌将大大改变。透过法国革命、俄国革命、中国革命，他发现意识形态的阶级斗争总是领先于经济的或政治的意识形态斗争，且处于斗争的最前沿。他分析说："经济的斗争总是停留在暗处，这是它的宿命，因为它是最重要的。政治斗争最终会在光天化日之下爆发，它集结起一切力量来保障自己最终战斗（即为国家政权而进行的战斗）的方向：这是它的宿命，因为这就是它的功能。意识形态的（上述意识形态的斗争），通常领先于政治斗争的公开形式，甚至是遥遥领先于它们。"③

就是说，意识形态的阶级斗争的持久战，要为暗处最重要的经济的阶级斗争，以及最终的政治进攻斗争做好充分准备。因此，"工人阶级的阶级意识只有通过对资产阶级的劳动意识形态进行不懈的意识形态斗争才能形成"④。这就是阿尔都塞猛烈批判意识形态，又试图创建一般形式的意识形态理论的缘由。正如巴里巴尔所指出，尽管阿尔都塞把意识形态当作

---

①[法]阿尔都塞：《关于意识形态国家机器（AIE）的说明》，孟迎登、赵文译，载《美术馆》总第12期，上海书店2008年版，第90页。

②[法]阿尔都塞：《论再生产》，吴子枫译，西北大学出版社2019年版，第302页。

③[法]阿尔都塞：《论再生产》，吴子枫译，西北大学出版社2019年版，第315页。

④[法]阿尔都塞：《论再生产》，吴子枫译，西北大学出版社2019年版，第115页。

观念或意见的王国的唯心主义理论而加以批判和拒斥，但他却试图锻造一种关于意识形态的"马克思主义"理论，以改造或重建历史唯物主义，为政治的阶级斗争做准备，为此，阿尔都塞还曾从其未完成的《论再生产》的手稿中抽出一些片段，组成《意识形态和意识形态国家机器》一文，发表在1970年6月《思想》杂志第151期上[1]。因此来看，沙夫对阿尔都塞的理解不够妥当，他说："把意识形态与科学对立起来，高举科学的旗帜讨伐意识形态是阿尔都塞思想体系的核心。"[2]批判讨伐意识形态只是阿尔都塞破除对马克思《资本论》非科学理解的重要一环，更重要的是，阿尔都塞要正面阐述马克思全新的革命哲学，并为现实的无产阶级世界革命锻造意识形态的阶级斗争的一般理论，其意识形态的国家机器思想成了其未竟的宝贵思想遗产。

阿尔都塞的学生拉吕埃勒并没有继承其老师未竟的事业，反而退回到传统西方哲学与科学关系的老套路之中。拉吕埃勒将科学和哲学的统一理论称为"第一科学"，认为马克思主义的哲学与科学维度没高下之分，赞同胡塞尔发展一种"作为严格科学的哲学"的雄心，认为："它以一种同样科学和哲学的理论学科的形式来呈现自己，而不是成为它们中的这一个或那一个，也不是成为它们各式各样的混合物，如作为科学的哲学，关于科学的哲学，科学中的哲学，关于哲学的科学。"[3]可见，拉吕埃勒背离阿尔都塞对马克思革命的实践哲学的科学解说，走向了胡塞尔作为科学的理论哲学，以及黑格尔对哲学与科学关系理解的观念之中。

不同于萨特存在主义对马克思主义的人道主义理解，也不同于阿尔都

---

①[法]巴里巴尔：《阿尔都塞和意识形态国家机器》，吴子枫译，《现代中文学刊》2013年第2期。

②[波兰]沙夫：《结构主义与马克思主义》，袁晖、李绍明译，山东大学出版社2009年版，第33页。

③François Laruelle.Pranciples of Non-Philosophy.Trans by Nicola Rubczak&Anthony Paul Smith, London:Bloomsbury Publishing, 2013, p.39.

塞结构主义对马克思主义的新科学理解，法国思想家阿隆自认为比萨特与阿尔都塞都更懂马克思，他说：“我从来没有把哲学和政治、思想和介入割裂开来，但是，我比他们花费更多的时间来研究经济和社会机制。在这个意义上，我认为，我比他们更忠于马克思的启示。”[1]在他看来，从1848年起至晚年的马克思表面上已不是一个哲学家，而是经由社会学研究转向经济学研究，成为一个社会学家、经济学家。但是，他反对马克思的经济学、社会学观点，否认马克思劳动价值论的科学性，认为劳动价值论属于形而上学或者道德哲学范畴的观念，因为“观念学家和道德家可能会声称，只有劳动成果才具有经济价值，劳动是财富或服务的实体或最终原因”[2]。同时，他又认为马克思主义政治经济学批判的威力源于科学与道义的主观心理混合，“剩余价值理论具有科学的和道义的两种作用。这两种因素结合在一起使马克思主义具有一种无与伦比的威力。理性主义从中得到满足，唯心主义者或反叛者们也如此，而这种满足又是互为补充的”[3]。

四、英语世界对马克思与正义、道德问题的论争

从20世纪六七十年代至今，伴随英语世界马克思主义及政治哲学研究的兴起，围绕马克思与正义、道德的关系问题，即马克思主义政治哲学的规范性基础问题的论辩研讨，逐渐成为当代英美分析马克思主义等学派论争的热点与前沿问题。对此，当代美国学者布鲁德尼曾评价说：“在英语哲学传统中曾经有过一场辩论，这场辩论主要发生在20世纪80年代和20世

---

①[法]阿隆：《想象的马克思主义：从一个神圣家族到另一个神圣家族》，姜志辉译，上海译文出版社2012年版，第3页。

②[法]阿隆：《想象的马克思主义：从一个神圣家族到另一个神圣家族》，姜志辉译，上海译文出版社2012年版，第181页。

③[法]阿隆：《社会学主要思潮》，葛志强等译，上海译文出版社2013年版，第142页。

纪90年代之间，其内容即是关于马克思那里究竟有没有'正义'观念，以及，他是否会谴责资本主义是'不正义的'。"①论辩其中一方以塔克和伍德等一批学者为代表，他们主张马克思主义并未以正义与道德，而是以科学与事实来肯定或否定资本主义。正如分析学派的马克思主义学者佩弗所说："那种马克思并未以不正义来谴责资本主义或正义来赞扬社会主义的总体观点，以及与此相关的（隐含的）认为马克思主义者如果这样做就是背离原则的那些主张，就逐渐被公认为'塔克-伍德命题'。"②论辩另一方以科亨、埃尔斯特、尼尔森、佩弗等为代表，主张马克思主义有对资本主义道德与正义的评价判断。双方的论争还引出了主张马克思主义是事实判断与价值判断相统一的赛耶斯和曼德尔的第三种观点，以及主张马克思主义的正义论为超越正义的正义论的罗尔斯与金里卡等的第四种观点。

1. "塔克-伍德命题"

20世纪60年代末70年代初，美国分析学派的马克思主义学者塔克在《马克思的革命理论》一书中率先提出马克思主义没有正义理论，进而还在其论著中指认马克思主义反道德、没有道德判断。塔克认为："马克思主义与其他所有社会主义体系的区别在于他的反道德倾向。全部马克思主义自始至终没有丝毫的道德成分，因此，既没有道德判断也没有道德假设。""'科学社会主义'正如它的名字所暗示的……在本质上是科学的思想体系。马克思主义……被认为不包含任何道德内容。"③继而，美国分析学派的马克思主义学者伍德围绕马克思主义非正义及非道德论反复持续发文探讨。通过对马克思《资本论》及其手稿的文本分析，伍德认为，马克思和恩格斯没有指出资本主义是不正义的，"对马克思来说，一项经

①[美]布鲁德尼：《罗尔斯与马克思：分配原则与人的观念》，张祖辽译，上海人民出版社2017年版，第4页。

②[美]佩弗：《马克思主义、道德与社会正义》，吕梁山等译，高等教育出版社2010年版，第320页。

③R.Tucker.*Philosophy and Myth in Karl Marx*，Transaction Publisher.2001.p.12.

济交易或经济制度公正与否取决于它与占统治地位的生产方式的关系。一项经济交易如果与生产方式相协调，那它就是公正的；如果相矛盾，那它就是不公正的"①；"尽管资本家的剥削使雇佣工人异化、非人化和人格降低"，马克思是这样批判的，然而"这和资本主义是否正当、是否公正丝毫没有关系"②；"马克思拒绝从一个公正或无私的立场来评价社会制度，并且认为这样做的整个工作是掉入了意识形态幻想的陷阱"③；"根据《德意志意识形态》，历史唯物主义对道德意识形态与阶级的物质利益之间关系的发现'打碎了所有道德的权杖'，无论那种道德的内容是什么"④。

随后，米勒、卢克斯、布坎南等分析学派的马克思主义学者纷纷加入塔克和伍德的阵营，引起了更广泛的研讨与辩论，形成了著名的"塔克-伍德命题"。"塔克-伍德命题"的核心观点认为，马克思不以公平正义为目标，马克思主义是非道德主义的，其在本质上是科学的思想体系而非虚幻的意识形态，它不包含作为规范性理论的任何道德内容。在《马克思与道德》《分析马克思》等论著中，美国学者米勒提出马克思哲学是非道德的，然而却是正派的。英国学者卢克斯在《马克思主义与道德》一书中将道德分为权利的道德和解放的道德，试图以此解决对马克思道德论与非道德论的相互矛盾对立解说，一方面，他认为马克思把道德视作为阶级利益服务的虚幻的意识形态；另一方面，他认为马克思对资本主义的经济学批判是科学的而非道德的，马克思的自由人联合体构想属于自由伦理观。

此外，英国学者伊格尔顿认为，马克思像黑格尔那样从伦理学中发展

---

① A.Wood.Marx, Justice,and History,Princeton: Princeton University Press, 1980, p.107.

② A.Wood. Karl Marx,London: Routledge and Kegan Paul, 1981, p.43.

③ A.Wood. Justice and Class Interests, Philosophica, vol. 33, no.1.1984, p.15.

④ A.Wood. Marx's Immoralism, in Chavance,Bernard (ed.),Marxen Perspective,Paris, 1985.

出强有力的历史批判，但不幸的是，马克思没有意识到自己是一个古典道德主义者、现代的亚里士多德，他把道德视为意识形态加以批判，"这是因为他犯了典型的资产阶级错误：混淆了道德与道德主义。道德主义认为存在着一整套被认为与社会和政治问题截然不同的道德问题"。"马克思犯了把道德界定为道德主义的错误，因而，很可以理解他摒弃了道德。"①英国学者博托莫也认为，马克思主义主要是关于社会的科学，在伦理和社会哲学问题的研究中却相形见绌，单独建立马克思主义伦理学的做法很难奏效。②

2.科亨等与"塔克-伍德命题"针锋相对，认为马克思主义有正义、道德等规范性内容

美国分析学派马克思主义者科亨和格拉斯认为马克思确实批判了资本主义不公正，确实以道德名义谴责资本主义，马克思在《1957—1858年经济学手稿》及《资本论》等著作中还曾无数次使用"抢劫""侵占""盗用"等说法来抨击资本主义，认为资本主义剥削是资本家对工人的"盗窃"，剩余价值是资本家"从工人那里掠夺来的赃物"，这是一种绝对主义标准。进而，科亨阐释说："盗窃是不正当地拿了属于他者的东西，盗窃是做不正义的事情，而基于'盗窃'的体系就是基于不正义。"③美国分析学派马克思主义学者埃尔斯特认为，虽然马克思没能提出严格的正义标准，但马克思相信"不公平是资本主义的一个事实"④。同科亨、格拉斯、罗默尔、胡萨米等一样，通过对马克思政治经济学批判文本中的"剥

①[英]伊格尔顿：《理论之后》，商正译，商务印书馆2009年版，第138页。

②转引自黄楠森、庄福龄、林利：《马克思主义哲学史》第八卷，北京出版社1989年版，第245页。

③ Cohen.Self-Ownership,Freedom, and Equality.Cambridge,mass:Havard University Press, 1995, p.146.

④[美]埃尔斯特：《理解马克思》，何怀远等译，中国人民大学出版社2008年版，第207页。

削""盗窃""掠夺"等概念的分析，埃尔斯特指出马克思的剥削概念具有规范的意义，即剥削者在道德上应该受到谴责，由此，他还谴责资本主义剥削不正义，批判资本主义分配的不道德性。

美国分析学派的佩弗也主张马克思主义是一种非科学的道德判断，具有规范性基础内容。他认为，马克思主义是非科学的，历史唯物主义对历史内在趋向共产主义与人类自由的阐释，"简直就是没有任何科学价值的黑格尔理论的残余"①。总的来说，马克思是一个伦理个人主义者，其"道德理论是一种混合的义务论，一种关于正当的行为或义务的理论"，以促进道德的善——"自由、人类共同体和自我实现"②。进而，他认为阿尔都塞得出马克思主义缺乏规范性内容的结论令人匪夷所思，因为"即使在马克思后期的、成熟的著作如《资本论》中也有大量的证据表明，马克思不单单是在描述和解释社会现象，他还颂扬及谴责各种不同的社会安排，并且制订与这些颂扬或谴责相适应的行动路线。……只需看一下《资本论》中的一些如'机器和现代工业'，'资本主义积累的一般规律'和'资本主义积累的历史趋势'等章节（在这里马克思使用了'悲惨''极度痛苦''奴隶制''无知'和'堕落'等术语来描述和谴责在资本主义社会中劳动阶级的生存条件），就能确知马克思做出了规范性的而且实际上是道德判断"③。佩弗也承认，"并不存在一种专门的马克思主义道德理论这种东西。但却存在专门的马克思主义道德和社会理论，即一种将道德理论同一套经验的、社会科学的论点结合起来，以便在不同的社会安

---

①[美]佩弗：《马克思主义、道德与社会正义》，吕梁山等译，高等教育出版社2010年版，第21页。

②[美]佩弗：《马克思主义、道德与社会正义》，吕梁山等译，高等教育出版社2010年版，第86页。

③[美]佩弗：《马克思主义、道德与社会正义》，吕梁山等译，高等教育出版社2010年版，第186页。

排、计划、政策之间作出判断的理论"①。因此，马克思主义道德和社会理论构成马克思主义的基本规范性政治观点的基础，用以说明社会主义在道德上优越于任何形式的资本主义，由此使社会政治革命在道德上可以得到初始的辩护。

与佩弗的观点类似，加拿大分析学派的尼尔森也强烈质疑批判"塔克–伍德命题"。尼尔森认为，以塔克和伍德的分析阐释方式解读马克思政治经济学批判的文本，也可以得出马克思主义有道德与正义规范基础的不同结论，"'资本主义掠夺工人'的道德信念可能符合工人阶级的利益而成为工人阶级意识形态，但依然是一种合理的道德信念；即，从公正的观点看是正当合理的"②。尼尔森还从源头上深入探究了马克思主义阐释史上的价值与事实之争，认为"塔克–伍德命题"源于第二国际理论家伯恩施坦与考茨基对马克思主义的道德伦理解说与实证科学解说之争。伯恩施坦主张社会主义的道德只能建立在社会主义价值的基础上，而不能建立在所谓客观中性的社会科学的基础上，否定了道德学说的客观科学基础。考茨基及普列汉诺夫则主张马克思主义的伦理学是一种社会科学理论，强调道德学说的客观科学基础，否定伯恩施坦伦理社会主义的价值解说。尼尔森把道德提问的方式分为本体论的、认识论的和社会学的三种，认为马克思主义道德学说的提问方式是社会学的，在本质上是"以历史唯物主义为基础"的"境遇主义"，即"从历史的联系中、从客观环境的变化中把握道德的客观性，测定道德变化的合理性"③。

英国分析学派的诺曼在《什么是马克思主义中活的东西和死的东西》一文中认为马克思没有专门的伦理学，但却有宽泛的伦理学与价值理想。

---

①[美]佩弗：《马克思主义、道德与社会正义》，吕梁山等译，高等教育出版社2010年版，第458页，

②Kai Nielsen. Marxism and the rejection of morality, Theoria 54 (2), 1988, p.112.

③黄楠森、庄福龄、林利：《马克思主义哲学史》第八卷，北京出版社1989年版，第138页。

这种宽泛的伦理学与价值理想就是对未来美好社会生活的理想——自由人联合体的价值理想，这是马克思主义中活的东西。他说："马克思主义的内在吸引力在于它表现了对现存社会制度的批判和对未来更美好社会的向往。""我坚持活的马克思主义应该是以价值为中心。……马克思主义没有明了而统一的伦理学，不管是直接意义上的还是间接意义上的。"①还有，"意识形态概念是马克思最主要的概念，也是最有用的概念"，"马克思意识形态理论表达的是社会生活的病理学"②。诺曼还进一步设想了马克思主义伦理学与规范的政治哲学的构建问题，他反对以历史唯物主义为基础构建马克思主义伦理观与价值观，认为这不仅错误而且有害，因为这会使马克思主义伦理学缺乏独立合法性。他认为需要转换马克思主义的阶级斗争理论，若把马克思的阶级理论转换为阶级不平等及形式、性别平等现实规范性问题，马克思主义的这一批判性概念就活了；若进而转换马克思的意识形态批判理论，广泛探讨当代社会的自由、自我实现、需要、劳动、民主、正义、平等、美好社会等问题，就会实现马克思主义伦理学及规范政治哲学的复兴。

此外，美国学者图克尔还以西方传统宗教和神话思想为背景研究马克思早期思想，他把马克思刻画为较为符合英美认知和价值判断的一个方法论和伦理学意义上的个人主义者、一个方法论意义上的自由主义者及道德主义者③。美国学者宾克莱认为："马克思对于我们今天的吸引力乃是一个道德的预言家。""作为我们选择世界观时的一位有影响的预言家的马克思永世长存，而作为经济学家和历史必然道路的预言家的马克思则已经

---

①[加]韦尔、尼尔森：《分析马克思主义新论》，鲁克俭等译，中国人民大学出版社2002年版，第51页。

②[加]韦尔、尼尔森：《分析马克思主义新论》，鲁克俭等译，中国人民大学出版社2002年版，第57-58页。

③[美]图克尔：《变化思潮中的马克思》，《现代哲学》2008年第12期。

降到只能引起历史兴趣的被人遗忘的地步。"①在英语世界有广泛影响的阿玛蒂亚·森甚至提出，在《资本论》中"马克思对公正的分析远远超越了他对于'共产主义终极阶段'的热情，而其批评者针对的却往往是后者"②。

3.马克思主义是科学与道德价值的统一

针对分析学派的马克思主义对马克思主义与道德、正义关系等的相互对立理解，英国马克思主义学者塞耶斯和比利时马克思主义理论家曼德尔进行了批判，并提出马克思主义是科学与道德价值的统一。伍德等把马克思的社会理论科学与道德价值截然分立，视为在逻辑上相互独立的两个方面，认为马克思主义的社会理论只是提出了一个对社会的科学解释，探讨了社会规律，而非对社会的道德评判，甚至是与价值无关、伦理中立的社会理论。对此，在《分析马克思主义与道德》一文中，塞耶斯批判指出马克思主义的社会理论既是社会见解又是政治见解，"实践和道德在其中起着举足轻重的作用"，是科学规律探讨与道德价值评判的统一。他说："马克思的社会理论与其道德和政治价值根本不相抵触，因此这就为人们提供了一种得以以具体、实践和现实的方式思考上述两方面因素的基础。"③

他还批判分析学派对马克思主义正义、道德观念的相对主义与绝对主义两种对立理解。一方面，伍德与卢克斯等对马克思《资本论》及其手稿中正义观念的解读，实际上是把马克思主义装扮成了道德价值判断中立的相对主义的正义观，并把正义内在于资本主义制度；另一方面，柯亨和格拉斯等认为马克思确实批判谴责了资本主义不公正、不道德，把马克思主

①[美]宾克莱：《理想的冲突》，马元德等译，商务印书馆1983年版，第106页。

②[印度]阿玛蒂亚·森：《正义的理念》，王磊、李航译，中国人民大学出版社2012年版，第18页下注。

③[加]韦尔、尼尔森：《分析马克思主义新论》，鲁克俭等译，中国人民大学出版社2002年版，第69页。

义的正义、道德观念绝对主义化。对此，塞耶斯总结批判说："马克思主义并不包含一个分析历史的道德方法，而是有一个历史的分析道德的方法。它没有也不可能述诸普遍的道德原则或价值；马克思主义的根本看法是认为道德是一种社会、历史现象。"①也就是说，运用源于黑格尔的历史辩证法，马克思对资本主义的批判是事实判断与价值判断的统一，把对资本主义的不公正批判置于历史、相对的基础上，既不是绝对的正义标准也不是相对主义与怀疑主义，而是绝对与相对的辩证统一。

比利时马克思主义理论家曼德尔在《何以误解马克思》一文中更是深刻地阐释了马克思主义规范性基础的精髓，他说："这就是马克思的要旨，既是科学的又是道德政治主义的。这也是我们能从马克思的遗产中所继承的活的东西。"②他与塞耶斯一道批判了伍德、埃尔斯特等分析学派的马克思主义学者对马克思主义的整体性的割裂、歪曲与篡改，以及对历史唯物主义、辩证法与科学社会主义思想的背离。

4.罗尔斯等学者认为马克思主义属于超越正义的正义论

英美分析学派对马克思主义正义观的矛盾解说及其批判论争直接催生了第四种观点，这就是罗尔斯等所提出的马克思超越正义的正义观。围绕马克思主义与正义关系问题而相互论辩的对立双方各有其解说的长短之处，都无法使对方信服或驳倒对方。受到这场论争的直接影响，一直专注政治哲学及正义问题研究的罗尔斯在阐发其新自由主义正义论，批判马克思政治哲学的过程中，提出马克思的正义观属于超越正义的正义观。他说，"公平正义的良序社会理念与马克思的完全的共产主义社会理念仍然相当不同。完全的共产主义社会似乎是一种在下述意义上超越了正义的社

---

①[加]韦尔、尼尔森：《分析马克思主义新论》，鲁克俭等译，中国人民大学出版社2002年版，第72页

②[加]韦尔、尼尔森：《分析马克思主义新论》，鲁克俭等译，中国人民大学出版社2002年版，第105页。

会，即，引发分配正义的环境条件被超越了，而且，公民们不需要，也不会在日常生活中去关注分配正义问题。……正义的消失，甚至分配正义的消失，是不可能的，而且，这种消失似乎也不是值得欲求的"①。

在罗尔斯看来，从理想维度上，马克思所构想的共产主义社会是超越正义的社会，但马克思没有考虑到超越正义的客观资源环境的制约，所提出的"各尽所能，按需分配"原则缺乏现实感与理解力。而罗尔斯认为自己所构想的公平正义原则、分配正义理念更合理。他认为，马克思辩证的历史科学批判了资本主义的不正义，"对马克思来说，也就不存在什么普遍有效的正义原则。一种正义概念是否可以运用于特定的政治和社会制度，取决于从该社会的历史使命来看，那种正义概念是否适应了现存的生产方式"②。他认为，从现实历史发展维度上，马克思在《哥达纲领批判》中对未来理想社会发展两个阶段正义价值原则的区分，即关于权利与正义的价值原则——按劳分配阶段，同关于自由与自我实现的价值原则——按需分配的区分完全武断，完全不如其所构想的正义论二原则普遍永恒。实质上，罗尔斯的正义论并未摆脱近代西方政治哲学契约论的先验抽象假想，其正义原则构想的原初状态与无知之幕两个理论前提也直接源于17—18世纪英国的理论虚构，一是哈林顿《大洋国》中平分蛋糕的故事，二是斯密《道德情操论》虚构的"中立的旁观者"。罗尔斯的正义论所依据的是资本价值论，是对资本主义三位一体分配正义价值观的新型言说，是对马克思劳动价值论的否定。

对此，加拿大学者金里卡评价说："好的社会，共产主义社会将超越正义，这种社会不是由公平的份额或平等权利的理论定义和支配的。这与

①[美]罗尔斯：《政治哲学史讲义》，杨通进等译，中国社会科学出版社2011年版，第344页。
②[美]罗尔斯：《政治哲学史讲义》，杨通进等译，中国社会科学出版社2011年版，第353页。

罗尔斯形成了全然的对比，他认为'正义是社会制度的首要德性'。"①
此外，美国分析学派的德布拉·萨茨在《马克思主义、唯物主义和历史进步》一文中也以超越正义来理解马克思的正义观，他说："正如马克思所设想的，共产主义社会是超越了权利和正义的社会。"②

其实早在马克思之前，休谟就曾言说超越性正义。休谟认为，物资极度匮乏的原始状态与物质极大丰富的理想状态下，"正义就是完全无用的，它会成为一种虚设的礼仪，而绝不可能出现在德性的目录中"③。马克思并未在其论著中直接论说超越正义，其全部人类解放的政治哲学在现实层面上也借助自由、平等、正义等资产阶级法权形式原则来展开现代性批判及建构，更多是从讽刺、批判、否定的意义上批判现代资产阶级社会。在理想层面上，马克思则要将自由、平等、正义等形式原则彻底实现，即通过消灭私有制消灭阶级消灭国家的革命实践路径，以及未来理想的社会形式逐渐彻底超越和解决自由、平等、正义等现代性问题，使资产阶级的道德原则、意识形态话语成为历史文化遗存。由此，我们可以说马克思有超越正义的正义论。而且，马克思的超越正义观念与休谟的言说有相似之处。

否认马克思主义科学性，把马克思主义、共产主义视为道德说教、意识形态与虚幻宗教信仰，是20世纪30年代英美反马克思主义或英美马克思主义研究的思想主潮。这也是英美世界马克思主义学者的生存空间受到严重压制在理论上的表现与结果。正如美国学者莱文在《什么是今天的马克思主义者》一文中所述，一直处于被压制排斥境遇中的英美世界的马克思主义学者所面临的首要问题是如何生存及发展，因此导致其研究多采取学

---

①[加]金里卡：《自由主义、社群与文化》，应奇、葛水林译，上海译文出版社2005年版，第105页。

②[加]韦尔、尼尔森：《分析马克思主义新论》，鲁克俭等译，中国人民大学出版社2002年版，第325页。

③[英]休谟：《道德原则研究》，曾晓平译，商务印书馆2001年版，第36页。

术化、非政治化的倾向，至于其是不是马克思主义者已无意义。

分析学派的马克思主义以个人主义的方法论，借助论证严谨、概念明晰的分析哲学传统，形成一种风格独特的马克思主义理论研究路径，对批判分析现代性社会新问题具有一定启示意义。但经过分析阐释，马克思主义的历史唯物主义、劳动价值论、剩余价值论、利润率下降理论、革命斗争理论与共产主义思想等都被分析拒斥了，逐渐变成了非马克思主义。正如有论者所说，20世纪英美学界围绕马克思与正义问题的学术讨论，"无论是否定马克思正义思想的塔克、伍德，还是肯定马克思正义思想的胡萨米、柯亨，也都未看穿政治哲学与历史唯物主义及经济学之间的融通关系，这也制约了他们在'马克思与正义'这个问题上的学术讨论，从而在不同程度上误读了马克思"①。

英语世界关于马克思主义对马克思与道德、正义关系的争论，也反映到当代中国马克思主义政治哲学的研究中来。我国学者李惠斌与李义天则认为，马克思在《资本论》及其手稿等著作中从未明确讲过剥削是不正义的。②而我国学者段忠桥对于马克思的论著中，尤其是《资本论》中关于正义的论述到底是一种价值判断还是一种事实判断的回答是："正义在马克思的论著中只是一种价值判断。"③

此外，苏联是世界上最早对经典著作中人道主义思想引起注意的国家。在20世纪20年代的苏联，人道主义被认为是资本主义的道德原则而遭到全面批判。30年代，马卡连柯在《论共产主义道德》中提出"我们的人道主义"，指出共产主义新人是"具有我们的人道主义精神的人"。40年代，加里宁提出培养青年的人道主义情感，但并没有将人道主义作为共产

---

①李佃来：《政治哲学视域中的马克思》，中央编译出版社2018年版，第159页。

②李惠斌、李义天编：《马克思与正义理论》，中国人民大学出版社2010年版，第169-173页。

③段忠桥：《马克思的分配正义观念》，中国人民大学出版社2018年版，第48页。

主义道德的重要原则。50年代中期，施什金在《共产主义道德原理》中首次明确提出社会主义人道主义概念，并论述了其特征，认为人道主义是共产主义道德最重要的原则之一。1957年，法国哲学家加罗蒂在《马克思主义的人道主义》一书中把马克思主义的科学世界观人道主义化，认为《资本论》的每一页都是人的大声呐喊，对《资本论》及马克思主义的解释带有明显的伦理色彩。①这本书在布尔什维克二十大后的苏联引起了出乎意料的反响，掀起了苏联学界人道主义研究的热潮。1961年，苏共二十二大提出"一切为了人，一切为了人的幸福"的口号，人道主义一词被写入《共产主义建设者道德宝典》，人道主义被称为共产主义道德最重要的原则。梅斯利夫钦科与雅罗舍夫斯基在1975年出版的《马克思主义奠基人著作中的人道主义问题》一书中提出，马克思的学说是"科学知识和人道主义理想相统一"的思想，"马克思对科学技术发展的分析是与社会问题和道德问题，与人的自由全面发展的任务紧密联系在一起的，这是马恩无产阶级人道主义的一个极为重要的特点。他们首次在历史上把严格的科学分析和崇高的人道主义理想结合在一起，把政治经济学和伦理学说结合起来"②。20世纪80年代前期，苏联围绕着马克思主义与人道主义问题展开了很多讨论，提出人道主义是马克思理论体系之中更为本质的要素。在东欧剧变、苏联解体之后，人道主义被看成马克思主义理论的核心内容。2001年，在格利亚德科夫的《马克思主义哲学的罕见现象》一书中，把人道主义说成是统领马克思学说的灵魂，并首先以人道主义的思想体系归结马克思的哲学。

政治哲学无疑有并需要道德伦理价值原则作为其规范性的基础。因

①转引自黄楠森、庄福龄、林利：《马克思主义哲学史》第八卷，北京出版社1989年版，第266页。
②转引自《马克思主义人道主义问题（译文集）》，陕西人民出版社1982年版，第116页。

为，"道德哲学为政治哲学设定了背景和边界"①。"政治哲学的核心问题是以规范性的合理性为基底的道义原则问题。"②马克思主义政治哲学同样有并需要道德伦理的价值原则作为其规范性的基础。虽然马克思、恩格斯没有留下道德、伦理学专著，但道德伦理问题在他们的思想体系中占据着重要的位置。否定马克思主义政治哲学是事实判断与价值判断的统一，同否定马克思主义政治哲学是科学与意识形态的统一一样，都是错误的、片面的，都会造成对马克思主义整体性的分裂。休谟认为从事实判断不能推出价值判断，但是，价值判断也不排斥事实判断，价值原则也不排斥真理原则，正如"意识形态不排斥科学性"③一样。"《资本论》表明，马克思的人道主义理想与他对现实的描述是不可分割地统一的，马克思对人类解放和人的全面发展的价值追求与他所揭示的人类历史发展规律是不可分割地统一的，马克思的哲学批判与他的政治经济学批判和空想社会主义批判是不可分割地统一的。"④

马克思主义政治哲学是一种全新的实践哲学，其对现实公平正义的批判建构，对超越政治正义的人类自由解放理想，不是来自资本主义社会的经验实证，既不是采用"比较方法来关注各种社会现实"⑤的结果，也不是来自启蒙政治哲学的实践理性，即不是采用先验抽象正义与自由的理性设定的结果。马克思主义的政治哲学是在对资本主义生产方式批判性研究的基础上，把经验与先验、理论与实践、理想性和现实性、事实与价值等

---

① [美]诺奇克：《无政府、国家和乌托邦》，姚大志译，中国社会科学出版社2008年版，第6页。

② 王新生：《马克思政治哲学研究》，科学出版社2018年版，第63页。

③ [法]福柯：《知识考古学》，谢强，马月译，生活·读书·新知三联书店2003年版，第207页。

④ 孙正聿：《"现实的历史"：〈资本论〉的存在论》，《中国社会科学》2010年第2期。

⑤ [印度]阿玛蒂亚·森：《正义的理念》，王磊、李航译，中国人民大学出版社2012年版，第8页。

辩证综合起来分析，在全新的历史科学的世界观基础上所书写的"大写的正义论"。《资本论》就是这种"大写的正义论"——政治哲学的浓缩，它为现代人类文明前行矗立起了科学性与价值性统一的新路标。

参考文献

一、中文译著

[1] 马克思恩格斯全集：第3卷[M].北京：人民出版社，1960.

[2] 马克思恩格斯全集：第19卷[M].北京：人民出版社，1963.

[3] 马克思恩格斯全集：第39卷[M].北京：人民出版社，1974.

[4] 马克思恩格斯全集：第40卷[M].北京：人民出版社，1982.

[5] 马克思恩格斯全集：第28卷[M].北京：人民出版社，2018.

[6] 马克思恩格斯全集：第44卷[M].北京：人民出版社，2001.

[7] 马克思恩格斯全集：第46卷[M].北京：人民出版社，2003.

[8] 马克思恩格斯文集：第1卷[M].北京：人民出版社，2009.

[9] 马克思恩格斯文集：第2卷[M].北京：人民出版社，2009.

[10] 马克思恩格斯文集：第3卷[M].北京：人民出版社，2009.

[11] 马克思恩格斯文集：第5卷[M].北京：人民出版社，2009.

[12] 马克思恩格斯文集：第7卷[M].北京：人民出版社，2009.

[13] 马克思恩格斯文集：第9卷[M].北京：人民出版社，2009.

[14] 马克思恩格斯选集：第2卷[M].北京：人民出版社，2012.

[15] 马克思恩格斯选集：第3卷[M].北京：人民出版社，2012.

[16] 马克思恩格斯《资本论》书信集[M].北京：人民出版社，1976.

[17] [德]马克思.资本论：第1卷[M].北京：人民出版社，2004.

[18] 列宁专题文集：论马克思主义[M].北京：人民出版社，2009.

[19] 列宁专题文集：论资本主义[M].北京：人民出版社，2009.

[20] 列宁专题文集：论无产阶级政党[M].北京：人民出版社，2009.

[21] 列宁专题文集：论辩证唯物主义和历史唯物主义[M].北京：人民出版社，2009.

[22] 列宁全集：第34卷[M].北京：人民出版社，1985.

[23] 列宁选集：第2卷[M].北京：人民出版社，1995.

[24] 列宁选集：第3卷[M].北京：人民出版社，1995.

[25] 列宁全集：第55卷[M].北京：人民出版社，1990.

[26] [苏]列宁.对布哈林《过渡时期的经济》一书的评价[M].中共中央马克思恩格斯列宁斯大林著作编译局，译.北京：人民出版社，1958.

[27] 斯大林选集：上卷[M].北京：人民出版社，1979.

[28] [德]希法亭.金融资本[M].福民，等，译.北京：商务印书馆，2011.

[29] 殷叙彝.伯恩施坦文选[M].北京：人民出版社，2018.

[30] 王学东.考茨基文选[M].北京：人民出版社，2008.

[31] [德]考茨基.唯物主义历史观：第4分册[M].《哲学研究》编辑部，编译.上海：上海人民出版社，1964.

[32] 中共中央马克思恩格斯列宁斯大林著作编译局资料室.考茨基言论[M].北京：生活·读书·新知三联书店，1966.

[33] [德]考茨基.社会民主主义对抗共产主义[M].李石秦，译.北京：生活·读书·新知三联书店，1963.

[34] [德]考茨基.一个马克思主义者的成长[M].叶至，译.北京：生活·读书·新知三联书店，1973.

[35] [德]卢森堡，[苏]布哈林.帝国主义与资本积累[M].柴金如，等，译.哈尔滨：黑龙江人民出版社，1982.

[36] [德]卢森堡.资本积累论[M].彭尘舜，吴纪先，译.北京：生活·读书·新知三联书店，1959.

[37] [德]卢森堡.国民经济学入门[M].彭尘舜，译.北京：生活·读书·新知三联书店，1962.

[38] 中共中央马克思恩格斯列宁斯大林著作编译局国际共运史研究所.卢森堡文选：上[M].译.北京：人民出版社，1984.

[39] 中共中央马克思恩格斯列宁斯大林著作编译局国际共运史研究所.卢森堡文选：下[M].译.北京：人民出版社，1990.

[40] [德]卢森堡.狱中书简[M].傅惟慈，等，译，广州：花城出版社，2007.

[41] 李宗禹.卢森堡文选[M].北京：人民出版社，2012.

[42] [德]卢森堡.社会改良还是社会革命[M].徐坚，译.北京：生活·读书·新知三联书店，1958.

[43] [德]法里亚斯.海德格尔与纳粹主义[M].郑永慧，等，译.北京：时事出版社，2000.

[44] [德]霍克海默，阿道尔诺.启蒙辩证法：哲学断片[M].渠敬东，曹卫东，译.上海：上海人民出版社，2006.

[45] [德]阿多尔诺.否定的辩证法[M].张峰，译.重庆：重庆出版社，1993.

[46] [德]斯宾格勒.西方的没落[M].韩炯，编译.北京：北京出版社，2008.

[47] [德]霍耐特.物化[M].罗名珍，译.上海：华东师范大学出版社，2018.

[48] [德]柯尔施.马克思主义和哲学[M].王南湜，荣新海，译.重庆：重庆出版社，1989.

[49] [德]柯尔施.卡尔·马克思：马克思主义的理论和阶级运动[M].熊子云，翁廷真，译.重庆：重庆出版社，1993.

[50] [德]哈贝马斯.交往行为理论：行为合理性与社会合理化[M].曹卫东，译.上海：上海人民出版社，2004.

[51] [德]哈贝马斯.理论与实践[M].郭官义，李黎，译.北京：社会科学文献出版社，2004.

[52] [德]哈贝马斯.在事实与规范之间[M].童世骏，译.北京：生活·读书·新知三联书店，2014.

[53] [德]哈贝马斯.合法化危机[M].刘北成，曹卫东，译.上海：上海人民出

版社，2009.

[54] [德]哈贝马斯.作为"意识形态"的技术与科学[M].李黎，郭官义，译.上海：学林出版社，1999.

[55] [德]哈贝马斯.现代性的哲学话语[M].曹卫东，等，译.南京：译林出版社，2004.

[56] [德]哈贝马斯.现代性的地平线：哈贝马斯访谈录[M].李安东，段怀清，译.上海：上海人民出版社，1997.

[57] [德]哈贝马斯.重建历史唯物主义[M].郭官义，译.北京：社会科学文献出版社，2000.

[58] [德]哈贝马斯.后形而上学思想[M].曹卫东，付德根，译.南京：译林出版社，2001.

[59] [德]哈贝马斯.包容他者[M].曹卫东，译.上海：上海人民出版社，2002.

[60] [德]哈贝马斯.公共领域的结构转型[M].曹卫东，等，译.上海：学林出版社，1999.

[61] [德]梅林.保卫马克思主义[M].吉洪，译.北京：人民出版社，1982.

[62] [俄]布哈林.食利者政治经济学：奥地利学派的价值和利润理论[M].郭连成，译.北京：商务印书馆，2002.

[63] [苏]布哈林.世界经济和帝国主义[M].蒯兆德，译.北京：中国社会科学出版社，1983.

[64] [苏]布哈林，普列奥布拉任斯基.共产主义ABC[M].中共中央马克思恩格斯列宁斯大林著作编译局国际共运史研究室，译.北京：生活·读书·新知三联书店，1982.

[65] [苏]布哈林.过渡时期经济学[M].余大章，郑异凡，译.北京：生活·读书·新知三联书店，1981.

[66] [苏]布哈林.历史唯物主义理论[M].李光谟，等，译.北京：人民出版社，1983.

[67] [苏]伊利延科夫.马克思《资本论》中抽象和具体的辩证法[M].郭铁民，
等，译.福州：福建人民出版社，1986.

[68] [苏]卢森贝.《资本论》注释：第2卷[M].赵木斋，翟松年，译.北京：生
活·读书·新知三联书店，1963.

[69] [苏]克鲁普斯卡娅.列宁回忆录[M].哲夫，译.北京：人民出版社，1960.

[70] [苏]凯尔任采夫.列宁传[M].企程，朔望，译.北京：生活·读书·新知
三联书店，1975.

[71] [苏]普列汉诺夫.普列汉诺夫哲学著作选集：第2卷[M].曹葆华，译.北
京：生活·读书·新知三联书店，1961.

[72] [苏]叶夫格拉弗夫.苏联哲学史[M].贾泽林，等，译.北京：商务印书
馆，1998.

[73] [苏]巴日特诺夫.哲学中革命变革的起源：马克思的《1844年经济学—
哲学手稿》[M].刘丕坤，译.北京：中国社会科学出版社，1981.

[74] [奥]庞巴维克.资本与利息[M].何崑曾，高德超，译.北京：商务印书
馆，2010.

[75] [奥]庞巴维克.资本实证论[M].陈端，译.北京：商务印书馆，1964.

[76] [奥]弗洛伊德.一种幻想的未来　文明及其不满[M].严志军，张沫，
译.上海：上海人民出版社，2007.

[77] 中共中央马克思恩格斯列宁斯大林著作编译局国际共运史研究室.拉法
格文选：下卷[M].北京：人民出版社，1985.

[78] [法]萨特.存在与虚无[M].陈宣良，等，译.北京：生活·读书·新知三
联书店，1987.

[79] [法]萨特.存在主义是一种人道主义[M].周煦良，汤永宽，译.上海：上
海译文出版社，2005.

[80] [法]梅洛-庞蒂.辩证法的历险[M].杨大春，张尧均，译.上海：上海译文
出版社，2009.

[81] [法]列斐伏尔.论国家：从黑格尔到斯大林和毛泽东[M].李青宜，等，
　　　译.重庆：重庆出版社，1988.

[82] [法]列斐伏尔.马克思主义的社会学[M].谢永康，毛林林，译.北京：北
　　　京师范大学出版社，2013.

[83] [法]列斐伏尔.日常生活批判（全三册）[M].叶齐茂，倪晓晖，译.北
　　　京：社会科学文献出版社，2018.

[84] [法]莫兰.人本政治导言[M].陈一壮，译.北京：商务印书馆，2010.

[85] [法]德里达.马克思的幽灵：债务国家、哀悼活动和新国际[M].何一，
　　　译.北京：中国人民大学出版社，2008.

[86] [法]德勒兹.哲学与权力的谈判：德勒兹访谈录[M].刘汉全，译.北京：
　　　商务印书馆，2000.

[87] [法]德勒兹，加塔利.资本主义与精神分裂（卷2）：千高原[M].姜宇
　　　辉，译.上海：上海书店出版社，2010.

[88] [法]福柯.知识考古学[M].谢强，马月，译.北京：生活·读书·新知三
　　　联书店，2003.

[89] [法]福柯.权力的眼睛：福柯访谈录[M].严锋，译.上海：上海人民出版
　　　社，1997.

[90] [法]利奥塔.非人：时间漫谈[M].罗国祥，译.北京：商务印书馆，2000.

[91] [法]鲍德里亚.物体系[M].林志明，译.上海：上海人民出版社，2019.

[92] [法]鲍德里亚.消费社会[M].刘成富，全志钢，译.南京：南京大学出版
　　　社，2008.

[93] [法]鲍德里亚.冷记忆　2[M].张新木，王晶，译.南京：南京大学出版
　　　社，2009.

[94] [法]鲍德里亚.符号政治经济学批判[M].夏莹，译.南京：南京大学出版
　　　社，2009.

[95] [法]鲍德里亚.生产之镜[M].仰海峰，译.北京：中央编译出版社，2005.

[96] [法]鲍德里亚.象征交换与死亡[M].车槿山，译.南京：译林出版社，
    2012.

[97] [法]博德里亚尔.完美的罪行[M].王为民，译.北京：商务印书馆，2000.

[98] [法]阿尔都塞，等.保卫马克思[M].顾良，译.北京：中央编译出版社，
    2010.

[99] [法]阿尔都塞，等.读《资本论》[M].李其庆，冯文光，译.北京：中央
    编译出版社，2017.

[100] [法]阿尔都塞.哲学与政治：阿尔都塞读本[M].陈越，编译.长春：吉林
    人民出版社，2003.

[101] [法]阿尔都塞.保卫马克思[M].顾良，译.北京：商务印书馆，1984.

[102] [法]阿尔都塞.论再生产[M].吴子枫，译.西安：西北大学出版社，2019.

[103] [法]阿隆.想象的马克思主义：从一个神圣家族到另一个神圣家族[M].
    姜志辉，译.上海：上海译文出版社，2012.

[104] [法]阿隆.社会学主要思潮[M].葛志强，等，译.上海：上海译文出版
    社，2013.

[105] [法]吕贝尔.吕贝尔马克思学文集：上[M].郑吉伟，等，译.北京：北京
    师范大学出版社，2009.

[106] 李鹏程.葛兰西文选[M].北京：人民出版社，2008.

[107] [意]内格里.超越帝国[M].李琨，陆汉臻，译.北京：北京大学出版社，
    2016.

[108] [意]拉布里奥拉.关于历史唯物主义[M].杨启潾，等，译.北京：人民出
    版社，1984.

[109] [意]沃尔佩.卢梭与马克思[M].赵培杰，译.重庆：重庆出版社，1993.

[110] [比]曼德尔.论马克思主义经济学：下卷[M].廉佩直，译.北京：商务印
    书馆，1979.

[111] [比]曼德尔.革命的马克思主义与20世纪社会现实[M].颜岩，译.北京：

中国人民大学出版社，2016.

[112] [英]米克.劳动价值学说的研究[M].陈彪如，译.北京：商务印书馆，1979.

[113] [英]霍布森.帝国主义[M].卢刚，译.北京：商务印书馆，2017.

[114] [英]罗素.论历史[M].何兆武，肖巍，张文杰，译.北京：生活·读书·新知三联书店，1991.

[115] [英]哈维.新帝国主义[M].初立忠，沈晓雷，译.北京：社会科学文献出版社，2009.

[116] [英]福斯卡斯，格卡伊.新美帝国主义：布什的反恐战争和以血换石油[M].薛颖，译.北京：世界知识出版社，2006.

[117] [英]安德森.西方马克思主义探讨[M].高铦，等，译.北京：人民出版社，1981.

[118] [英]安德森.当代西方马克思主义[M].余文烈，译.北京：东方出版社，1989.

[119] [英]麦克莱伦.马克思以后的马克思主义[M].李智，译.北京：中国人民大学出版社，2004.

[120] [英]莱尔因.重构历史唯物主义[M].姜兴宏，刘明如，译.北京：中国社会科学出版社，1991.

[121] [英]达仁道夫.现代社会冲突[M].林荣远，译.北京：中国社会科学出版社，2000.

[122] [英]卡尔佛特.革命与反革命[M].张长东，等，译.长春：吉林人民出版社，2005.

[123] [英]伊格尔顿.马克思为什么是对的[M].李杨，等，译.北京：新星出版社，2011.

[124] [英]伊格尔顿.理论之后[M].商正，译.北京：商务印书馆，2009.

[125] [英]吉登斯.现代性与自我认同[M].赵旭东，方文，译.北京：生活·读

书·新知三联书店，1998.

[126] [英]休谟.道德原则研究[M].曾晓平，译.北京：商务印书馆，2001.

[127] [匈]卢卡奇.理性的毁灭[M].王玖兴，等，译.济南：山东人民出版社，
1997.

[128] [匈]卢卡奇.历史与阶级意识：关于马克思主义辩证法的研究[M].杜章
智，等，译.北京：商务印书馆，1999.

[129] [捷]科西克.具体的辩证法：关于人与世界问题的研究[M].傅小平，
译.北京：社会科学文献出版社，1989.

[130] [波兰]沙夫.结构主义与马克思主义[M].袁晖，李绍明，译.济南：山东
大学出版社，2009.

[131] [美]沃恩.奥地利学派经济学在美国：一个传统的迁入[M].朱全红，
等，译.杭州：浙江大学出版社，2008.

[132] [美]弗里德曼.资本主义与自由[M].张瑞玉，译.北京：商务印书馆，
2011.

[133] [美]加尔布雷斯.丰裕社会[M].徐世平，译.上海：上海人民出版社，
1965.

[134] [美]熊彼特.资本主义、社会主义与民主[M].吴良健，译.北京：商务印
书馆，1999.

[135] [美]托夫勒.预测与前提——托夫勒未来对话录[M].粟旺，等，译.北
京：国际文化出版公司，1984.

[136] [美]奈斯比特.大趋势：改变我们生活的十个新方向[M].梅艳，译.北
京：中国社会科学出版社，1984.

[137] [美]沃林.海德格尔的弟子[M].张国清，等，译.南京：江苏教育出版
社，2005.

[138] [美]沃林.存在的政治[M].周宪，王志宏，译.北京：商务印书馆，2000.

[139] [美]阿伦特.责任与判断[M].陈联营，译.上海：上海人民出版社，2011.

[140] [美]阿伦特.马克思与西方政治思想传统[M].孙传钊，译.南京：江苏人民出版社，2007.

[141] [美]阿伦特.论革命[M].陈周旺，译.南京：译林出版社，2007.

[142] [美]阿伦特.人的境况[M].王寅丽，译.上海：上海人民出版社，2009.

[143] [美]阿伦特.共和的危机[M].郑辟瑞，译.上海，上海人民出版社，2013.

[144] [美]弗罗姆.健全的社会[M].蒋重跃，等，译.北京：国际文化出版公司，2003.

[145] [美]马尔库塞.现代文明与人的困境：马尔库塞文集[M].李小兵，等，译.上海：上海三联书店，1989.

[146] [美]马尔库塞.单向度的人：发达工业社会意识形态研究[M].刘继，译.上海：上海译文出版社，2006.

[147] [美]马尔库塞等.工业社会和新左派[M].任立，编译.北京：商务印书馆，1982.

[148] [美]马尔库塞.爱欲与文明：对弗洛伊德思想的哲学探讨[M].黄勇，薛民，译.上海：上海译文出版社，2008.

[149] [美]马尔库塞.理性和革命：黑格尔和社会理论的兴起[M].程志民，等，译.上海：上海人民出版社，2007.

[150] [美]马尔库塞.苏联的马克思主义：一种批判的分析[M].张翼星，万俊人，译.北京：中国人民大学出版社，2012.

[151] [美]马尔库塞.审美之维：马尔库塞美学论著集[M].李小兵，译.北京：生活·读书·新知三联书店，1989.

[152] [美]马尔库塞.历史唯物主义的基础[M].西方学者论《一八四四年经济学—哲学手稿》[C].复旦大学哲学系现代西方哲学研究室，译.上海：复旦大学出版社，1983.

[153] [美]巴兰，斯威齐.垄断资本：论美国的经济和社会秩序[M].南开大学政治经济学系，译.北京：商务印书馆，1977.

[154] [美]沃勒斯坦.现代世界体系：第1卷[M].罗荣渠，等，译.北京：高等教育出版社，1998.

[155] [美]哈特，[意]奈格里.帝国：全球化的政治秩序[M].杨建国，范一亭，译.南京：江苏人民出版社，2005.

[156] [美]胡克.对卡尔·马克思的理解[M].徐崇温，译.重庆：重庆出版社，1989.

[157] [美]瑞泽尔.后现代社会理论[M].谢立中，等，译.北京：华夏出版社，2003.

[158] [美]罗蒂.真理与进步[M].杨玉成，译.北京：华夏出版社，2003.

[159] [美]罗蒂.偶然、反讽与团结[M].徐文瑞，译.北京：商务印书馆，2003.

[160] [美]温迪·林恩·李.马克思[M].陈文庆，译.北京：中华书局，2002.

[161] [美]哈维.跟大卫·哈维读《资本论》（第1卷）[M].刘英，译.上海：上海译文出版社，2013.

[162] [美]贝尔.资本主义文化矛盾[M].赵一凡，等，译.北京：生活·读书·新知三联书店，1989.

[163] [美]福山.政治秩序的起源：从前人类时代到法国大革命[M].毛俊杰，译.桂林：广西师范大学出版社，2014.

[164] [美]德里克.后革命氛围[M].王宁，等，译.北京：中国社会科学出版社，1999.

[165] [美]凯尔纳，[美]贝斯特.后现代理论：批判性的质疑[M].张志斌，译.北京：中央编译出版社，2004.

[166] [美]凯尔纳.波德里亚：一个批判性读本[M].陈维振，等，译.南京：江苏人民出版社，2005.

[167] [美]塞德曼.有争议的知识：后现代时代的社会理论[M].刘北成，等，译.北京：中国人民大学出版社，2002.

[168] [美]罗蒂.后形而上学希望[M].张国清，译.上海：上海译文出版社，

2009.

[169] [美]罗蒂.真理与进步[M].杨玉成，译.北京：华夏出版社，2003.

[170] [美]罗蒂.后哲学文化[M].黄勇，译.上海：上海译文出版社，2009.

[171] [美]詹姆逊.单一的现代性[M].王逢振，王丽亚，译.天津：天津人民出版社，2004.

[172] [美]詹姆逊.重读《资本论》[M].胡志国，陈清贵，译.北京：中国人民大学出版社，2013.

[173] [美]詹明信.晚期资本主义的文化逻辑[M].陈清侨，等，译.北京：生活·读书·新知三联书店，2013.

[174] 王逢振.詹姆逊文集：第3卷[M].北京：中国人民大学出版社，2004.

[175] 王逢振.詹姆逊文集：第1卷[M].北京：中国人民大学出版社，2004.

[176] 王逢振.詹姆逊文集：第4卷[M].北京：中国人民大学出版社，2004.

[177] [美]詹姆逊.快感：文化与政治[M].王逢振，等，译.北京：中国社会科学出版社，1998.

[178] [美]格里芬.后现代精神[M].王成兵，译.北京：中央编译出版社，1997.

[179] [美]布鲁德尼.罗尔斯与马克思：分配原则与人的观念[M].张祖辽，译.上海：上海人民出版社，2017.

[180] [美]佩弗.马克思主义、道德与社会正义[M].吕梁山，等，译.北京：高等教育出版社，2010.

[181] [美]埃尔斯特.理解马克思[M].何怀远，等，译.北京：中国人民大学出版社，2008.

[182] [美]宾克莱.理想的冲突[M].马元德，等，译.北京：商务印书馆，1983.

[183] [美]罗尔斯.政治哲学史讲义[M].杨通进，等，译.北京：中国社会科学出版社，2011.

[184] [美]诺奇克.无政府、国家和乌托邦[M].姚大志，译.北京：中国社会科学出版社，2008.

[185] [加]伍德.资本的帝国[M].王恒杰，宋兴无，译.上海：上海译文出版社，2006.

[186] [加]韦尔，[加]尼尔森.分析马克思主义新论[M].鲁克俭，等，译.北京：中国人民大学出版社，2002.

[187] [加]金里卡.自由主义、社群与文化[M].应奇，葛水林，译.上海：上海译文出版社，2005.

[188] [日]森岛通夫.马克思经济学：价值与增长的双重理论[M].张衔，译.北京：中国社会科学出版社，2017.

[189] [日]柄谷行人.历史与反复[M].王成，译.北京：中央编译出版社，2011.

[190] [日]柄谷行人.跨越性批判[M].赵京华，译.北京：中央编译出版社，2015.

[191] [日]柄谷行人.世界史的构造[M].赵京华，译.北京：中央编译出版社，2012.

[192] [日]柄谷行人.迈向世界共和国[M].墨科，译.台北：台湾商务印书馆，2007.

[193] [日]见田石介.资本论的方法研究[M].张小金，等，译.北京：中国书籍出版社，2012.

[194] [印度]阿玛蒂亚·森.正义的理念[M].王磊，李航，译.北京：中国人民大学出版社，2012.

二、中文著作

[1] 程恩富，段学慧.《资本论》与社会主义建设[M].北京：社会科学文献出版社，2018.

[2] 晏智杰.经济学中的边际主义[M].北京：北京大学出版社，1987.

[3] 杨玉生，杨戈.价值 资本 增长：兼评西方国家劳动价值论研究[M].北京：中国经济出版社，2006.

[4] 郑异凡.布哈林论[M].北京：中央编译出版社，2006.

[5] 陈其人.帝国主义理论研究[M].上海：上海人民出版社，1984.

[6] 中共中央马克思恩格斯列宁斯大林著作编译局国际共运史研究室.国际共运史研究资料（增刊）：卢森堡专辑[M].北京：人民出版社，1981.

[7] 殷叙彝.伯恩斯坦读本[M].北京：中央编译出版社，2008.

[8] 王庆丰.《资本论》的再现[M].北京：中央编译出版社，2016.

[9] 张一兵.反鲍德里亚：一个后现代学术神话的祛序[M].北京：商务印书馆，2009.

[10] 周森.百年大变局视野下的帝国主义理论研究[M].北京：当代中国出版社，2021.

[11] 王晓升.走出后现代社会困境：《象征交换与死亡》导读[M].北京：社会科学文献出版社，2016.

[12] 黄楠森，庄福龄，林利.马克思主义哲学史：第8卷[M].北京：北京出版社，1989.

[13] 余文烈.分析学派的马克思主义[M].重庆：重庆出版社，1993.

[14] 王新生.马克思政治哲学研究[M].北京：科学出版社，2018.

[15] 李佃来.政治哲学视域中的马克思[M].北京：中央编译出版社，2018.

[16] 中国社会科学院情报研究所.马克思主义人道主义问题（译文集）[M].西安：陕西人民出版社，1982.

[17] 王亚南.《资本论》研究[M].上海：上海人民出版社，1973.

[18] 孙伯鍨.探索者道路的探索[M].北京：北京师范大学出版社，2017.

[19] 陈先达.马克思和马克思主义[M].北京：中国人民大学出版社，2016.

[20] 陈晏清，阎孟伟.辩证的历史决定论[M].北京：中国社会科学出版社，2007.

[21] 段忠桥.马克思的分配正义观念[M].北京：中国人民大学出版社，2018.

[22] 李惠斌，李义天.马克思与正义理论[M].北京：中国人民大学出版社，2010.

[23] 李淑梅.政治哲学的批判与重建[M].北京：人民出版社，2014.

[24] 张文喜.历史唯物主义的政治哲学向度[M].南京：江苏人民出版社，2008.

[25] 阎孟伟，李福岩.现代性问题研究[M].南宁：广西人民出版社，2018.

[26] 阎孟伟，李福岩.后现代主义问题研究[M].南宁：广西人民出版社，2018.

[27] 欧阳英.马克思政治哲学思想探析[M].北京：中国人民大学出版社，2018.

[28] 臧峰宇.马克思政治哲学引论[M].北京：中央编译出版社，2009.

[29] 白刚.马克思政治哲学的兴起[M].北京：中国社会科学出版社，2018.

[30] 杨晓东.马克思与近代欧洲政治哲学[M].北京：中国社会科学出版社，2008.

[31] 李福岩.法国大革命的政治哲学思索[M].北京：北京师范大学出版社，2011.

[32] 李福岩.马克思政治哲学与后现代政治哲学的关系[M].北京：中国社会科学出版社，2012.

[33] 李福岩.近代西方政治哲学思想中的法国革命[M].沈阳：辽宁人民出版社，2016.

[34] 李福岩.恩格斯论《资本论》章汉夫、许涤新译本考[M].沈阳：辽宁人民出版社，2020.

[35] 李福岩，于政泉.恩格斯对《资本论》的贡献[M].沈阳：东北大学出版社，2021.

[36] 李福岩.恩格斯论《资本论》何锡麟译本考[M].沈阳：辽宁人民出版社，2021.

[37] 李福岩.《资本论》（第一卷下册）玉枢、右铭译本考[M].沈阳：辽宁人民出版社，2021.

三、外文文献

[1] Rudolf Hilferding.Bohm-Bawerk's Criticism of Marx[M].ed.by Paul M.Sweezy, New York:Augustus M.Kelley,1966.

[2] Harry Clenver.Reading Capital Politically[M].Leeds and San Francisco:Anti/ Thesis and AK Press,2000.

[3] Otto Pŏggeler.Der Denkweg Martin Heideggers[M]. Stuttgart: Neske.3. Auflage,1990.

[4] Arrighi, Giovanni. The Geometry of Imperialism.The Limits of Hobson 's Paradigm. Second Edition[M].London: Verso,1983 [1978] .

[5] Michael Hardt,Antonio Negri.Empire[M].Cambridge:Harvard University Press,2000.

[6] Kellner (ed).Karl Korsch-Revolutionary Theory[M].Austin: University of Texas, 1977.

[7] Herbert Marcuse.Technology, War and Fascism: Collected Papers of Herbert Marcuse, Volume One[M].London:Routledge,1998.

[8] Herbert Marcuse.Counter—Revolution and Revolt[M].Boston: Beacon Press,1972.

[9] Peter Lind.Marcuse and Freedom[M].Bechenham: Croom Helm Limited, 1985.

[10] Herbert Marcuse.Five Lectures[M].Boston:Beacon Press,1970.

[11] Douglas Kellner.Herbert Marcuse and the Crisis of Marxism[M].London: Macmillan,1984.

[12] Derrida.Eperons[M].Les styles de Nietzsche[M].Paris,1978.

[13] Deleuze and Guattari.Anti-Oedipus:Capitalism and Schizophrenia[M]. Minneapolis: University of Minnesota Press,1983.

[14] Mark Poster.Jean Baudrillard,Selected Writings,A Introduction[M].Standford:

Standford University Press,1988.

[15] Françios Laruelle.Pranciples of Non-Philosophy[M].Trans by Nicola Rubczak&Anthony Paul Smith.London:Bloomsbury Publishing,2013.

[16] R.Tucker.Philosophy and Myth in Karl Marx[M].Transaction Publisher,2001.

[17] A.Wood.Marx,Justice,and History[M].Princeton: Princeton University Press,1980.

[18] A.Wood.Karl Marx[M].London: Routledge and Kegan Paul,1981.

[19] A.Wood.Justice and Class Interests[J].Philosophica，vol. 33，no.1,1984.

[20] A.Wood.Marx's Immoralism, in Chavance,Bernard (ed.), Marxen Perspective [M]. Paris,1985.

[21] Cohen.Self-Ownership,Freedom,and Equality[M].Cambrige,mass:Havard University Press,1995.

[22] Kai Nielsen.Marxism and the rejection of morality[J].Theoria 54 (2),1988.

四、中文期刊论文

[1] [法]阿明.新帝国主义的结构[J].陈俊昆，韩志伟，译.国外理论动态，2020（1）.

[2] [美]沃勒斯坦.美国霸权的演变轨迹和未来发展趋势[J].路爱国，译.国外理论研究动态，2007（1）.

[3] [英]哈维.马克思的空间转移理论[J].郇建立，编译.马克思主义与现实，2005（4）.

[4] [英]哈维.新自由主义方案依然活着但其合法性已然丧失：英国马克思主义学者大卫·哈维专访[J].禤明亮，译.吉首大学学报（社会科学版），2019（3）.

[5] [加]伍德.新帝国主义与民族国家[J].王宏伟，译.国外理论动态，2004（1）.

[6] [德]赫达·柯尔施，[英]哈利迪.回忆卡尔·柯尔施[J].王琦琪，译.山东社会科学，2018（1）.

[7] [德]罗斯科尼.柯尔施政治思想的发展[J].崔媛媛，等，译.广西大学学报（哲学社会科学版），2016（5）.

[8] [英]朗德尔.卡尔·柯尔施：历史化的辩证法[J].钱梦旦，译.广西大学学报（哲学社会科学版），2016（5）.

[9] [美]马尔库塞.当代工业社会的攻击性[J].伯幼，任荣，译.哲学译丛，1978（6）.

[10] [德]哈贝马斯.论晚期资本主义社会革命化的几个条件[J].张继武，译.哲学译丛，1983（2）.

[11] [奥]翁格尔.帝国主义理论[J].刘建设，编译.马克思主义与现实，2006（5）.

[12] [英]吉登斯.没有革命的理性？——论哈贝马斯的交往行动理论[J].田佑军，文军，编译.马克思主义与现实，2002（2）.

[13] [德]哈贝马斯.法的商谈理论与民主法治国的关键词[J].周爱民，译.伦理学术，2020（1）.

[14] [法]巴里巴尔.阿尔都塞和意识形态国家机器[J].吴子枫，译.现代中文学刊，2013（2）.

[15] [法]阿尔都塞.哲学是革命的武器[J].马克思研究资料，1983（5）.

[16] [美]图克尔.变化思潮中的马克思[J].现代哲学，2008（12）.

[17] 陈岱孙.边际原理的应用与发展[J].读书，1988（2）.

[18] 曾枝盛.国外学者关于劳动价值论的百年论争回顾和思考[J].中国人民大学学报，2002（6）.

[19] 赵茂林.马克思和罗宾逊的剥削理论范式比较研究[J].湖北经济学院学报，2008（5）.

[20] 朱亚坤.何谓"帝国主义"?语境、面向与反思：主要基于对列宁帝国

主义论的评析[J].国外理论动态，2019（4）.

[21] 丁晔.只有社会主义道路才能摆脱依附与危机：访埃及著名经济学家萨米尔·阿明[J].马克思主义研究，2016（3）.

[22] 杨玉生.论萨缪尔森《经济学》的庸俗性[J].辽宁大学学报(哲学社会科学版)，1984（2）.

[23] 卢祖送，葛传红.新帝国治理模式的现实与困境[J].国际观察，2005（5）.

[24] 黄其洪，吴敏.拉吕埃勒对"柯尔施问题"的非哲学解答[J].江西社会科学，2019（6）.

[25] 王南湜.马克思的正义理论：一种可能的建构[J].哲学研究，2018（5）.

[26] 阎孟伟.实践哲学的理性之维[J].武汉大学学报（哲学社会科学版），2020（4）.

[27] 郗戈.《资本论》的政治哲学意蕴[J].哲学研究，2018（11）.

[28] 张守奎.马克思批判资本主义的规范性基础[J].中国社会科学报，2019-04-23.

[29] 鲁克俭.意大利的马克思研究：一个思想史的考察[J].新时代马克思主义论丛，2019（1）.

[30] 尚伟.布哈林帝国主义论解析及其现实意义[J].马克思主义研究，2007（10）.

[31] 刘怀玉.论布哈林在帝国主义理论发展史上的重要地位[J].徐州工程学院学报（社会科学版），2013（2）.

[32] 孙正聿."现实的历史"：《资本论》的存在论[J].中国社会科学，2010（2）.

[33] 丁晔.只有社会主义道路才能摆脱依附与危机：访埃及著名经济学家萨米尔·阿明[J].马克思主义研究，2016（3）.

[34] 赵志君.从古典帝国主义理论到新帝国主义理论[J].吕薇洲，编写.国外

理论动态，2008（9）.

[35] 仰海峰.鲍德里亚符号政治经济学批判的一般理论建构[J].江苏行政学院学报，2003（4）.

[36] 王庆丰，蔡垚.符号逻辑批判：鲍德里亚对马克思《资本论》的更新与发展[J].华南师范大学学报(社会科学版)，2018（4）.

[37] 何云峰，王绍梁.鲍德里亚缘何误解马克思的劳动理论[J].北京大学学报（哲学社会科学版），2021（6）.

[38] 陈晏清.政治哲学的兴起与当代中国马克思主义政治哲学的建构[J].中国社会科学，2006（6）.

[39] 段忠桥.资本帝国主义视野下的美国霸权[J].中国社会科学，2009（2）.

[40] 姚大志.再论分配正义：答段忠桥教授[J].哲学研究，2012（5）.

[41] 蓝江.对象–物、符号–物、价值–物：对鲍德里亚的objet概念的辨析[J].现代哲学，2013（2）.

[42] 王新生.马克思正义理论的四重辩护[J].中国社会科学，2014（4）.

[43] 谢永康.启蒙辩证法与理性批判的潜能[J].中国社会科学，2016（7）.

[44] 张文喜.马克思所有权批判及其相关的公平正义观[J].中国社会科学，2016（8）.

[45] 冯颜利.分析的马克思主义研究中需要重视的问题[J].国外社会科学，2018（3）.

[46] 郗戈.走向"特定性哲学"——政治经济学批判对马克思哲学革命的深化[J].中国社会科学，2022（5）.

[47] 李福岩.对政治哲学的三点认识[J].理论探讨，2007（4）.

[48] 李福岩.马克思过渡时期的政治哲学思想及其现实意义[J].马克思主义与现实，2008（4）.

[49] 李福岩.黑格尔对法国大革命理性思考的逻辑走向[J].社会科学战线，2009（1）.

[50] 李福岩.法国大革命与费希特政治哲学的理论嬗变[J].理论探讨，2010（1）.

[51] 李福岩.现代性社会政治哲学的发展理路检视[J].理论与改革，2011（1）.

[52] 李福岩.自由的定在[J].福建论坛，2012（9）.

[53] 李福岩.评罗尔斯新自由主义言说的政治解放[J].新视野，2013（2）.

[54] 李福岩.德勒兹后现代政治哲学视域中的马克思[J].哲学动态，2013（3）.

[55] 李福岩.卢梭政治哲学何以走上大革命的理论前台[J].读书，2013（5）.

[56] 李福岩.罗蒂后现代政治哲学视域中的马克思[J].人文杂志，2013（7）.

[57] 李福岩.论利奥塔对马克思政治哲学的选择性肯定与整体性背离[J].马克思主义研究，2016（4）.

[58] 李福岩.福柯后现代政治哲学视域中的马克思[J].江淮论坛，2019（3）.

[59] 李福岩.德里达后现代政治哲学视域中的马克思[J].江西社会科学，2020（6）.

[60] 李福岩.恩格斯对《资本论》的思想创见[J].政治经济学评论，2020（6）.

[61] 李福岩.福柯的政治技术论及其启示[J].江西社会科学，2021（7）.

后 记

　　伴随时代历史发展的步伐，当代中国社会政治哲学与马克思主义政治哲学的研究事业不断横向拓展、纵深跃进，已从理论初兴走向了成熟繁荣与自信自强的新发展阶段。伴随中华民族伟大复兴的世界历史进程，中国社会政治哲学与马克思主义政治的研究需要也必将走向世界政治哲学与马克思主义政治哲学研究的前列。思想理论的每一步深入拓展、跃升前行，都需要付出艰辛诚实的劳动，不断清理夯实其理论地基与前提，由此才能创新发展之目的。马克思的《资本论》就是这种以艰辛诚实劳动创作出的划时代巨著的典范。

　　斗转星移，从2003年开始关注并从事社会政治与马克思主义哲学基础理论研究，至今已过去了二十个春秋。二十年来，从对南开大学陈晏清先生领导的社会政治哲学与马克思主义哲学研究团队的关注，到师从南开大学阎孟伟先生开始从事马克思主义哲学与社会政治哲学研究；从对马克思政治哲学与近代西方政治哲学的关系研究到对马克思政治哲学与后现代政治哲学的关系研究，再到目前对《资本论》及其手稿的政治哲学研究，我一直在路上。仰望哲学的浩瀚星空，那不断闪耀的马克思主义政治哲学的实践智慧星光始终在吸引着我好奇的目光。

　　本书是我主持的国家社科基金项目"《资本论》及其手稿的政治哲学研究"的阶段性成果，也得到了东北大学的科研经费资助。探讨《资本论》的政治哲学问题是一项艰苦繁重的脑力劳动与体力劳动，梳理探讨围绕《资本论》政治哲学的国外思想论争也是一项令人煎熬的苦差事。这不仅因为《资本论》本身的艰深厚重，还因为这一巨著150余年来所引起的广泛而深刻的世界反响，由此形成了一个庞大的相关研究文献群。从2017年至今，搜集相关文献资料，阅读摘记并梳理这些文献资料，到形成问题线索的构思写作，成了我的日常生活必不可少的一部分，才有了今天的这部著作。

本书只是对《资本论》政治哲学的国外思想论争的一些主要问题进行了探索，很可能也存在一些疏漏与错讹之处，诚请读者批评指正。